D1494541

CLIVE

Cawr Cicio Cwmtwrch

Clive Rowlands

gyda

John Evans

Argraffiad cyntaf—Hydref 1999

ISBN 1 85902 754 7

Dymuna'r cyhoeddwyr gydnabod cymorth Cyngor Llyfrau Cymru.

Argraffwyd yng Nghymru gan
Wasg Gomer, Llandysul, Ceredigion

Cyflwynaf y gyfrol hon i
Margaret, fy ngwraig, a'r teulu,
gyda chariad a gwerthfawrogiad o waelod calon.

Diolchiadau

Ni fyddai'r llyfr hwn wedi bod yn bosib heb gymorth llawer o bobol, ac yn fwy na neb hoffwn ddiolch o waelod calon i John Evans, llais chwaraeon y BBC, a'r un a roddodd drefen ar fy stori i, am ei amynedd, ei wybodaeth a'i oriau o waith caled. Diolch i Gareth Edwards, fy ffrind, a'r chwaraewr gorau erio'd, am ysgrifennu cyflwyniad i'r gyfrol. Diolch hefyd i bawb a dynnodd luniau ohonof gydol fy ngyrfa. Hoffwn enwi T. J. Davies, David Williams a Gren, a diolch hefyd i'r *Western Mail* a'r *South Wales Evening Post* am roi caniatâd i ddefnyddio lluniau a gyhoeddwyd yn y papurau newydd. Diolch hefyd i'r diweddar E. Meirion Roberts am y darlun, ac i'r beirdd, Dic Jones, Emyr Lewis a Jon Meirion Jones am eu cerddi. Mae'r diolch penna i'r teulu bach, ac yn arbennig i Margaret, am eu teyrngarwch, eu goddefgarwch a'u cariad.

Cynnwys

Rhagair

Pan ddaeth y gwahoddiad i ysgrifennu pwt o gyflwyniad i hunangofiant Clive daeth ton o bleser drosof gan fy mod mor awyddus i sôn rywfaint am y gŵr a gyfrannodd fwy na neb erio'd, yn fy marn i, i rygbi Cymru. Mae'n amhosibl dirnad, bron, yr holl flynyddoedd y bu'n gysylltiedig â'r gêm gan ymestyn o'i gyfnod ar daith gyda Dreigiau Cymru i Dde Affrica ym 1956 i'w gyfraniad presennol fel sylwedydd cyson, gwybodus ar y radio a'r teledu. Yn ystod y cyfnod o ddeugain a phedair o flynyddoedd bu'n enw blaenllaw ymhob agwedd o'r gêm, a gadawodd ei ôl fel chwaraewr, capten, hyfforddwr, dewiswr, cadeirydd, rheolwr, llywydd – a thad-yng-nghyfraith!

Clive o'dd fy arwr yn ystod fy mhlentyndod ar y Waun. Er na fu'n chwaraewr rhyngwladol am gyfnod maith, bu'n eithriadol o lwyddiannus ac un o'i gyfraniade penna fel chwaraewr yn ogystal â hyfforddwr o'dd ei allu i symbylu ac ysgogi, a hynny rhan amlaf gyda gwên ar ei wyneb. Pa mor ddifrifol bynnag ro'dd yr achlysur llwyddai Clive i gyflwyno'r ochr ddoniol a chafodd ei ddidwylledd a'i awydd i fwynhau ddylanwad enfawr ar y modd y datblygodd prif chwaraewyr Cymru'n uned rymus.

Pleser pur o'dd cael bod yn aelod o'r garfan yn ystod llwyddianne'r chwedege a'r saithdege. Rhaid cofio iddo dorri tir newydd pan olynodd Dai Nash yn 1968. Wedi'r cyfan, do'dd pawb ddim yn argyhoeddedig fod angen hyfforddwr newydd ar Gymru yn ystod y dyddie hynny. Dadl llawer yw iddo etifeddu carfan gref aruthrol o unigolion dawnus, a falle fod hynny'n wir, ond mae'n amhosib bychanu'r modd y llwyddodd e i weu'r unigolion hynny'n garfan effeithiol. Derbyniai pob un aelod o'i garfan yn gwmws yr un drinieth ganddo ond ei gryfder penna o'dd ei fod e'n cyflwyno'i sylwade mewn ffordd wahanol i bob unigolyn. Dangosodd barch aruthrol tuag at y goreuon yn ein maes hefyd trwy beidio ag ymyrryd â'u dawn naturiol. Ac eto, ei weledigaeth e symbylodd Gerald Davies o fod yn ganolwr disglair i fod yn un o'r asgellwyr perycla a welodd y byd erio'd. Yn syml, ro'dd e'n deall y gêm, yn adnabod ei chwaraewyr ac yn athrylith yn ei faes.

Un o uchafbwyntie bod yn aelod o garfan Cymru ar y pryd o'dd y traddodiad bob bore Sadwrn o adael y gwesty a throedio strydoedd a siopau'r brifddinas gan rannu sgwrs gyda hwn a'r llall. Yna dychwelyd i'r gwesty a dosbarthu unrhyw docynne ro'n i wedi llwyddo i'w prynu'n hwyr ar gyfer teulu, cyfeillion a chydnabod. Yna deuai'r gorchymyn i'r cyfarfod yn ystafell Clive ar gyfer ei sgwrs ola cyn y gêm. Yn honno caem berlau o wybodaeth, o hiwmor ac ysgogiad. Gadawai pob un chwaraewr ei ystafell yn 'gawr' gyda'r holl sylw bellach wedi ei hoelio ar yr hyn o'dd yn ein hwynebu ar y maes. Ar y pryd ro'n i'n berchennog balch ar un o'r peirianne bach 'na o'dd yn chware tapie cerddoriaeth ac yn y blaen ond droeon dywedais wrth Gerald a'i debyg: 'Jiw, 'na drueni na alles i recordo'r bregeth 'na 'da Clive!"

Yn dilyn y sgwrs, gadael y gwesty a chroesi'r hewl a cherdded i'r maes. Droeon dywedodd fy nhad wrtha i 'mod i wedi cerdded heibio iddo fe heb ei weld, cymaint o'dd y canolbwyntio o'dd i barhau tan ddiwedd y gêm. I Clive ro'dd pob aelod o'r garfan yn aelod o'i deulu a gwir dweud fod pob aelod o'i deulu yn aelod o'r garfan hefyd.

Fel chwaraewyr buom yn hynod o ffodus ar y pryd o gael bod o dan ddylanwad dau brif hyfforddwr. Gall neb fyth fychanu cyfraniad Carwyn gyda Llanelli a'r Llewod ond mae'n anodd credu y byddai hyd yn oed y meistr o Gefneithin wedi profi mwy o lwyddiant gyda Chymru nag a gafwyd yn ystod teyrnasiad Clive, a go brin y gall unrhyw unigolyn dderbyn teyrnged uwch na honno!

Rwy'n cofio teithio i Gaerdydd i'w wylio'n arwain Cymru i fuddugoliaeth yn y Goron Driphlyg ym 1965. Ychydig a feddylies ar y pryd y byddwn i fy hun yn gwisgo'r un rhif ac yn cynrychioli fy ngwlad ymhen dwy flynedd. Clive a gyflwynodd fy nghap ysgolion cynta i mi yng nghlwb Ieuenctid y Waun. Teg felly imi, yng nghwmni Bill Samuel, ymweld â chartre fy rhagflaenydd o'r un cwm cyn i mi gynrychioli Cymru am y tro cyntaf yn erbyn Ffrainc ym 1967. Derbynies gynghorion doeth ynglŷn â'r gwahanol ystrywiau ro'dd y gwrthwynebwyr yn debygol o'u defnyddio, a gorffennodd yn ei ffordd ddireidus arferol: "Pan glywi di'r gri 'Allez, allez la France', rhed fel y diawl o'r ffordd!"

Oni bai i Barry John roi'r gore i'r gêm fisoedd ynghynt rwy'n argyhoeddedig y byddai Cymru wedi curo Seland Newydd ym 1972 ac yn bersonol ro'n i'n cofio pa mor ddiflas ro'n i pan benderfynodd Clive roi'r gore i hyfforddi. Ond ro'dd e'n ddyn o flaen ei amser. Gwyddai fod cyfnod o chwe blynedd yn ddigon; serch hynny, ro'dd cynrychioli Cymru heb Clive yn hyfforddwr fel petawn i wedi colli fy mrawd mawr. Wedi'r cyfan, onid hwn o'dd wedi fy mhenodi'n gapten ar fy ngwlad?

Cyflawnodd bopeth yn ystod ei gyfraniad nodedig. Gobeithio y bydd y perle'n dal i dasgu o'i ene am dymhore maith i ddod.

Gareth Edwards,
Nottais, Porthcawl.
Hydref 1999.

DECHRE'R DAITH

Hydre 1995, teimlo'n rhyfeddol o hwyliog ac yn arbennig o gryf wrth fynd i mewn i Ysbyty Castell-nedd i dderbyn llawdriniaeth. Rhyfedd meddwl 'mod i'n dost gan nad o'dd 'na boen – ond dyna beth yw canser!

Do, fe ges i amser caled gyda'r salwch hwn yn ystod rhan fwya'r flwyddyn o'dd i ddod (fe gewch yr hanes ym mhennod ola'r llyfr). Ond, o'r diwedd, fe dda'th yr eiliad dyngedfennol – ro'dd awdurdode'r ysbyty yn fodlon fy rhyddhau. Ro'n i 'nôl yng Nghwmtwrch ac yno, wrth synfyfyrio'n fud drwy ffenest fawr ein cartre, 'Brynawelon', y dechreuodd fy meddwl grwydro i'r gorffennol ac at fy ngwreidde . . .

*   *   *

Yn amal, pan fydda i'n siarad mewn ciniawe a chymdeithase y tu fas i'm cynefin, un o'r cwestiyne cynta sy'n cael 'i ofyn imi yw, 'Ble yn gwmws ma' Cwmtwrch?' Ma'r ateb yn hawdd. Yn gynta 'rhwng Ystradgynlais a Chwmllynfell yng Nghwm Tawe' ac yn ail 'yn pontio'r ffin rhwng Morgannwg, Shir Gâr a Sir Frycheiniog.'

Fe ges i 'ngeni yng Nghwmtwrch Uchaf, ar y pedwerydd ar ddeg o Fai 1938, yn fab i löwr, Tom Rowlands a'i wraig Rachael (nee Protheroe). Ro'dd gan y baban Clive ddwy chwaer, Megan ac Edna. Byddai'r teulu wedi bod yn fwy o lawer ond collwyd Heddwyn yn naw mis oed a chroten arall, Mair. Ro'dd hi'n chwech pan drawyd hi gan gar a'i hanafu. O fewn chwe mis dioddefodd o 'diphtheria' a bu farw.

Canodd un o feirdd y pentre gerdd iddi hi. Dyma'r pennill ola:

> Adroddodd do, a chanodd
> Tra yma'n llon ei llef;
> Mae'n adrodd mwy a chanu
> I dorf o blant y nef.

Fi yn 1938.

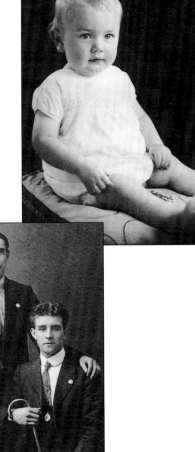

Nhad yn ddyn ifanc
yn sefyll ar y dde.
1916.

Dod yma i ddysgu tiwnio
Ei thelyn fach nath Mair,
Fel byddai yn fwy cymwys
I chwarae'r Delyn Aur.

Ro'dd Nhad yn hanu o'r pentre, yn un o saith o blant (dau frawd a phum chwaer) a Mam o bentre Cwmllynfell, eto yr un nifer o blant, tri chrwt a pheder croten. Siopwr o'dd tad-cu Cwmllynfell . . . Daniel Protheroe – gwerthu taffish, papure newydd, pysgod, ffrwythe a llysie. Siop y pentre o'r iawn ryw! A'th i Bontrhydygroes yn Shir Aberteifi i chwilio am 'i wraig, Marged Oliver. (Os bydda i'n ara'n talu 'nghornel weithie yna fe fydda i'n rhoi'r bai am hynny ar waed y Cardi sydd yno' i!) Pentrefwyr Cwmtwrch o'dd y fam-gu a'r tad-cu arall, sef Lewis Rowlands a'i wraig Ann. Ro'n nhw wedi marw cyn fy nyfodiad i.

Yng Ngwaith Glo Brynhenllys yr enillai Nhad 'i geiniog brin. Cartre'r glo carreg caleta'n y byd ac yn sgil hynny yn hawlio bod y glo *gore*'n y byd! Mae'n amlwg 'i fod e'n werinwr diwylliedig a arferai ymhyfrydu mewn pob math o ddiddordeb, yn amrywio o fod yn gampwr ar Shakespeare i fod yn bysgotwr dawnus a weithiai 'i wialen plyfyn 'i hunan yn ogystal â'r plu; ar yr un pryd byddai'n dablan gydag arbrofion cemegol yn y sièd gyda Dai Llywelyn Davies drws nesa. Byddai wrth 'i fodd yn canu ac yn enwedig helpu gosod y colur ar yr actorion adeg y cynyrchiade lleol. Diléit arall o'dd creu rhwydi pysgota (cwbl anghyfreithlon!) mas o sane neilon Mam gan dreulio orie'n datod y rheiny a dodi'r neilon 'i hunan ar rîl. Yna gosod y plwm er mwyn sicrhau fod y rhwyd yn aros ar waelod y dŵr. Do'n i ddim yn or-hoff o bysgota – camp rhy ara o lawer – ond es i gyda fe'n amal.

'Mr R.' ro'dd pawb yn 'i alw fe ac yn ôl pob sôn ro'dd e'n dipyn o gymeriad yn cadw cwmni dan ddaear i Dai Lewis o Frynaman, tad Allan Lewis, hyfforddwr Casnewydd, a Glanville, tad Vernon Pugh y bargyfreithiwr sydd wedi bod yn ffigwr mor ddylanwadol yn y gêm broffesiynol fodern.

I ni'r plant ro'dd pedwar adeilad yn angori bywyd cymdeithasol y pentre sef Ebenezer, Capel yr Annibynwyr; Neuadd y Glowyr; Ysgol Cwm a siop chips Mag. Fe gafodd yr Ysgol Sul ddylanwad mawr

Dyma ffordd 'wyn'n cofio'r pentref pan o'n i'n blentyn yn y 1940e.
Diflannodd y rheilffordd erbyn hyn.

arnon ni i gyd. Cael ein codi ar *Rhodd Mam* a chael ein trwytho yn y
Beibl. Profiad newydd o'dd gwylio 'Tedi', un o'r athrawon, yn
defnyddio'r 'Magic Lantern' i adrodd yr hanesion am Iesu Grist.
Dechre net i fywyd lled-gyhoeddus o'dd cael llwyfan y pulpud yn y
cwrdd plant misol gyda phawb yn cymryd rhan wrth adrodd, canu,
darllen a dweud adnod. Ond yr uchafbwynt wrth gwrs o'dd y 'trip
Ysgol Sul' yn yr haf – yn amrywio rhwng y Barri, Porthcawl neu
Aberystwyth. Y Barri o'dd fy ffefryn i; ro'dd y ffair yn atyniad
ychwanegol i'r môr! A hyd yn oed adeg y rhyfel ro'dd digon o fwyd
ar ga'l ar gyfer y parti Ysgol Sul.

Pedwar bugail a gafodd y pentre yn ystod fy adeg i'n blentyn, sef
Ifor Wyn Williams, Idris Hopcyn, Cynwyn Davies a Tudur Phillips –
gwŷr galluog a ofalai'n dyner am y praidd. Gwers bore oes imi. Yn
yr un modd mae dylanwad y plismon, P.C. Penny, a'r prifathrawon,
Dai Varteg Williams, a Dai Noah Williams, yn parhau.

Ro'dd Neuadd y Glowyr yn globyn o adeilad – canolfan

4

gweithgaredde'r pentre. Ro'dd 'na 'bwrpas' i bob ystafell, ond heb os nac oni bai yr atyniad mwya imi o'r dyddie cynta o'dd y stafell snwcer. Hawl i *edrych* ar y dynion yn unig o'dd 'da ni'r plant hyd nes ein bod ni'n cyrra'dd deg oed. (Am resyme ddaw'n amlwg nes ymlaen fe ges i fwy o gyfle na'r rhan fwya i ddisgleirio yn y gamp!) Sêr y bwrdd imi ar y pryd o'dd Ger Evans, Alan Lloyd, Harry Edwards ac Austin Williams, gofalwr y neuadd.

Yno hefyd ro'dd 'na stafell wedi'i neilltuo ar gyfer y papure dyddiol ond anaml y bydde'r cryts yn mynychu honno . . . ro'dd pethe braidd yn rhy 'dawel' fan'ny i ni!

Yr ystafell bwysica o'dd 'Yr Ystafell Fawr' a'r 'stage'. Yno y cawson ni'n dysgu i berfformio 'Gang shows' ac 'Operettas'. Bron pob un plentyn yn aelod, gyda'r mame'n dod gyda'r plant ifanca i helpu 'da'r dysgu a'r ddisgybleth! Barnett Williams o'dd yr hyfforddwr. Gŵr o'dd yn gallu chware piano mor fedrus fel y gallen i dyngu fod yr offeryn yn siarad, ond arweinydd o'dd yn gallu disgyn i lefel pob oed a thrin a thrafod pawb mewn ffordd o'dd yn siwto'r

Chwe blwydd oed yn fy siwt Ysgol Sul, 1944.

unigolyn yn berffeth. Artist amryddawn tu hwnt a dyn ysbrydoledig. Byddai'r 'practis' deirgwaith yr wythnos a do'dd dim iws colli'r un ymarfer. Un o uchafbwyntie 'nghyfnod i o dan 'i aden o'dd pan berfformiwyd yr operetta *Holiday on the Sands*. Tybed faint o ddylanwad y capten llong yn *Holiday on the Sands* o'dd arna i yn ystod y brentisiaeth ar gyfer bod yn gapten ar Gymru?

Rhaid cyfeirio at y siop chips leol, siop Mag. Atyniad poblogaidd fel ymhob pentre, ond tybed sawl siop arall o'dd â blawd llif wedi'i wasgaru ar hyd y llawr? O edrych yn ôl, syniad ymarferol digon cadarn yn enwedig o gofio fod y mwyafrif o'r chips yn cael 'u bwyta yn y siop ac ro'dd pawb yn taeru nad o'dd 'na finegr mor flasus unrhyw le arall yn y byd! Dyma fan cyfarfod pwysig arall. Do'dd dim llawer yn digwydd yng Nghwmtwrch nad o'dd pawb yn gwbod amdano! Do'dd dim eisie dysgu unrhyw un shwd o'dd clebran!

Storm a Heulwen Plentyndod

Ro'dd lleoliad ysgol fach y Cwm yn berffeth, yn gwmws yng nghanol y pentre, rhwng Cwmtwrch Uchaf ac Isaf. Arwres gynnar o'dd Miss Evans, athrawes fabanod o'r iawn ryw a arhosodd yn yr un swydd gyda'r un ysgol am ddeugain o flynyddoedd. Faint o fabanod dda'th o dan 'i dylanwad hi? Dyna beth yw cyfraniad i gymdogeth ac i gymdeithas!

Fe ges i ddau 'fishtir' yn brifathrawon, Dai Varteg Williams a Dai Noah Williams, a dau dda oedden nhw hefyd. Dau o'dd yn mynnu cadw disgybleth a dau o'dd yn dwlu ar chwaraeon gan iddyn nhw ddisgleirio fel olwyr rygbi i dime yn yr ardal. Ro'dd iard yr ysgol yn fawr ac yn llydan, yn ddelfrydol ar gyfer geme, pêl-droed rhan amla. Un tro da'th Idris Jones â phêl rygbi i'r ysgol ond un wahanol i'r arfer, pêl Americanaidd, ond mowredd ro'dd hi'n boblogedd ac fe ga'th hi ddefnydd! Rwy'n ymfalchïo fod fy nghyfeillion bore oes yn ffrindie mynwesol o hyd. Ar eich tra'd Idris Jones, Keith Johnson, John Davies, Lindsay Evans, Rowland Maddock, yr efeillied David a Cerith Close, Brian Oeppen, Mansel Thomas, a Roy Hopkins. Hefyd Tudor Thomas a Rolant Williams er eich bod damed yn hŷn!

Ie, plentyndod delfrydol, ond ro'dd y cymyle'n dechre casglu. Trodd y chware'n chwerw mewn dim o dro a hynny ar yr aelwyd gartre. Da'th y newyddion disymwth fod Nhad i gwpla gweitho gan 'i fod e'n diodde o *pneumoconiosis*, clefyd y llwch. Gwaethygodd pethe'n glou iawn achos yna clywson ni fod 'y nwy chwaer i dderbyn trinieth am *tuberculosis*, y ddarfodedigeth, a bod y ddwy i letya mewn ysbytai gwahanol – Edna yn Llanybydder yn Sir Aberteifi a Megan, yr hyna, yn ca'l 'i derbyn yn Ninbych yng Ngogledd Cymru! Ac yn goron ar bopeth da'th y newyddion torcalonnus fy mod i'n diodde o T.B. ac y bydde'n rhaid imi aros gartre o'r ysgol am gyfnod. A minne'n wyth mlwydd oed!

Druan â Mam. Fe gafodd hi amser caled dychrynllyd, ond rhywsut fe gafodd hi nerth i ymdopi. Fe ballodd hi ildio . . . shwd, dwy i ddim

Rhoi crys Cymru i D.N. Williams, mishtir Ysgol Tro'r Glien, Cwmtwrch, 1966,
i ddangos fy ngwerthfawrogiad iddo fe, a'r ysgol, am ddyddie hapus.

yn gwbod. Ond nath hi lwyddo i gwato'i phoen a'i gofid wrtha i. Ro'dd hi'n ddynes gref ddychrynllyd, ro'dd hynny'n amlwg, ac yn dipyn o actores hefyd greda i!

A shwd o'dd crwtyn wyth mlwydd oed i dreulio'i amser pan o'dd y plant erill i gyd yn yr ysgol? Dyma'r pryd y dechreuodd fy nghyfeillgarwch 'da Austin Williams, gofalwr y bwrdd snwcer. Fe gymerodd e fi o dan 'i aden ac ar ôl iddo fe lanhau a smwddio'r bwrdd fe ddechreuodd roi gwersi, a minne'n sefyll ar ben bocs potel bop gan fod fy nghoese'n rhy fyr. Ond yn raddol fe ddes i'n chwaraewr digon deche gyda'r *cue*!

Un arall o uchafbwyntie'r cyfnod, ym 1946, o'dd teithio 'da Nhad i weld Morgannwg yn chware criced yn erbyn India ar Sain Helen yn Abertawe. Gwledd, o ran y profiad yn ogystal â'r bwyd ro'dd Mam wedi'i baratoi inni, ac ma'r wefr o ga'l rhedeg o gwmpas y ca' ac o gasglu llofnodion yn dal yn fyw yn y cof. Nath y llawenydd ddim para'n hir gan imi glywed wedyn fy mod inne bellach yn gorfod mynd i ysbyty T.B.! A minne'n dal i fod yn wyth mlwydd oed bu'n rhaid gadel Mam a Nhad. Drwy drugaredd do'dd dim rhaid teithio 'mhell gan imi ga'l fy nerbyn yn Ysbyty Craig y Nos ger Aber-craf, cyn-gartre'r gantores fyd-enwog Adelina Patti.

Nhad yn Ysbyty Llangwyfan, ger Dinbych, 1946. (Yr ail o'r dde)

Dychmygwch deimlade Mam! Dau o'i phlant wedi marw, gŵr yn diodde o afiechyd a'r tri phlentyn arall mewn ysbytai gwahanol! Cafodd y ddau nerth ac arian o rywle, gyda'r naill neu'r llall yn ymweld pob wythnos a llwyddo i ymgymryd â'r daith flin i'r gogledd bob pythefnos!

Yng Nghraig y Nos ro'dd yr ystafelloedd yn anferth a minne fel dryw. Y bwriad o'dd fy mwydo'n dda a llenwi fy ysgyfaint ag awyr iach gydag ambell chwistrelliad o 'streptomycin' i gyflymu'r broses. Yn sydyn da'th 'newyddion da o lawenydd mawr' – ro'dd Megan, fy chwaer i ga'l 'i throsglwyddo o Ddinbych i'n ysbyty i. Ro'dd ca'l gweld fy chwaer bob dydd a rhannu profiade gyda hi yn gysur amhrisiadwy, ond nath y llawenydd ddim para am hir achos penderfynwyd fy nhrosglwyddo i i Ysbyty T.B. Highland Moor yn Llandrindod! Gorfod gadael fy chwaer a lled-agosatrwydd cartre a bellach gorfod rhannu cartre gyda dieithriaid nad o'dd yn siarad Cymraeg! Nid dyna'r tro cynta imi deimlo fod y byd yn gallu bod yn un creulon.

Cymysgwch o ferched a bechgyn a fynychai'r adeilad pedwar llawr yn Llandrindod. Y bwriad o'dd cyfuno byw a bwyta'n iach ynghyd â gorffwys a hefyd ymarfer y corff gymaint ag o'dd yn bosib yn hytrach na gorwedd mewn gwely yn diodde o waeledd. Câi addysg le amlwg yno hefyd ac fe ddes i'n dipyn o ffrindie gydag athro o'r enw Mr Roberts. Pêl-droed o'dd y brif gêm ond er nad o'dd rygbi'n gyfarwydd iawn i'r ardal ro'dd 'na bêl 'da fi, yn anrheg gan Elwyn Dewi Hopkins (o'dd wedi treulio tair blynedd yn garcharor rhyfel yn yr Almaen). Yn anffodus dim ond fi o'dd yn dwlu ar rygbi yno, felly pêl-droed amdani. Mae sôn am Elwyn Dewi Hopkins yn fy atgoffa iddo fod yn focswr cyn y rhyfel ac yn sgipiwr penigamp. Yn wir, golygfa gyson o'dd gwylio a gwrando ar blant yr ardal yn cyfri pob sgip, a hynny am gyfnod o hanner awr a mwy.

Er i awyr iach Llandrindod fod yn ystyriaeth bwysig ro'dd cynnydd yn ein 'pwyse' yn cael 'i ystyried cyn bwysiced. Pob bore Llun ro'dd yn rhaid cynnal 'roll-call' ac yna'r pwyso cyhoeddus gyda phob un rhif unigol yn ca'l 'i alw. (Rhif 32 o'dd D.C.T. Rowlands!) Matron Flick yn goruchwylio a phob plentyn yn gobeithio nad o'dd 'na golli pwyse wedi digwydd yn ystod yr wythnos! Rhaid cyfadde fy mod i wastad wedi bod yn hoff o 'mwyd, ond ma' byta gormod o datw, 'porridge' a *marmite* o dan orfodaeth yn ddigon i waethygu unrhyw gyflwr o salwch! Arferiad rhai o'r plant o'dd llenwi 'u pocedi â marblis neu gerrig er mwyn *sicrhau* nad oedden nhw wedi colli pwyse!

Tua hanner cant ar y mwya o'dd yno ar yr un pryd. Pob un yn siarad Saesneg a phawb yn hiraethu am gartre. Cerdded o'dd y feddyginiaeth amlyca gan ddefnyddio'r llyn i ymestyn y daith arferol i dair milltir. Yn ogystal, fe chwaraeon ni'r geme arferol fel 'marbles' a 'conkers' yn ogystal â phêl-droed a chriced. Pan ddele'r glaw ro'dd ystafell fawr yn ca'l 'i throi'n 'gymnasium'.

Yn y cyfamser ro'dd bywyd y pentre gartre yn mynd yn 'i flaen. Ond nath pobol pentre Cwmtwrch ddim anghofio amdana i! Unwaith y mis ro'dd rhyddid i deulu a chyfeillion ymweld â Highland Moor. Sawl gwaith, yn gwbl ddiarwybod imi, ro'dd llond bws o bobol y pentre wedi dargyfeirio'u siwrne, 'u 'trip', i Amwythig neu Henffordd er mwyn galw i'm gweld, gyda phob un yn rhoi pishyn tair neu chwech imi. Fi o'dd y crwtyn cyfoethoca yno'r dyddie hynny!

Yn ddisymwth, un dydd, ro'dd y Matron moyn fy ngweld i. Es i yno gan obeithio nad o'n i wedi colli pwyse ond na, ro'dd trefniant wedi'i neud i fynd â mi adre am ddiwrnod yn unig. Pam, do'n i ddim yn gwbod hyd nes i Mam a Nhad egluro fod Megan fy chwaer

Megan fy chwaer, 1945.

11

wedi marw ac ro'n i wedi ca'l fy ngalw gartre er mwyn mynd i'r angladd. Do'n i ddim yn *deall* ond rwy'n cofio'r profiad a'r diwrnod hyd heddi.

Dychwel i Landrindod ond ddim am hir cyn symud gartre am byth. Ro'dd y penderfyniad wedi'i wneud fy mod wedi tyfu a magu pwyse, felly do'dd dim rheswm i'm cadw rhag dychwel i'r Cwm. (Anodd meddwl, o sylwi ar fy maint y dyddie hyn, fy mod i wedi ca'l fy anfon i ysbyty i *ennill* pwyse yn gynnar yn fy mywyd!!)

Ro'dd ca'l bod gartre fel chwa o awyr iach ymhob ystyr. 'Llawen gwrdd â hen gyfeillion' yn wir, er taw dim ond cryts o'n nhw. Ac ro'dd ca'l 'fy nhraed yn rhydd' unwaith eto yn foddion i'r fath radde fod Mam yn becso amdana i o hyd gan fod fy ffrindie'n galw ben bore bach er mwyn inni dreulio orie'n chware pêl-droed ar ga' 'tai newydd'. Pob un o'r bechgyn erill yn gwisgo 'vest' o dan 'u cryse ond dim 'vest' imi, gan fy mod i wedi fy nysgu i fod hebddi yn ystod fy nghyfnod yn Llandrindod.

Clwb pêl-droed Abertawe, y 'Swans', o'n i rhan amla a naill ai'n Roy Paul, un o arwyr y Vetch ar y pryd (33 cap a chapten Manchester

Tîm pêl-droed Cwm dan bymtheg, 1948. Rwy'n ddeg mlwydd oed. Fi yw'r un bach yn y blaen, ar y dde.

City pan enillwyd Cwpan Lloegr ym 1956), neu Aubrey Powell, un o fechgyn Cwmtwrch o'dd yn aelod o dîm Leeds (wyth cap wrth gynrychioli gwŷr Elland Road, Everton a Birmingham).

'Rôl yr holl afiechyd do'dd dim yn mynd i'm rhwystro i bellach rhag mwynhau bywyd, yn benna ym myd chwaraeon. Crwt deg mlwydd oed, iach fel y gneuen, gyda phob camp yn apelio. Cyfuniad o chware pêl-droed, snwcer, 'dal sgwarnog' (rhedeg am ddau gan llath yn y neuadd pan o'dd hi'n wlyb a chwato gyda'r lleill yn fy nghwrso ac yn treial fy nal) yn y gaea ac, yn ystod yr ha', criced ac oifad (nofio) o'dd yn ca'l y prif sylw.

Ro'dd nant yn tarddu yng nghrombil y Mynydd Du a honno'n ymdroelli i lawr y bryn i ddatblygu'n afon Gwys. Llifai'r afon drwy'r pentre ac yn gynnar yn yr haf codai glowyr y pentre 'argae' o gerrig a thywod mewn sache ar draws yr afon er mwyn creu'r hyn a elwir yn lleol yn 'pownd' neu bwll – nifer o bylle mewn gwirionedd gan amrywio yn ôl 'u dyfnder er mwyn darparu ar gyfer gwahanol oedran plant y pentre. Y pwll pwysica i ni o'dd 'pown patell' gan 'i fod e'n

Mae'r mwg yn codi wrth i ni dwymo ar ôl oifad yn nŵr oer 'pown patell'.
Yn y llun mae Mike Rees, Ronald Davies, Roland Williams, Derrick Jones, Dai Glyn, Graham Jones, Mansel a Wyn Jones. Fi sydd yn plygu dros y tân.

13

debyg i siâp padell. Crewyd hwn wrth ymyl y ca' chware pêl-droed a chriced. Ond cyn oifad ro'dd rhaid casglu coed mân i gynne tân er mwyn coginio tatw pob i'n cynhesu 'rôl dod mas o'r dŵr oer! Do'dd 'na fawr o adnodde modern ar ga'l yn y Cwm bryd hynny, ond rhywsut chollon ni ddim sbort a sbri o gwbl ac ro'dd popeth yn rhad!

Nawr ac yn y man dele'r daith 'da Nhad lawr i San Helen i wylio Morgannwg ac unwaith y gwrthwynebwyr o'dd Awstralia gyda'u harwyr Neil Harvey, Ray Lindwall a Keith Miller. Sêr Morgannwg ar y pryd o'dd gwŷr fel J.C. Clay, Emrys, Dai a Haydn Davies, Gilbert Parkhouse, W.E. Jones, Wilf Wooller ac Allan Watkins. Er yr atyniad yn y canol, yn anffodus ychydig iawn o'r criced weles i gan fy mod i'n chware mewn 'Test match' answyddogol fy hunan ar y ca' rygbi!

Nhad âi â mi ar ambell brynhawn Sadwrn hefyd i Ystalyfera i wylio tîm Ystradgynlais yn chware rygbi'r cynghrair yn erbyn time o Gaerdydd, Llanelli a Phen-y-bont yn ogystal â thime o Ogledd Lloegr fel Halifax ac Oldham. Câi'r geme hyn gefnogaeth gan filoedd ac ma' wynebe chwaraewyr fel Dan Coch, John Hickey, Ceri Griffiths, ac Ossie a Dennis, yr asgellwyr, yn dal yn gyfarwydd.

Er yr holl chwarae ro'dd y pentrefwyr i gyd yn ymwybodol iawn o bwysigrwydd addysg ac i mi'n bersonol ro'dd yr 11+ yn agosáu. Ond elfen bwysicach o'dd dirywiad amlwg yn iechyd Nhad. Do'n i ddim yn hoff o dywyllwch y nos ac fe gynyddodd yr ofne wrth wrando ar ei anadlu poenus yn ystod yr orie hynny. Yr ymladd amlwg am anadl einioes a'i frest yn fegin swnllyd, afiach.

Ac ynte'n 54 mlwydd oed bu farw Nhad. A minne'n ddeg mlwydd oed ro'n i wedi colli chwaer a thad. Fe dorres i 'nghalon ond cafodd Mam ac Edna nerth a ffydd i fod yn gryf er ein bod ni i gyd yn ymwybodol iawn fod amser caled aruthrol yn ein hwynebu oherwydd er fod Nhad wedi treulio bron ddeugain mlynedd o dan y ddaear yn anadlu llwch glo, y rheswm swyddogol a roddwyd ar y dystysgrif farwolaeth o'dd 'Thrombosis aggravated by pneumoconiosis'! Gan fod y gair 'thrombosis' wedi ymddangos ar y dystysgrif ro'dd hyn yn golygu na chele Mam geiniog o iawndal, na glo am ddim chwaith. Y cyfan yr o'dd hi yn 'i deilyngu o'dd deg swllt (hanner can ceiniog) yr wythnos, sef 'pensiwn gwidw' y wladwriaeth, i'w chadw a'i chynnal hi a'i theulu! Pa mor annheg y gall unrhyw system fod?

Ro'dd llawer yn derbyn glo am ddim yn y pentre yn dilyn

damweinie, salwch a marwolaeth, ond er yr awydd i'n helpu gallen nhw ddim gan bod ofan y bydden nhw'n cael 'u dal ac yn sgil hynny yn colli 'u lwfans 'u hunen. Yn hyn o beth cawsom garedigrwydd bythgofiadwy gan ein cymdogion clòs yn y pedwar tŷ a elwid yn 'Post Office Terrace'. Ro'dd ein tŷ ni yn y canol ynghyd â thŷ Mrs Davies, gwidw a'i phlant Jim, Dai a Lil. Yna tŷ pob pen: chwaer fy Nhad, Anti Lizzie, a'i gŵr Wncwl Joe gydag Edwin, Sarah a'u plant Elizabeth ac Alan ar un pen, a thŷ Wil Thomas, 'i fab Mansel a chwaer Wil, Magdalen Jane ar y pen arall. Rwy'n 'u henwi nhw gan iddyn nhw fod mor biwr (driw) gyda'r glo a sawl cymwynas arall.

Ro'dd gwir angen help ar Mam yr adeg hyn ac fe dda'th y cymorth hwnnw o nifer o gyfeiriade, ond yn benna gan fy chwaer Edna o'dd erbyn hyn wedi ca'l 'i phenodi'n ysgrifenyddes yng ngwaith Tick Tock (ffatri glocie a watsys Smith yn Ystalyfera). Yn rhyfeddol, er gwaetha'r holl amgylchiade, ro'dd hi wedi llwyddo mewn tri phwnc yn 'i harholiade lefel 'A' – Cemeg, Swoleg a Llysieueg. Oni bai am 'i hafiechyd a'r amgylchiade gartre byddai wedi mynd yn 'i blaen i naddu gyrfa ddisglair 'rôl addysg brifysgol rwy'n siwr.

Ar waetha'r tristwch a'r tlodi ro'dd cwmnïaeth a chyfeillgarwch y gymdeithas yn parhau'n elfenne allweddol amlwg. A'r adeg hyn y des i i ddechre gwerthfawrogi talente a donie un o'r unigolion mwya dawnus a weles i erio'd, sef Alan Lloyd, mewnwr clwb rygbi Cwmtwrch a ailsefydlwyd ym 1948, ar ôl y rhyfel.

O edrych yn ôl mae'n siwr y bydde'r seicolegydd o'r farn fod Alan wedi llenwi'r gwacter a adawyd ar ôl marwolaeth Nhad a dwy i ddim yn anghytuno. Ro'n i'n 'i eilunaddoli gan 'i fod e mor ddawnus ymhob camp – rygbi, snwcer, pêl-droed, criced ac ar ben popeth ro'dd e'n gallu cerdded ar 'i ddwylo – ffrwyth 'i addysg yng ngholeg Loughborough! Hefyd mynnai bwysleisio pa mor bwysig imi o'dd addysg a gweithio yn yr ysgol. Fe wrandawes i, ond ro'dd 'da fi fwy o ddiddordeb yn 'i sylwade ar y pyncie erill!

Trodd y gaea'n wanwyn ac ar waetha'r gofidie cafwyd pleser di-ben-draw yng nghwmni plant a phobol ifainc y Cwm – Mansel ac Alan o'r un stryd, Roland a Maureen, Jack, Dan a Gareth Jenkins o'dd yn chwarae i'r tîm rygbi a'u dau frawd ifancach, Lloyd a Rhys, a chawr y pentref, Jimmy Rowlands. Hefyd Tudor Thomas a Mike Rees.

Edna a'm symbylodd ac a fynnodd fy mod i'n gweithio am yr 11+ a mawr o'dd y dathlu gyda'r newyddion fy mod i wedi 'paso' ac yn sgil hynny sicrhau mynediad i Ysgol Ramadeg Maesydderwen. (Am unwaith ma'n *rhaid* fod ffawd wedi gwenu arna i!) Ro'dd dau o 'nosbarth i i fynd i Maesydderwen, June Lewis a minne. A'th y bechgyn o'r un ysgol â mi nad o'dd wedi llwyddo yn yr 11+ i Ysgol Uwchradd y Gyrnos a'r merched i Ynyscedwyn. A'th ffrindie erill o'r un pentre o'dd yn mynychu ysgolion gwahanol, sef Rowland Maddock a Brian Oeppen, i Ystalyfera ym Morgannwg a Huw y *George* a Chris Norman a'u brawd Malcolm i Rydaman yn Shir Gâr. Er ein bod i gyd yn *byw* o fewn canllath i'n gilydd, am fod y pentre wedi'i leoli mewn tair sir ro'dd y disgyblion yn mynychu tair ysgol gynradd wahanol – Cwmllynfell ac Ystradowen o'dd y ddwy arall. Rwy i wedi dweud filoedd o weithie fod Cwmtwrch yn ots (gwahanol) i bobman arall!

Ond cyn dechre yn yr ysgol *fowr* ym Medi 1950 ro'dd un haf cofiadwy o nofio, criced a drygioni diniwed i'w fwynhau!

YR YSGOL FOWR

Petrusgar yn hytrach na phryderus yr o'n i pan ddales i'r bws y tu fas i dŷ Mrs Nicholas ar y bore cynta hwnnw. Hen *satchel* Edna ar fy nghefen a chap ar fy mhen. Trigen o ddisgyblion yn wynebu'r 'byd mowr' gyda'n gilydd o naw ysgol yn gyfan gwbl, sef Aber-craf, Coelbren, Penrhos, Cynlais, Caehopkin, Y Gurnos, Pen-y-cae, Glanrhyd a Chwmtwrch, gyda'r mwyafrif yn ddieithriaid pur! Fe ges i fy nodi yn nosbarth 1C, 'C' am 'Cymraeg' ac 1S am 'Saesneg'. Arhoson ni ddim yn ddieithr am yn hir iawn achos o fewn dim ro'dd pawb yn cymysgu 'drwy'r trwch'. Gan fod y geiniog mor brin gartre ro'n i'n un o ddau o'dd yn ca'l fy nghinio am ddim!

Yn ffodus ro'dd yr ysgol wedi'i hamgylchynu gan feysydd glas gyda'r borfa'n derbyn trinieth ofalus gan aelode o dime cynta'r ysgol. Rygbi a hoci o'dd y prif geme yn ystod y gaea ac ymhyfrydai pob un disgybl ac aelod o'r staff yn y llwyddiant o'dd wedi dod i'w rhan yn ystod y gorffennol.

Athro gofalus, teg a chyffrous o'dd Peter Woodman, efrydydd o Goleg Loughborough. Un o uchafbwyntie'r wythnos o'dd 'i wersi ymarfer corff yn y *gymnasium* fawr. Pob un o'r gwersi wedi'i pharatoi'n fanwl, ac yn wahanol, ar yr *apparatus* gan ganolbwyntio ar yr elfenne hanfodol o ystwythder, cryfder a sgilie. Ac yn goron ar bopeth cafwyd dwy wers o rygbi! Yna, ar fore dydd Sadwrn gwyliem dîm cynta'r ysgol yn chware!

Ychydig o geme ffurfiol a chwaraewyd yn ystod y blynyddoedd cynnar, ac eithrio wynebu fy nghyfeillion o Gwmtwrch o'dd yn cynrychioli ysgolion Ystalyfera a'r Gyrnos. Yn nes ymla'n unwyd y time hyn i gynrychioli tîm dan 15 Ystradgynlais a'r Cylch i wynebu time fel Abertawe, Castell-nedd, Cwmtawe a Chylch yr Aman.

Hyd yn oed mor gynnar â hynny ro'dd hi'n amlwg fod un chwaraewr yn mynd i ddisgleirio. Ro'dd Alwyn Lewis o Aber-craf yn meddu ar yr holl ddonie anhepgorol yn gynnar yn 'i yrfa. Gallai redeg, cicio, taclo, ffugio a sgoro'n llawer gwell nag unrhyw

17

ddisgybl arall ac ro'dd hynny'n cael 'i amlygu'n fwyfwy pan dda'th y cyfle i chware mewn geme rygbi go iawn. Ymhen hir a hwyr fe ga'th 'i ddewis i gynrychioli tîm Ysgolion Cymru dan 15, yn safle'r cefnwr. 1953 o'dd y flwyddyn. Dyna'r pryd y digwyddodd dau drobwynt arall yn fy hanes. Yn gynta y balchder o berthyn i'r un dosbarth â chrwt o'dd yn cynrychioli'i wlad a'r ail y profiad o deithio i Gaerdydd i wylio Cymru'n chware am y tro cynta a phrofi'r wefr o fuddugoliaeth annisgwyl gwŷr Bleddyn Williams dros Seland Newydd, y tro diwetha inni, fel gwlad, drechu'r Cryse Duon! (Pwy fydde wedi rhag-weld y diwrnod hwnnw y bydden *i*, ddeng mlynedd yn ddiweddarach, yn gapten ar fy ngwlad yn erbyn yr un gwrthwynebwyr, ond ro'dd y llwyddiant o'dd wedi dod i ran Alwyn, yn 'i wyrdd a gwyn dros yr ysgol ac yna yn 'i goch dros 'i wlad, yn ysbrydolieth credwch chi fi!)

Fel ymhob ysgol arall yn yr ardal dim ond rygbi o'dd yn ca'l 'i chware o Fedi tan Fawrth ym Maesydderwen, yna dodi'r bêl hirgron i gadw. Criced a mabolgampe gâi'r sylw yn ystod tymor yr haf ac yn ffodus medres ymdopi'n weddol o lwyddiannus gyda'r campe hynny hefyd. Ro'n i wrth fy modd yn gwibio dros y canllath neu'r 220 ac yn

Athletwyr yr ysgol yn cynrychioli Sir Frycheiniog, 1956. D.C.T. ar y chwith yn sefyll

18

Dosbarth 4C ysgol Maesydderwen, 1954.

ogystal ro'n i'n gyffyrddus wrth ymdrin â disgybleth yr herc, cam a naid. Mae angen techneg gymhleth i feistroli'r gamp ac ro'dd cyngor Peter Woodman yn amhrisiadwy ond, unweth yn rhagor, y cymorth ar garreg y drws o'dd yr elfen bwysica. Rhedai olion rheilffordd, o'r oes a fu, ar waelod ein gardd. Manteisiodd Dai Llywelyn, drws nesa, ar y cyfle i ddefnyddio'r cols a'r lludw i'w rholio a'u caledu er mwyn paratoi canllath o drac a llain o dir ar gyfer yr ymarfer herc, cam a naid neu'r 'naid driphlyg'. Gosododd ddarn o hen *sleeper* yno hefyd er mwyn fy ngalluogi i finiogi 'nghrefft! Treulies filoedd o orie yno'n ymarfer, ac uchafbwynt fy ngyrfa fel athletwr o'dd cwpla'n ail yn y Naid Driphlyg ym Mabolgampau Ysgolion Cymru. Ddim cystal â seren yr ysgol 'ran mabolgampe, sef Tony Williams, a enillodd bencampwriaeth Pryden am daflu'r ddisgen (182' 9" ym 1956) ac a ddisgleiriodd wrth hyrddio'r 'pwyse' hefyd.

Da'th 'newyddion da o lawenydd mawr' pan ddechreues ar 'y mhedwaredd flwyddyn. Penderfynodd yr awdurdod lleol taw Ysgol Gyfun fydde Maesydderwen o hynny ymla'n. Codwyd adeilad modern yn gyfochrog â'r hen adeilad, gydag ystafelloedd eang, moethus, a – diolch i'r drefen – da'th cyfnod yr 11+ i ben. Ro'dd hi'n hen bryd ca'l gwared ar yr arholiad o'dd wedi hollti pentrefi,

19

cymdeithas a chyfeillgarwch. O'r diwedd ro'dd ieuenctid Cwmtwrch yn mynychu'r un ysgol.

Dechreues ga'l blas ar griced. 'Oll yn ein gynau gwynion.' Dim ond y *gore* eto i Clive, 'run peth â phawb arall, diolch unweth yn rhagor i garedigrwydd ac aberth Edna. Mr Evans (*French*) o'dd ein symbylwr yn y gêm hon. Yn ogystal â threulio orie di-ri'n paratoi'r llain, 'i gwarchod a'i rholio'n ddi-baid yn ystod misoedd yr ha', mynnai fod ein hymddangosiad o ran dillad, a'n hymarweddiad wrth chware, yn unol ag *ethos* y gêm.

Trodd yr ha'n hydre ac yn sydyn fe ges fy nyrchafu i dîm cynta'r ysgol, yn aelod o'r un uned ag Alwyn Lewis, Tudor Thomas o'r Cwm, a'r gŵr a ddeuai'n frawd-yng-nghyfreth imi, John Jeffreys. A'th John yn 'i fla'n i gynrychioli Ysgolion Uwchradd Cymru gan sgoro cais o'r asgell yn erbyn De Affrica ym 1955. (Yn aelode o'r tîm hwnnw ro'dd chwaraewyr a'th yn 'u bla'n i gynrychioli tîm cyflawn Cymru yn y chwedege – rhai fel Dennis Evans, Alan Rees, Keith Rowlands, Alun Pask a Derek Morgan, a benderfynodd wisgo crys gwyn Lloegr!)

Gŵr ifanc balch, a dweud y lleia, o'dd yn cynrychioli'r ysgol bron bob bore Sadwrn. Ac nid rygbi o'dd yr unig atyniad. Ymffrostiai'r ysgol yn 'i thîm hoci merched hefyd ac erbyn hynny ro'dd Margaret fy wejen yn aelod o'r tîm hwnnw. Braidd yn gynnar i garu? Pwy sy'n gwbod, ac efalle nad yw hynny'n siwto pawb, ond yn sicr i *mi* ro'dd ca'l gair bach clou cyn y gêm yn hwb ac yn ysbrydolieth.

Yn ddiarwybod bron, gan fod y tîm yn llwyddiannus a chan ein bod yn chware rygbi atyniadol, cynyddodd y gwylwyr o'dd yn ein dilyn ac o dipyn i beth da'th hi'n amlwg fod dewiswyr tîm Ysgolion Cymru ymysg y dorf. Y gorfoledd o glywed imi ga'l fy newis ar gyfer gêm brawf (*trial*). Ro'dd A.R. (Tony) Lewis o Ysgol Ramadeg Castell-nedd yn aelod o dîm y gwrthwynebwyr. Dyma'r cricedwr dawnus a arweiniodd Forgannwg i'r bencampwriaeth ym 1969 a gŵr fu'n gapten ar Loegr. Fe yw llywydd presennol yr M.C.C.! Ro'dd e'n gefnwr galluog dros ben, cywir 'i ddal a sicr 'i anel.

Ond mor agos ac eto mor bell fu'r hanes o ran ca'l cap. Gwaetha'r modd dderbynies i mo'r alwad i gynrychioli 'ngwlad ar lwyfan rhyngwladol ond eto y tu ôl i bob cwmwl ma' 'na heulwen. Ro'dd pawb o'dd yn gysylltiedig â'r gêm yng Nghymru'n ymwybodol fod

Tîm rygbi Maesydderwen, 1956. Capten: Vodak Boladz.

digwyddiad hanesyddol ar y gorwel ac eto pawb fel petaen nhw'n ofan sôn amdano rhag temtio ffawd. Yna, *da'th y newyddion o'dd yn mynd i newid rhod fy mywyd.*

Gyda balchder o'r mwya y clywes fy mod wedi ca'l fy nghynnwys yng ngharfan ysgolion Cymru o'dd i deithio'r ha' hwnnw, ym 1956, i Dde Affrica. Cofio rhedeg fel cath i gythrel am adre a bloeddio'r cyhoeddiad wrth Mam. Ac yna gweld y corn gwddwg yn crynu a'r dagre'n arllwys i lawr 'i gruddie hi – cyfuniad a chymysgwch o'r balchder deimlai hi drosta i a'r don o dristwch o orfod dweud wrtha i, 'os wyt ti i fynd yno rhaid iti dderbyn yn gwmws yr un peth â phawb arall a dwy i ddim yn gallu gweld shwd allwn ni fforddio fe'. Edna, unweth 'to, 'n dod i'r adwy, ''Sdim problem. Ti'n mynd a dyna ddiwedd arni hi!' 'Rôl clywed fy mod i wedi ca'l fy newis ma'r co'n fyw o hyd am y siom ges i o sylweddoli nad o'dd fy nghyfell Vodak Boladz, wythwr a chapten ysgol Maesydderwen, wedi'i gynnwys yn y garfan.

Teimlad twymgalon o fod yn gawr balch o'dd yn ca'l fy ngharco'n dyner gan drigolion pentre fy mebyd. Dechreuwyd yn syth ar y gwaith o godi arian i hela crwt o'r Cwm i Dde Affrica bell. Rwy'n taeru hyd heddi fod pawb yn y pentre wedi cyfrannu mewn rhyw fodd neu'i gilydd. Ca'l arian gan rai, *dressing gown* a *blazer* gan

21

unigolyn ariannog arall, gwidw yn y pentre'n gwnïo nished (hances) a'r llythyren 'C' arno, y clwb rygbi'n dechre casglu, ac yn y bla'n.

Yn y cyfamser ro'dd bywyd yn mynd yn 'i fla'n. Arholiade (ych!) i'w sefyll yn yr ysgol, yno hefyd yr Eisteddfod Fawreddog Flynyddol a chriced i'w chware. Bowliwr cyflym o'n i, gweddol o lwyddiannus. Cledrwyd ambell gyfraniad gyda'r bat hefyd – heb fawr o *steil*! Ro'dd llyged da 'da fi ond ma' 'na le i gredu 'mod i braidd yn anniben, yn symud fy mhen gormod o lawer. Y gwir amdani yw fy mod yn ofan y bêl gorc! Fe allen i fod wedi chware dros Gymru pe bydden nhw'n chware criced gyda phêl dennis! Sêr y tîm unweth yn rhagor o'dd John Jeffreys, Tudor Thomas ac Alwyn Lewis. Yr un enwe, yr un chwaraewyr, yn disgleirio ymhob camp!

O ran addysg ffurfiol, fy ffoff byncie yn yr ysgol o'dd Cemeg a Bioleg yn ogystal â Darlunio, a thrwy ryfedd wyrth, ac ymdrechion diflino Mrs Watkins, llwyddes yn ddigon da i ennill y cymwystere angenrheidiol i barhau mewn addysg bellach. Clod hefyd i Leighton Jenkins am lwyddo i'm perswadio i gynnig ar yr unawd lleisiol yn yr eisteddfod flynyddol. Nid arno fe o'dd y bai na ddes i'n agos i'r brig!

A minne'n ddeunaw oed da'th y cyfle i gnoi cil ar fy mywyd unweth eto ac i 'gyfri fy mendithion'. Y colledion teuluol poenus a'r tlodi parhaol, wrth gwrs, ond eto y cariad ar yr aelwyd a

Tîm Criced Maesydderwen, 1955. Capten Tudor Thomas.

Ar ein gwyliau yn Sain Tathan.

chynhesrwydd y gymdogeth. Y cyfle i fynd (am ddim gan fod Mam yn widw) ar wylie i wersyll plant y glowyr yn Sain Tathan. Ymgartrefu mewn cabane pren. Caban yn cystadlu yn erbyn caban, rhedeg, oifad, chware pêl-droed, a'r pwyntie mwya'n ca'l 'u rhoi i'r cynta i gwpla'r ras dros dair milltir. (Idris Jones a minne'n dod yn gynta ac yn ail un flwyddyn!) Yn Sain Tathan, dod o dan ddylanwad athrawon fel Bill Samuel a Skip Morgan a gyfrannodd shwd gymaint o'u gwirfodd. Yno cafwyd cyfle gwych i gyfarfod cyd-oeswyr ifainc o bob un o gymoedd glofaol De Cymru. Ac ar waetha'r tlodi ariannol ro'dd cyfoeth y gwylie yn elfen amlwg, ryfedd oherwydd i mi, hyd yn oed bryd hynny, ro'dd hi'n ffasiynol treulio mwy nag un gwylie haf oddi cartre gan fod croeso blynyddol i Daniel Keith, fy nghefnder, a minne, i ganol anifeilied y Bont, sef fferm Gwilym, brawd Mam, o'dd wedi'i lleoli rhwng Cydweli a Thrimsaran. Ro'dd rhodd blynyddol swllt gwyn Wncwl Dic, brawd arall Mam, yn ymestyn yn bell yng nghefen gwlad y dyddie hynny! (Gyda llaw, o'r diwrnod y bu Nhad farw, nath yr un wythnos fynd heibio heb i ni ga'l rhodd o ryw fath gan yr hen lanc bonheddig hwn hyd nes iddo farw'n 88 mlwydd oed, a minne erbyn hynny bron yn hanner cant oed!)

'Byddaf ffyddlon' i'r Urdd am weddill fy oes hefyd. Cafwyd profiade bythgofiadwy yn y gwersyll yng Nglan-llyn. Cwmni Margaret, ie, ond cyfle i gwrdd â gwŷr a ddatblygai'n ffrindie mynwesol maes o law fel Dewi Bebb a Bil Morris, dau asgellwr chwith Cymru. Cyfarfod cyfeillion o'r un oedran gan chware, cymdeithasu a chystadlu yn Gwmra'g.

Ro'dd shwd gymint wedi digwydd ers imi ddechre yn ysgol fach Tro Glien yng Nghwmtwrch ac oddi yno i Maesydderwen. Y profiad o chware i dîm ieuenctid Cwmllynfell dan hyfforddiant blaengar Matthew Prederick (o'dd yn yr un dosbarth â Mam yn yr ysgol fach). Cynrychioli'r clwb hwnnw ar nosweithe gole ddechre'r ha' ac ambell dro ar brynhawn Sadwrn 'rôl cynrychioli'r ysgol yn y bore, gan ddiodde'n amal o *cramp* yn y pictiwrs yn y *Capital* yn Ystalyfera yn ystod y nos! Yn ogystal, derbyn gwahoddiad i gynrychioli clwb pêl-droed Cwm Wanderers, y tîm o ben draw'r pentre, o Gwmtwrch Isaf, fu'n cystadlu'n frwd yng nghynghrair dan 18 Castell-nedd a'r Cylch. Pam tybed y ffin rhwng pêl-droed a rygbi yn yr un pentre?

Ac yn bennaf oll dylanwad aruthrol clwb rygbi'r pentre. Y wefr o ga'l ymarfer gydag arwyr fel Alan Lloyd a Jac Jenkins a'r fraint o ga'l gwisgo'r crys mewn ambell gêm, y gynta pan o'n i'n un ar bymtheg. Yn ogystal â'r parch sydd gen i o hyd tuag at ymroddiad Evan D. Williams (Ianto Bobs), y cadeirydd a osododd 'i stamp a'i urddas unigryw ar y swydd.

Do, cafwyd profiade cymysglyd ar ddechre'r daith, taith o'dd i barhau am lawer hwy nag a ddisgwylies i ar y pryd. Yr adeg hynny dim ond un daith o'dd ar y gorwel a 'llinell bell' o'dd *yn* bod o'dd honno a therfyn nad yw wedi 'darfod' hyd heddi.

DE AFFRICA, 1956: Y 'YOUNG DRAGONS'

Arloesol, a dweud y lleia, o'dd ymweliad Dreigiau Cymru, y *Young Dragons*, â De Affrica ym 1956 gan taw dyma'r tro cynta erio'd i uned rygbi genedlaethol Gymreig fentro ymgymryd â thaith dramor.

Ym 1955 ro'dd tîm ieuenctid o dalaith Transvaal wedi ymweld â Chymru. Ar waetha'r tywydd eithafol o oer a charthen drwchus o eira, llwyddodd yr uned honno i gwblhau saith gêm gan ennill un, colli dwy gyda pheder yn cwpla'n gyfartal. Fe'i curwyd gan y tîm o'dd yn cynrychioli Gorllewin Cymru (3-0) a Chymru (6-0) gyda 'narpar frawd-yng-nghyfreth, John Jeffreys, yn sgoro cais. Canlyniad yr ymweliad o'dd i Ysgolion Cymru wneud elw ariannol o £1,400! Heuwyd yr had ar gyfer talu'r pwyth y flwyddyn ganlynol.

Yn ôl yr arfer, prinder arian o'dd y bwgan penna gan fod angen codi £4,000 yn ychwanegol – swm anferthol y dyddie hynny. Pob clod i T. Rowley Jones a'i wraig Mary ac i'r *Western Mail* o'dd yn llawn deilwng o hawlio bod yn 'Bapur Cenedlaethol'. Lansiwyd apêl ganddyn nhw a chydag ysgolion yn cynnal raffl gan gynnig peli wedi'u llofnodi gan chwaraewyr rhyngwladol yn wobrwyon llwyddwyd i godi £2,000 erbyn diwedd Ionor 1956. Ro'dd y penderfyniad wedi'i wneud, do'dd dim troi'n ôl bellach!

Y bwriad o'dd teithio gyda charfan o wyth chwaraewr ar hugen a cha'l ein goruchwylio gan chwe athro o'dd yn aelode o'r pwyllgor. Rhywsut, rhywfodd llwyddwyd i godi gweddill yr arian ar yr amod fod pob aelod o'r garfan yn cyfrannu £25 'i hunan a bod pob sir o'dd â chwaraewr yn y garfan yn rhyddhau'r un swm.

Penderfynwyd taw ar y 19 Gorffennaf y byddai'r fintai'n ymadel â Southampton ond cyn hynny cynhaliwyd sesiyne lu o ymarfer dwys yng ngwersyll y Llu Awyr yn Sain Tathan ac ar feysydd Ysgol Ramadeg Pen-y-bont. Geson ni'n hannerch gan sêr taith y Llewod yn Ne Affrica, arwyr fel Cliff Morgan, Russell Robins, Haydn Morris a Gareth Griffiths. Trafodwyd pob agwedd gan gynnwys y tywydd, y meysydd caled, dullie chware time De Affrica a pha mor dene o'dd yr

Ysgolion Uwchradd Cymru, De Affrica, 1956.

aer lan yn Transvaal! Yn ogystal, cawsom gyngor gan J.B.G.
Thomas, prif ohebydd rygbi'r *Western Mail*, a nododd yr amsere da
yn ogystal â'n rhybuddio am ystyriaethe oddi ar y maes a alle beri
gofid inni.

Ceisiwyd gweu'r unigolion yn 'uned' yn ystod yr ymarferion ac
aethpwyd ati i ffurfio côr o dan arweiniad Malcolm Thomas, y prop o
Donyrefail. Ai cyd-ddigwyddiad taw dyma gyn-ysgol y dewin o
faswr, Cliff Morgan, arweinydd penigamp 'i hunan!

Gyda dyddiad y ffarwelio'n agosáu ro'dd y paratoade'n dwysáu.
Ro'dd Mam wrthi ddydd a nos yn paratoi hyn a'r llall ac fe
ddechreuodd yr anrhegion lifo i'm cyfeiriad. Camera gan Ysgol
Maesydderwen yn ca'l 'i gyflwyno imi ar y llwyfan ar fy niwrnod ola
yn yr ysgol. Seremoni ffarwelio ac anrheg o 'fag dillad' a waled
llawn arian ynddo, y casgliad wedi'i wneud gan y pentrefwyr ac
aelode o'r clwb rygbi, a'r cyfan yn ca'l 'i gyflwyno i mi yn Neuadd y
Glowyr gyda Margaret yno'n cadw cwmni i mi. Mam yn gollwng
sawl deigryn ac Edna'n gwenu fel gât! Do's dim cywilydd arna i
ddweud fy mod i wedi llefen mwy nag unweth hefyd!

Gair yr Ysgol Sul o'dd 'cenhadon' i mi, sef unigolion o'dd wedi
aberthu gan dreulio'u hoes yn Affrica a gwledydd tebyg. A dyma *ni*
bellach yn ca'l ein galw'n genhadon i ledu enw da rygbi Cymru yn
neuheudir y cyfandir hwnnw! Tipyn o antur!

Cwrdd â'm ffrind John Elgar Williams cyn cyrra'dd y stesion yng

26

Nghastell-nedd. Yno'n aros amdanon ni ro'dd sawl aelod arall o'r garfan a chapten tîm Cymru, Rees (J.R.G.) Stephens (32 cap rhwng 1947 a 1957). Wrth godi gweddill aelode'r garfan ailadroddwyd 'i ddymuniade da a'i gynghorion droeon a thro.

Sylweddoli o gyrra'dd Southampton taw dyma'r pella imi fod erio'd! A dechre'r daith o'dd hyn! Rhannu caban ar y cwch enfawr gyda John Elgar, a Chymra'g o'dd yr unig iaith yno, ond gystal o'dd yr ysbryd yn y garfan ro'dd yr ymdoddi'n hawdd. Geson ni bythefnos bythgofiadwy, yn codi gyda'r wawr ac ymarfer cyn i'r haul gynhesu; rhedeg o gwmpas y dec yn ogystal â threulio orie mil fyrdd ar ymarferion erill o ran cryfder ac ystwythder.

Do'n i erioed wedi *gweld* shwd gymint o fwyd heb sôn am 'i *fyta* fe! Gwledd ar ôl gwledd i fechgyn ifainc ffit, a chware teg i'r tîm rheoli rhoddwyd pob rhyddid inni fyta'n gwmws beth ro'n ni moyn gydag un gorchymyn yn unig, sef i ad'el y ford cyn teimlo na fedren ni fyta rhagor. Cyngor digon teg sy'n berthnasol i bob oes ac oedran!

Yn gyfan gwbl ddiarwybod inni ro'dd Cymraes o'dd yn athrawes gerdd yn teithio ar y fordaith. Ro'dd hi'n dychwel i'w hysgol yn Transvaal, ond chafodd hi fawr o lonydd gan fod

John Elgar Williams a finne ar fwrdd yr *Arundel Castle* ar y ffordd i Dde Affrica, 1956.

27

aelode'r côr yn awyddus i roi sglein ar ein datganiade soniarus! Pob clod iddi hi am 'i hymroddiad a'i chyfraniad arbennig o ddysgu dwy gân *Afrikaan* inni, caneuon a brofodd yn boblogedd iawn gyda'r brodorion yn ystod y daith. Dyna a ddywedwyd wrthon ni 'ta beth! Yn sicr cyfrannodd y cyd-ganu tuag at yr ysbryd a'r hwylie.

Yn gyd-deithwyr ar y cwch hefyd yr o'dd nifer o bobol ifainc De Affrica o'dd wedi cystadlu ym mhencampwriaeth dennis Wimbledon ychydig ynghynt. Ymhen dwy flynedd cyrhaeddodd un ohonyn nhw, Sandra Reynolds o Bloemfontein, y rownd derfynol! Do'dd dim digon o wyneb gyda *ni* hyd yn oed i roi sialens iddyn nhw ar y *deck*.

Llun mewn llyfr daearyddiaeth fu'r *Table Top Mountain* inni i gyd cyn y daith ond ar yr ail o Awst dyma gyrra'dd Capetown yn y bore bach gan brofi gyda'n llyged ein hunen yr olygfa glir o'r bwrdd, a honno wedyn yn raddol yn ca'l 'i chwato'n llwyr gan garthen o gwmwl!

Glanio a cha'l ein tywys o gwmpas y ddinas gan brifathro lleol, Mr Mullen. Pump awr yno, yn llyged agored i gyd, gan gynnwys ymweliad â maes rygbi prydferth Newlands. Teithio eto, ar drên y tro hwn, ond taith hwy o lawer na'r hyn yr o'dd yr un ohonon ni wedi arfer â hi. Siwrne a barodd am ddiwrnod cyfan, gan gynnwys cyfnod o gysgu, cyn cyrra'dd Port Elizabeth. Cyfle gwych i werthfawrogi tlysni'r wlad, ond ar yr un pryd sylweddoli fod dwy ochor i bob ceiniog! Gwelwyd moethusrwydd a thlodi ochor yn ochor â'i gilydd ac rwy'n cofio meddwl fod y profiad o fod heb arian ac eiddo mawr gartre yn *ddim* o'i gymharu â normalrwydd llwm, dyddiol, y dyn du a'i deulu. Ro'dd 'u cytie fel sièd ffowls gartre! Nid *byw* o'dd hyn ond *bodoli*!

Yn hytrach na cha'l ein cludo i westy (y coste'n ystyrieth mae'n siwr) y penderfyniad a wnaed o'dd ein bod i aros gyda theuluo'dd yn 'u cartrefi arferol, penderfyniad doeth gan inni dderbyn croeso tywysogedd a chynnes tu hwnt. Eto, ro'dd rhyw anesmwythyd o sylweddoli fod y gwaith 'brwnt' i gyd yn ca'l 'i wneud gan bobol groen-ddu. Dyna o'dd y drefen yn y wlad.

O'r diwedd, ar ôl yr holl deithio, dyma ddechre ar ymarfer unweth eto a hynny ar y maes yr ymddangosodd y Llewod arno flwyddyn ynghynt, sef Cae'r *Crusaders* yn Port Elizabeth. Do'dd y paratoad geiriol ddim wedi bod yn gamarweiniol; ro'dd y maes cyn galeted â glo gore pwll Brynhenllys, yng Nghwmtwrch, ond eto'n ddelfrydol ar gyfer chware rygbi agored. Canolbwyntiodd y ddau hyfforddwr, Rowley Jones a Gwyn Davies, ar roi min ar ein chware o'r newydd gan fynnu defnyddio'n sgilie a'r bêl yn ein dwylo yn hytrach na chicio.

Gelon ni'r cyfle i wylio gêm hefyd; dwy gêm mewn gwirionedd oherwydd yn ots i'r patrwm yng Nghymru ar y pryd cynhaliwyd gêm rhwng dwy ysgol yn rhagarweiniad i brif arlwy'r prynhawn. Gêm ardderchog o'dd hi gyda'r bechgyn yn arddangos donie digymar wrth drin a thrafod y bêl mewn ffordd gyflym, syml. Symudid y bêl ar hyd yr olwyr yn glou gan 'i phaso o'r maswr i'r canolwyr ac yna i'r asgellwr mewn dim o dro. O edrych 'nôl ar y nodiade wnes i ar y gêm rwy'n sylwi fy mod i wedi cyfeirio at y ffaith na welwyd unrhyw ymdrech i ochorgamu na chyflwyno elfenne anturus gwahanol. Yn wir, hon, nid y brif gêm daleithiol, o'dd gornest gofiadwy'r prynhawn!

Parhau nath y gwledda a'r profiade newydd, difyr, oddi ar y maes. Cafwyd sawl *Braaivleis*, sy'n ymdebygu i farbeciw ond bod llo pasgedig bron i bob unigolyn! Ro'dd pigo orene oddi ar y coed yn brofiad gwahanol hefyd ac yn f'atgoffa mewn rhyw ffordd ryfedd am hela cnau a chasglu mwyar duon gartre! Yn ogystal, treuliwyd nosweithe lawer yn y 'pictiwrs' gan nad o'dd cyfrwng teledu wedi ca'l 'i gyflwyno i'r wlad yr adeg hynny!

Nesaodd y gêm gynta – yn erbyn y Dalaith Ddwyreiniol, yr *Eastern Province*. Yn ôl y disgwyl ro'dd rhagolygon y tywydd yn ffafriol, yn gynnes, yn wir yn boeth! Cynyddodd y nerfusrwydd a rhoddodd fy nghalon lam pan gamodd Rowley Jones ata i. Do, gwireddwyd fy mreuddwyd. Ro'n i wedi ca'l fy newis, ond fel blaen-asgellwr yn hytrach na mewnwr gan fod Leighton Davies yn diodde o wddwg tost! Do'dd y safle ddim yn gwbl ddieithr imi, ond wnes i erio'd feddwl y byddwn i'n cynrychioli 'ngwlad am y tro cynta fel blaenasgellwr! Wrth gydnabod hynny fydden i wedi chware mewn unrhyw safle ar y ca' er mwyn ca'l y siawns o gynrychioli Cymru!

Profais gymysgwch o lawenydd a balchder o redeg ar y ca' 'rôl derbyn llongyfarchiade 'nghyd-chwaraewyr, ac ro'n i'n benderfynol o dalu'n ôl i'r holl bobol fu mor gefnogol imi dros y blynyddo'dd. Ro'dd y gwres yn llethol a'r dorf yn bymtheng mil. Y

Crys coch cyntaf,
De Affrica, 1956.
Ysgolion Cymru.

gwrthwynebwyr yn chwim, heini a dawnus. Defnydd effeithiol o'r
bêl 'rôl 'i hennill. Nhw'n haeddiannol enillodd gêm gyffrous 19-11,
ond llwyddodd D.C.T. i sgoro cais yn 'i gêm gynta yn y crys coch!
Llwyddwyd i brofi hefyd nad ar chware bach y bydde Cymru'n
ildio am weddill y daith ond teg nodi taw chware dawnus y
gwrthwynebwyr o'dd yn gyfrifol am 'u buddugoliaeth, nid effeth y
tywydd twym arnon ni. Un nodyn trist – anafodd John Davies 'i goes
a dyna ddiwedd y daith iddo fe.

Teithio eto, i'r *veldt* uchel yn Bloemfontein i wynebu gwŷr ifainc
yr Orange Free State o'dd, yn ôl pob sôn, yn uned gryfach hyd yn
oed. Peter Carlstein o'dd 'u maswr – gŵr amryddawn a ddatblygodd

Fy ngêm gyntaf fel mewnwr yng nghrys Cymru. Ysgolion Cymru yn erbyn Orange Free State, 1956.

31

yn gricedwr disglair dros y *Springboks*. Ca'l fy nghynnwys yn fewnwr y tro hwn gydag Alan Rees (cricedwr Morgannwg yn y dyfodol) yn faswr. Profiad anghysurus o'dd chware pum mil o droedfeddi uwchben y môr. Yn wir ro'dd yr aer yn dene a'r anadlu'n anos. Ac unweth yn rhagor ro'dd wyneb y maes yn galed aruthrol. Hanner ffordd drwy'r ail hanner derbynies dacl galed, i'r llawr yr es i ac fe dorres bont fy ysgwydd. Y chware ar y daith ar ben i mi. Anodd cyfleu'r teimlad o ddiflastod. Yr holl baratoi bellach yn ddiwerth. Serch fy anaf llwyddodd fy nghyd-chwaraewyr i ddal y gwrthwynebwyr i gêm gyfartal 9-9 ac, a dweud y cyfiawn wir, ro'dd Cymru'n anlwcus.

Er maint y siom rhaid o'dd anghofio am ystyriaethe personol a chefnogi 'nghyd-deithwyr am weddill y daith a ymlwybrodd yn fythgofiadwy o un dre i'r llall . . . crwydro ac anturio yn Transvaal, ymweld â'r brifddinas Johannesburg cyn dychwelyd i'r Cape, yn Boland, a'r wythfed gêm, yr ola.

Trwyddi draw cafwyd taith eithriadol o lwyddiannus gan ennill chwech o'r wyth gêm a chwaraewyd, un yn gyfartal ac ond colli'r gynta. Bydde unrhyw un wedi setlo am ganlyniade fel'ny *cyn* yr antur arloesol. Cyfrinach ein llwyddiant o'dd i bob un aelod asio'n uned, ac yn hynny o beth rhaid llongyfarch a diolch i'r tîm rheoli, dan arweiniad Ned Gribble, am ein paratoi'n drwyadl. Do'dd dim byd yn ormod o drafferth iddyn nhw.

Ar ôl cwpla chware da'th cyfle i fwynhau gogonianne ac i edrych yn ôl dros yr hyn a ddigwyddodd dros gyfnod o saith wythnos. Syfrdan yw sylweddoli falle fod cymaint ag ugen mil wedi'n gwylio'n chware ar Ellis Park. Profiad rhyfeddol i ni hefyd o'dd derbyn fod shwd gymint o alltudion wedi ymgartrefu yn y wlad honno. Da'th ton ar ôl ton o Gymry i gysylltiad â ni a chafwyd croeso gwresog ymhob man. Galla i flasu hyd heddi'r 'pice ar y ma'n' a'r disgle te dda'th yn nodwedd o bob ymweliad ag aelwyd Gymreig oddi cartre. Cafodd ein côr groeso twymgalon hefyd ac er mai peryglus yw nodi cyfraniad unigolyn teg dweud inni ga'l ein harwen gan gapten ysbrydoledig a dweud y lleia. Gŵr ifanc aeddfed dros ben o'dd ein capten, sef David Walkey o Ysgol Bassaleg ger Casnewydd. Prop o flaen 'i ddydd, gan taw fe o'dd y rhedwr cyflyma yn y tîm ac yn bencampwr Cymru dros y 100 llath. Siaradwr cyhoeddus penigamp. Capten o'dd yn esiampl i bawb. Diolch, David – cei faddeuant am dy ymdrechion aflafar i ganu!

Ar ôl y gweitho, y mwynhau. Treulio tridie ym Mharc Cenedlaethol Kruger. Ca'l gweld â'm llyged fy hun anifeiliaid â'u traed yn rhydd yn 'u cynefin. Anifeiliaid o'dd yn cynnwys eliffantod, springboks, teigrod, jiraffod a babŵns. Yna, mla'n i waith diemwnt Kimberly, cymharu'r twll enfawr â thipie melyn Transvaal lle cloddid am aur. Meddwl am yr aur du fu'n gynhalieth i Gymru am genedlaethe!

Er nad o'dd gwleidyddieth fel y cyfryw'n ffasiynol i ni y dyddie hynny gallen ni ddim anwybyddu tynged y dyn du yn y wlad. O'r hyn a welson ni ro'dd y modd yr o'dd y bobol wyn yn trin y gweision du yn 'u cartrefi'n foddhaol, ond mae'n rhaid cofnodi'n tristwch na chwaraeon ni yn erbyn unrhyw berson croenddu; hefyd na welson ni'r un dyn du yn gyrru car a bod y tristwch yn amlwg yn 'u llyged nhw. Heb os ro'dd De Affrica'r dyddie hynny'n wlad annheg dros ben i'r dyn du. Nodes hynny yn fy nyddiadur ac fe ddwedes i hynny wrth bawb.

Hwylio o Capetown ar 31 Awst 1956 ar y *Caernarfon Castle*. Dim ymarfer a chyfle i'r ysgwydd gryfhau. Y chwe athro fu'n ein gwarchod am y cyfnod yn 'dadol' o hyd ond yn ein trin mewn modd call dros ben. Er inni fwynhau mas draw ar y daith rygbi chyffyrddodd yr un aelod o'r garfan â'r ddiod 'gadarn' yn Ne Affrica ond ar y siwrne 'nôl cafwyd cyfle i lyncu ambell wydred gyda sêl bendith y goruchwylwyr ar yr amod nad o'dd unrhyw un yn mynd dros ben llestri.

Cafwyd llwyddiant ar y maes, do, ac o edrych yn ôl rwy'n argyhoeddedig bod hwn wedi bod yn gyfnod o 'fwrw dy fara ar wyneb y dyfroedd' i'r Ysgolion Uwchradd yng Nghymru hefyd. Mae'n deg nodi taw dim ond dau aelod o'r garfan, sef Alan Rees (seren ddisgleiria'r daith) a minne a'th yn ein bla'n i ennill capie llawn dros Gymru ond rhoddodd T. Rowley Jones wasanaeth gwerthfawr aruthrol i'r Ysgolion am ugen mlynedd arall a phan benodwyd e'n Llywydd yr Undeb ym 1978 ro'dd e'n llwyr deilyngu'r anrhydedd.

A phwy all anwybyddu cyfraniad allweddol parhaol dau aelod arall o'r garfan? Yn ddiweddarach penodwyd Leighton Davies yn ddarlithydd yng Ngholeg Hyfforddi Caerdydd – coleg a gynhyrchodd chwaraewyr rhyngwladol lu ac athrawon ymarfer corff sy'n parhau yn 'u swyddi hyd heddi. Yn yr un modd rhoddodd John Elgar dros ddeugen mlynedd o wasanaeth gwirfoddol i'r Ysgolion yn rhinwedd y swyddi bu'n eu dal, sef hyfforddwr, Ysgrifennydd, Cadeirydd a Llywydd Ysgolion Uwchradd Cymru.

Dociwyd yn Southampton ar 14 Medi. Daliwyd y trên ac fe'n croesawyd yng Nghasnewydd gan Glyn Stephens, tad Rees a Llywydd yr Undeb, a W.H. (Bill) Clement, (3 chap, 1937 a 1938), yr Ysgrifennydd. O'r diwedd, dychwel i Gwmtwrch a'r pentre i gyd bron yno'n croesawu'n ôl 'u mab mabwysiedig. Cofleidio, cusanu (nid Mam, Margaret ac Edna'n unig), crio. Agor bocs o orene o'dd wedi'i gyflwyno imi am sgoro cais yn fy ngêm gynta dros fy ngwlad. Mam, yn 'i chyfo'th a'i llawenydd, yn rhoi'r orene bant i blant y pentre!

MAGU ADENYDD

Dywedwyd inni deithio i Dde Affrica'n 'gryts' a dychwel yn 'ddynion'. O fewn pythefnos ro'dd saith o'r dynion ifainc hyn i deithio ar drên eto, ond y tro hwn i wasanaethu mewn modd cwbl wahanol. Ro'dd y saith ohonon ni wedi derbyn yr alwad i 'wasanaethu'n gwlad' – y 'National Service'. (Rowlands, D.C.T., 503-1872, *Sir*!) Cafodd Alan Rees, Dewi Robinson, David Walkey, Alan Williams, Leighton Davies, Nevill Johnson a minne hwyl ddychrynllyd er gwaetha'r maldod ro'n ni wedi cyfarwyddo ag e yn Ne Affrica; nawr trinieth gyntefig dda'th i ran pob un aelod o'r 'camp' hwn nad o'dd yn ymdebygu i wersyll gwylie mewn unrhyw fodd o gwbl! 'Rôl ca'l ein dilladu, symud o fewn tridie i Hendesford, ger Stafford, i ddiodde'r 'square-bashing'. O'dd, ro'dd fy ysgwydd i wedi'i rhwymo mewn cadache o hyd!

'Disgybleth' o'dd yr elfen amlyca o'r funud gynta ac efalle fod y profiade geson ni yn Ne Affrica wedi bod yn amhrisiadwy oherwydd llwyddwyd i ymdopi'n rhyfeddol o

Yn y 'Royal Air Force', 1956-58.

35

ddi-drafferth. Cadwyd y 'billet' yn lân a rhoddwyd sglein ar ein 'sgidie er mae'n rhaid cyfadde taw Alan Rees a minne enillodd y wobr am fod y martswyr gwaetha yno! Ro'dd Alan yn wa'th na mi hyd yn o'd ac ro'n i'n anobeithiol!

Ar ôl mis dechreues chware rygbi unweth eto gan ddefnyddio padie, ond gyda'r cyffyrddiad cynta bron torrodd yr ysgwydd eto. Teimlo'n ddigalon a dweud y lleia a diolch am lythyron cyson, cysurlon Margaret a lwyddodd i godi'r ysbryd. Gorffen y 'square-bashing' ar ôl wyth wythnos a mwynhau wythnos o wylie cyn symud gydag Alan Rees ac Alan Williams (o Gaerfyrddin) i wersyll Yatesbury yn Wiltshire er mwyn ceisio meistroli crefft.

Manteisiodd y ddau Alan ar awydd y Llu Awyr i feithrin chwaraeon o bob math ac fe chwaraeon nhw rygbi'n ddi-dor, ond pêl-droed i mi gan fy mod i'n becso am fy ysgwydd o hyd. Ond er hynny llwyddes i'w thorri am y trydydd tro o fewn chwe mis! Serch hynny, ro'n i'n benderfynol o beidio colli'n ffitrwydd cyffredinol a dechreues redeg eto. Ro'dd y gwersyll yn llawn campwyr o bob math. Camp anodd i'n hwynebu o'dd ceisio llwyddo i baso arholiad 'Radar Awyr'. Llwyddwyd trwy gymorth cyfaill gwybodus o fyddin y rheng fla'n. Cafwyd dewis o atebion i'r cwestiyne astrus. Ro'dd pedwar ateb posib.

'Beth yw?' . . . rhuodd yr arholwr gyda'r cwestiwn, 'Naill ai un, dau, tri neu bedwar?' Codai ein cyfaill gwybodus, nad yw'n deg 'i enwi, ddau, neu dri neu'r nifer priodol o fysedd ar gyfer yr ateb cywir uwch 'i ben ac o ganlyniad pasodd Rowlands ac Alan Williams yr arholiad gydag anrhydedd! Ceson ni wedyn y fraint o gydweitho ar yr hen awyrenne *Shackletons* ar y *Coastal Command* yng ngwersyll Sant Mawgan yng Nghernyw!

Yn ddigon naturiol ro'dd digonedd o Gymry Cymraeg yn y gwersyll – un ohonyn nhw'n uwch-swyddog dylanwadol dros ben, sef *Group Captain* Bevan John. Crynes yn fy 'sgidie ar fwy nag un achlysur pan helodd fy mhennaeth amdana i. O'r mowredd, beth ro'n i wedi'i wneud o'i le'r tro hwn! 'Cer i weld y *Group Captain!*' Ynte'n dweud wrtha i am baco 'mag yn glou gan 'i fod e'n hedfan adre i Sain Tathan oherwydd bod 'i fam yn wael. Gofyn o'n i moyn mynd gydag e? O'n, glei! Yn gyfan gwbl yn erbyn y disgwyl ro'dd modd cadw mewn cysylltiad fwy clòs o lawer gyda Margaret na'r hyn ro'n i wedi'i ofni!

Mae'n rhaid cyfadde pan glywes i'r tro cynta fy mod wedi ca'l 'posting' i New Quay ro'n i wedi dychmygu treulio'r haf ar lan y môr yn y Cei Newydd yn Shir Aberteifi ond chware teg cafwyd cyfnod o dywydd crasbo'th yng Nghernyw ac fe ges gyfle i fanteisio ar y gwres i oifad a chryfhau'r ysgwydd.

Dechreues i chware rygbi o ddifri eto. Cynrychioli'r 'Coastal Command' yn gynta ac yna clwb rygbi Penzance. (Yn y cyfamser ro'dd Alan wedi ymuno â chlwb Redruth.) Dau aelod amlwg o glwb Penzance o'dd y maswr Graham Paul a'th i chware rygbi'r cynghrair a Jim Glover a gynrychiolodd Rydychen a Bryste.

Ddechre'r hydre da'th y newyddion am 'posting' arall, y tro hwn i Malta! Cyn hynny, pythefnos o wylie ac yna dychwel i wersyll Innsworth ger Caerloyw. Pennaeth y gwersyll hwnnw'n gofyn imi 'Wyt ti *moyn* mynd i Malta?' 'Nagw i.' 'Right, 'posting cancelled', rwyt ti'n cynrychioli'r *Home Command* yn erbyn tîm y *Technical Training Command* yn ein gêm nesa ni!' A dyma ddechre ar bartneriaeth gyda'r maswr Ken Richards (5 cap, 1960-61). Gwaetha'r modd, ga'th Ken 'i ladd mewn damwain car flynyddo'dd yn ddiweddarach.

Ro'dd chwaraewyr gwirioneddol ddawnus yn nhîm y gwrthwynebwyr gydag Onllwyn Brace (9 cap, 1956-1961) yn gapten, Bryan Richards (cap v Ffrainc, 1960), Alan Rees (3 chap, 1962) a Malcolm Price (9 cap, 1959-62 cyn 'i throi hi am ogledd Lloegr) yn aelode arbennig o ddisglair. Cafwyd gêm gofiadwy o flaen torf deilwng dros ben ac fe ddysges lawer wrth chware gyda Ken ac yn erbyn gwrthwynebwyr mor dalentog.

Ddeufis yn ddiweddarach da'th fy nyrchafiad mwya syfrdanol erio'd oddi ar y maes. 'Posting' arall, a'r tro hwn i ymuno â thîm o'dd yn arbrofi ar awyrenne 'top secret' newydd yn Boscombe Down. Pam fi? Do'dd dim clem 'da fi shwd o'dd newid plwg heb sôn am drin cyfrinache dyrys radar! Ond unweth eto ro'dd rhaglunieth o'm plaid achos y brif gogyddes yn y gwersyll o'dd Ethel Howells o Gwmtwrch. 'Clive, dere 'ma i ti ga'l dished a chacen' *cyn* ceisio gwneud tamed o waith, a'r *gorchymyn* i alw 'rôl cwpla shifft!

Rhwng rygbi, athlete, gwledda a chymdeithasu diflannodd y naw mis mewn chwinc. O edrych yn ôl mae'n rhaid dweud imi fwynhau 'mhrofiad yn y Llu Awyr drwyddo draw. Llwyddes i ymdopi â'r ddisgybleth yn rhyfeddol, mater o raid, a do's dim amheueth o gwbl yn fy nhyb i fod yr hyn o ddawn o'dd gen i fel campwr wedi bod o gymorth amhrisiadwy imi.

Ond er imi fod yn rhan o'r byd mowr am gyfnod, ro'dd rhaid dychwel at addysg er mwyn sicrhau'r sgilie proffesiynol angenrheidiol. Ym mis Medi 1958 dechreues ar fy nghwrs yng Ngholeg Hyfforddi Caerdydd i astudio Ymarfer Corff fel prif bwnc gydag Ysgrythur, Cymraeg a 'Celf a Chrefft' yn byncie atodol.

Er nad o'n i'n 'sgolar' o bell ffordd, o ran llenyddieth Gymra'g, rhaid dweud fod personolieth fwyn Hywel D. Roberts wedi'm swyno o'r ddarlith gynta. Llwyddodd, yn 'i ffordd ddihafal o syml, i gyfleu inni gyfrinache llwyddiant llenorion fel Ambrose Bebb a T.H. Parry-Williams. Ro'dd gwaith y Bonwr Bebb yn golygu shwd gymint mwy imi 'rôl cwrdd â Dewi ac yn sicr ro'n i'n gallu uniaethu â'r llinell 'Duw a'm gwaredo, ni allaf ddianc rhag hon' o gerdd Parry-Williams am Gymru, 'Hon'.

Wrth reswm do'dd dim modd dianc rhag ymarfer corff na champe'n gyffredinol o ddod o dan ddylanwad cyfraniade a phersonoliaethe cryf gwŷr yr adran chwaraeon. Cafwyd cyfraniade clodwiw dros gyfnod o flynyddoedd maith gan Eric Thomas a Syd Aaron – dau wahanol ond eto'n anelu at yr un nod sef cynhyrchu athrawon brwdfrydig o'dd i ddylanwadu ar genedlaethe o fechgyn ysgol Cymru.

Newyddian o ddarlithydd o'dd Roy Bish, cyn-ganolwr Aberafan. Symbylwr a greodd argraff ddofn arna i. Bues i'n chwaraewr greddfol erio'd ond ychwanegodd Bish ddimensiwn ychwanegol. Yn 'i gwmni dadansoddid pob agwedd o'r gêm yn fanwl – o'r sgilie unigol neu fel uned i'r tactege amrywiol – a fe o'dd y cynta i'm tynnu o'r neilltu a dechre trafod cyfraniad a chyfrifoldebe capten!

Ar y maes ffurfies berthynas yn syth gyda'r maswr o Lanharan, David Mathews – partneriaeth o'dd i ffynnu am dair blynedd. Hugh Davies, o'dd wedi chware dros Lanelli, cyn-fowliwr cyflym Morgannwg (Is-Gadeirydd presennol y sir) o'dd y capten y flwyddyn gynta a dysges lawer wrth wrando ar 'i gynghorion. Ac, wrth reswm, ymhyfrydai'r coleg gyda balchder yn y ffaith fod cymaint o sêr ifainc yr Ysgolion wedi dewis Caerdydd i ga'l 'u haddysg bellach. Gwŷr fel Dai Nash, o'dd i gynrychioli Glynebwy, Cymru a'r Llewod (6 chap, 1960-62). Dyn tal, gosgeiddig; taclwr ffyrnig a sicr yn safle'r wythwr. Yn anffodus dioddefodd o anaf a dderbyniodd tra o'dd yn cynrychioli'r Llewod yn Ne Affrica ym 1962, anaf a roddodd derfyn ar 'i yrfa rygbi – colled anferthol iddo fe'i hunan ac i'w wlad ac ynte ond yn ddwy ar hugen mlwydd oed. (Dai, gyda llaw, gafodd 'i benodi'n hyfforddwr cynta Cymru, ym 1968.)

Ymysg yr aelode erill yr o'dd John Davies o glwb Castell-nedd (1 cap, 1962) a chwaraeodd yn erbyn Iwerddon cyn 'i throi hi am ogledd Lloegr a chlwb Leeds. Ynte druan yn marw ym mlode'i ddyddie. Yna Robert Morgan o Lanelli (9 cap, 1962 a 1963) a ddewiswyd ar yr asgell dros Gymru ac ynte'n beder ar bymtheg mlwydd oed. Canolwr o'dd e i'r coleg. Un o'r asgellwyr o'dd Dewi Bebb (un arall o'r cewri sy wedi'n gadel yn frawychus o gynnar – 34 cap, 11 cais, rhwng 1959 a 1967); cyn-efrydydd yng Ngholeg y Drindod, Caerfyrddin, a'th yn 'i fla'n i gyfrannu'n sylweddol ar deithie'r Llewod. Treuliodd Dewi flwyddyn atodol yn y coleg er mwyn ychwanegu at 'i gymwystere. (Ro'dd Dewi, Robert a minne'n aelode o dîm Cymru a gollodd yn erbyn Seland Newydd ym 1963.) Ar yr asgell arall Bill Morris o'r Borth ger Aberystwyth (2 gap, 1963) o'dd i ddisodli Dewi am ddwy gêm – un ohonyn nhw y gêm 'gicie' enwog yn erbyn yr Alban! Ro'dd cyfeillgarwch Bill a minne i barhau yn ystod ein cyfnod gyda chlwb Pont-y-pŵl!

Ymarfer Ieuenctid Cymru yn Aberystwyth, 1960.

39

Capten tîm y Coleg; 1961, fîm o'dd yn cynnwys pedwar chwaraewr rhyngwladol: Dewi Bebb, John Davies, Robert Morgan a finne.

Yn y coleg, ro'n i'n rhannu stafell 'da Ken Pugh o Frynaman, chwaraewr aruthrol o ddawnus o'dd yn gwbl gartrefol mewn unrhyw safle, boed hynny'n gefnwr, canolwr, maswr neu'n fewnwr. Hyd yn oed petai wedi ca'l 'i ddewis yn fachwr rwy'n argyhoeddedig y bydde Ken wedi disgleirio. Ie, y diweddar Ken, gwaetha'r modd.

Bues i'n ddigon ffodus i ga'l fy mhenodi'n gapten am ddau dymor ar un o'r time gore a welodd y coleg erio'd ac, wrth edrych yn ôl, efalle taw dyma'r rygbi gore i fi 'i chware'n bersonol hefyd. Cafodd ein chware atyniadol gefnogaeth gre' ac yn ben ar bopeth llwyddwyd i guro coleg enwog St Lukes ddwywaith o'r bron – y tro cynta iddyn nhw golli ers deng mlynedd! Denwyd dewiswyr Cymru'n llygeddystion!

Cwrs dwy flynedd o'dd angen 'i fynychu'r dyddie hynny i fod yn athro trwyddedig, ond fel nifer o rai erill penderfynes dderbyn y gwahoddiad i dreulio blwyddyn ychwanegol i ennill Diploma mewn Addysg Gorfforol.Yn ogystal â magu a meithrin cyfeillgarwch o ran cyd-fyfyrwyr a darlithwyr yn y coleg, mwynhad pur o'dd y profiade gwahanol ges i ar yr ymarferion dysgu yn ysgolion cynradd Rhondda Fach ym Mhont-y-gwaith, a'r Rhath yng Nghaerdydd yn ogystal ag Ysgol Ramadeg St Julians yng Nghasnewydd ac Ysgol Ramadeg Caercastell yn y brifddinas.

Ro'dd adnodde'r coleg, a'r holl baratoi manwl gan y darlithwyr, i gyd yn baratoad delfrydol ar gyfer ein trwytho i hyfforddi nid yn unig rygbi ond pêl-dro'd, pêl-fasged, athlete, nofio (gan ddefnyddio Pwll y Gymanwlad sy bellach wedi diflannu er mwyn codi Stadiwm y Mileniwm), tennis, bocso ac, wrth gwrs, gymnasteg. Felly nid chware o'dd yr unig ystyrieth o bell, bell ffordd!

Fel gyda phob myfyriwr ro'dd arian yn brin yn ystod cyfnod y gwylie a phob ha' bydde 'nghyfell John Elgar a minne'n ca'l ein cyflogi yng ngwaith 'Tick Tock' yn Ystalyfera. Cafodd y gwaith 'corfforol' groeso gan y ddau ohonon ni – gofalu am y sgwâr criced, torri'r lawntie, chwynnu bonion y rhosod ac yn y bla'n.

Yna, ddiwedd un prynhawn, teithio i Lanelli i baratoi am y tymor newydd! Do, fe gafwyd y gwahoddiad a derbyniwyd yr alwad i'r Strade! Bws James o Gwmtwrch i Rydaman gan godi John Elgar ym Mrynaman. Newid bws, a chwmni Rees a Williams yn ein cludo i Lanelli. Cyrra'dd erbyn 5.45 p.m. Rhedeg o Neuadd y Dre i'r cae.

Ymarfer am awr. 'I throi am adre. Cyrra'dd 10 p.m. Gwerth yr ymdrech? O'dd, pob eiliad! Shwd o'dd rhoi pris ar y cyfle i ymarfer gydag *arwyr*? Chwaraewyr rhyngwladol fel Terry Davies, Geoff Howells, Cyril Davies, Mel Rees, Keith Rowlands, Dennis Evans, Humphrey Lewis, Alan Rees, Aubrey Gale, Howard Davies ac, wrth gwrs, y capten Onllwyn Brace.

Ro'dd y mewnwr o Bontarddulais yn athrylith a feddai ar yr holl ddonie yn fy nhyb i ac ro'dd yn llawer mwy profiadol na mi. Galle wneud popeth. Rhedwr chwim, twyllodrus; meddwl miniog, praff; pâr o ddwylo diogel; ciciwr tangamp ac yn benna oll ro'dd ganddo fe'r ddawn arbennig i gyflawni'r annisgwyl. (Ma'r bartnerieth rhyngddo fe a M.J.K. Smith, capten tîm criced Lloegr, pan gynrychiolodd y ddau Brifysgol Rhydychen, hefyd yn parhau'n rhan o chwedloniaeth y gêm!)

Yn gyfiawn, do'dd dim hawl 'da ni i gicio tra oedden ni'n cynrychioli Ysgol Maesydderwen. Elfen iach o'r gêm agored ga'th y flaenorieth haeddiannol ond, o ganlyniad, y gwir plaen yw nad o'n i'n gwbod shwd o'dd cicio. Onllwyn a ddatgelodd y cyfrinache imi gan dreulio orie yn fy nhrwytho ar shwd o'dd cicio i'r bocs, defnyddio'r ochor dywyll yn ogystal â defnyddio'r gic uchel am y pyst. Eironig o ystyried fod y gŵr a anfarwolwyd am 'redeg' wedi dysgu'r sgilie hyn i'r 'ciciwr' cydnabyddedig!

Onllwyn hefyd a fynnodd fy mod yn chware'n amal. Pan nad o'dd gobeth ymddangos dros Lanelli ro'n i'n cynrychioli clwb Aber-craf gyda chwaraewyr fel John Elgar yn gwisgo crys Brynaman. Llawer gwell system na'r hyn sy'n digwydd i nifer o'r bechgyn yn yr oes bresennol sy'n treulio gêm ar ôl gêm ar y fainc!

Dysges lawer gydag Aber-craf hefyd. O safle'r maswr, derbyn cynghorion gan chwaraewyr fel y mewnwr Morlais James a John Jeffreys (ro'dd e'n gallu ochorgamu'n well nag unrhyw un weles i erio'd) o'dd, erbyn hynny, wedi dychwel o glwb Abertawe. 'I frawd, Gareth, o'dd y capten ac ro'dd sylwade adeiladol y cefnwr Wyn Bratton, a gynrychiolodd Abertawe yn 'u gêm gyfartal yn erbyn Seland Newydd ym 1953, yn amhrisiadwy.

Wrth reswm, er mwyn i'r olwyr ddisgleirio, mae'n rhaid sicrhau cyflenwad digonol o'r bêl a sicrhaodd yr wyth o'dd yn cynrychioli Aber-craf na lwgon ni! Uchafbwynt y cyfnod o'dd cyrra'dd rownd

Clwb Rygbi Aber-craf. Capten: Gareth Jeffreys (brawd-yng-nghyfraith).

43

derfynol Cwpan Gorllewin Cymru a chware yn erbyn Rhydaman, er inni golli yn y munude ola!

Rygbi 'drwy'r trwch' fu hi yn ystod fy nghyfnod yn y Llu Awyr a'r coleg. Y mwyafrif o'r geme i'r time hynny yng nghanol yr wythnos ac yna i Aber-craf a Llanelli ar y Sadwrn. Tua'r un adeg ymunodd tri maswr ifanc, dawnus eithriadol, â Llanelli sef Alan Rees a symudodd i Faesteg ac yna i rygbi'r cynghrair, D. Ken Jones (14 cap, 1962-66) a chwaraeodd fel canolwr i Gymru a'r Llewod a D. Brian Davies (3 chap, 1962 a 1963), ynte'n ganolwr dros 'i wlad.

Ro'dd pac aruthrol o gryf gan wŷr y cryse ysgarlad ar y pryd hefyd, yn enwedig yn safle'r clo, fel R.H. Williams (23 cap, 1954-60) a Keith Rowlands (5 cap, 1962-65). Hefyd Brian Thomas (nid Thomo, Castell-nedd a Chymru, gyda llaw!). Pan ddele'r bêl o'r lein ro'dd hi'n bêl y gallen i 'i defnyddio!

Yn ogystal â cha'l fy newis yn fewnwr ces hanner dwsin o geme yn y canol dros Lanelli, yn bartner i Dennis Evans (1 cap v De Affrica, 1960) a Gareth Griffiths (12 cap, 1953-57). Ysgol brofiad yn wir, ac rwy'n cofio'n glir o hyd y gorfoledd gartre wrth gyhoeddi fy mod wedi derbyn *bathodyn* y clwb.

Fy nhaith gyntaf gydag Aber-craf, yn amlwg yn rhy galed i fi, ar y dde, gyda dau o'r Pwyllgor, T.J. Davies (ffotograffydd enwog) a Mol Jeff.

44

Mewnwr Llanelli yn erbyn Caerfaddon, 1959.

Ond ro'dd hi'n bryd symud mla'n! Yn ystod fy ail flwyddyn yn y coleg derbyn cyngor Onllwyn eto a phenderfynu sefydlu perthynas gyda Benny Jones yng nglwb Pont-y-pŵl, penderfyniad a brofodd yn allweddol yn ystod fy ngyrfa ar y meysydd rygbi.

Ar noson yn ystod tymor 1959/60 curodd Llanelli'r gwŷr o Went. Ymhlith aelode tîm y Sosban y noson honno yr o'dd Kelvin Coslett, Bill Morris, Alan Rees a minne, ymysg yr olwyr, gyda Keith Rowlands yn glo. Rhyfedd meddwl i'r pump ohonon ni ennill ein capie dros Gymru wrth gynrychioli clybie erill ar ôl gadel Llanelli! Kelvin o Aberafan (3 chap, 1962) Bill Morris a minne o Bont-y-pŵl, Alan (3 chap, 1962) o Faesteg a Keith (5 cap, 1962-65) o Gaerdydd.

Ar nos Lun 3ydd Hydre 1960 derbyniodd Pont-y-pŵl wahoddiad i 'agor' y llifoleuade cynta ar barc y Strade. A finne'n gwisgo rhif 7 arferol y mewnwr y dyddie hynny, ces i'r fraint o drosi gôl adlam dros fy nghlwb newydd a ddiogelodd ganlyniad cyfartal i'r gêm!

Mae lleoliad Parc Pont-y-pŵl yn un o'r llecynne hyfryta'n y byd i gynnal geme rygbi, yn enwedig ar adege ac achlysuron o bwys. Mae yno le i filo'dd wylio gêm ar lefel y tir, ond ma'r llether naturiol yn ymestyn am ganno'dd o lathenni. Tybed a fyddai gan y *Guinness Book of Records* ddiddordeb ryw ddydd mewn sefydlu record fyd o ran nifer i wylio unrhyw gêm rygbi? 'Ta wa'th! A'th Bill Morris a

45

minne gyda'n gilydd o'r coleg i ymarfer gyda'r clwb hwnnw a dechreuwyd ar bartneriaeth o'dd i bara am weddill fy nyddie chware. Ma' Benny Jones yn perthyn i'r garfan fechan honno o chwaraewyr sy'n llwyr deilyngu sawl cap llawn ond sydd ddim yn digwydd bod yn y lle iawn ar yr amser iawn. Galla i, fel pob cefnogwr rygbi, enwi mwy nag un maswr mwy cyffredin nag e a wisgodd y crys coch! Ymddangosodd yn y 'ffeinal treial' ar fwy nag un achlysur ond rhywsut ni fu ffawd o'i blaid. Ond ro'dd bod yn fewnwr iddo'n bleser pur. Ro'dd yn meddu ar yr holl rinwedde hanfodol, sef dwylo diogel, y ddawn i allu dawnsio'n ysgafn-droed ar wyneb unrhyw faes a gweledigaeth dactegol. (Tybed faint o gymorth fydde *contact-lenses* sydd mor gyffredin heddi wedi bod iddo?)

Enillodd y blaenwyr, dan arweiniad yr ysbrydoledig Ray Prosser, (22 cap, 1956-61) feddiant glân a chyson. Ro'dd bywyd yn fêl i gyd hyd nes y gêm gyfartal yn erbyn Coleg Loughborough ar fore gêm Cymru yn erbyn De Affrica ar 3 Rhagfyr 1960. Yn sydyn da'th anaf cas . . . y madruddyn (*cartilage*) – tipyn mwy o broblem y dyddie hynny na heddi. Derbyn llawdrinieth yn Ysbyty Llandochau a cholli wyth wythnos. Ro'dd Dewi Bebb ar y pryd yn angor ac yn graig gyda'i gynghorion doeth, 'i wên gellweirus a'i gyfeillgarwch cynnes.

A dweud y gwir ro'n i'n ffodus taw myfyriwr ymarfer corff o'n i gan fod y cyfarpar addas ar gyfer cryfhau elfenne erill o'r corff ar ga'l yn y coleg. O dipyn i beth diflannodd yr wythnose, y misoedd, a da'th yr amser i gynnig am swydd – fy 'job' iawn gynta! O gofio am fy nghysylltiade â chlwb Pont-y-pŵl do'dd hi ddim yn syndod imi lwyddo i ga'l fy mhenodi'n athro ymarfer corff yn ysgol Coed Eva, y sefydliad a adeiladwyd gogyfer â phlant gweithwyr dur Llanwern. Ro'dd tre newydd Cwmbrân yn ganolfan ardderchog, gyda'r ysgol yn chwa o awyr iach modern a bywiog. Câi hynny 'i adlewyrchu yn aelode'r staff – criw o wragedd a dynion ifainc brwdfrydig a bywiog. Ac ro'dd fy mywyd personol i'n parhau ar dir y byw hefyd! Margaret o hyd a hithe nawr wedi graddio'n S.R.N.! Lletty clyd gyda Mr a Mrs Williams yng Nghwmbrân Uchaf yn ystod yr wythnos, yna teithio eto. 'Rôl gêm y Sadwrn bỳs i Gasnewydd, trên i Gastell-nedd, a bỳs eto i Aber-craf, cartre Margaret! Ro'dd Mr a Mrs Jeffreys wedi gorfod mabwysiadu crwt arall!

Yn sgil y warchodeth ofalus oddi ar y maes datblygodd fy hyder *ar* y ca' a chafodd hyn 'i adlewyrchu yn fy mherfformiad. Ges i 'mugeilio'n dyner gan glwb Pont-y-pŵl – gan y cadeirydd Norman Gulliford, prifathro ysgol fach Blaenafon; Alf Hewitt, ysgrifennydd cydwybodol y sefydliad; fy nghefnder Lewis Rees o Gwmtwrch, prifathro ysgol y Twmpath; a Herman Saunders, ysgrifennydd y tîm (y gŵr o'dd yn gyfrifol am roi ambell chweugen yn fy 'sgidie!). Ac mae'n rhaid talu clod i'r cefnogwyr clodwiw. Unllygeidiog ambell waith, wrth gwrs, ond gwybodus eithriadol.

Braint anghymarol o'dd ca'l fy mhenodi'n gapten ar y clwb ar gyfer tymor 1962-63. Derbyn cefnogeth Benny a sêl bendith Ray Prosser. Chelen i byth bêl 'wael' gan bac Pross, prop i'w wlad ond clo ac angor i Bont-y-pŵl. Ond nid 'band un dyn' o'dd y pac. Ma'r co'n fyw o hyd am gyfraniade Noel Tucker, y clo caled, addfwyn; John Evans; Mervyn Hinnem, fy is-gapten o'r rheng fla'n; Pedro Diez, o'dd wedi bocso dros Gymru; y bachwyr Haydn Pugh a Roy Taylor; a dau aelod arall o'r rheng flaen, Mel Leighton a Colin Cobley. Rwy'n cofio gêm gynta Roger Addison, prop tîm Ieuenctid Cymru a'i allu anghymarol i drin a thrafod y bêl. (Gwaetha'r modd, anafwyd e'n ddifrifol ym 1966.)

Rhaid peidio diystyru'r rheng ôl ystwyth a chyfraniade unigolion fel Alan Thomas, a gynrychiolodd Cymru yn erbyn Seland Newydd ym 1963 (o Gasnewydd); Derek Wakefield; Eddie Jones; John Harris a Noel Williams y blaenasgellwr dawnus, chwim ro'dd maswyr yn casáu 'i wynebu gan 'i fod mor effeithiol! Do'dd aelode'r pac ddim yn gewri o ran maintioleth ond ro'n nhw'n meddu ar galonne maint mynyddoedd Eryri!

Ond nid blaenwyr yn unig o'dd cyfo'th Pont-y-pŵl! Ray Cheyney o'dd y ciciwr cynta imi 'i weld yn defnyddio'r arddull 'rownd y gornel'. Cefnwr anturus, peryglus. Asgellwyr fel fy nghyfell Bill Morris a Fenton Coles (3 chap, 1960), y canolwr Glyn Jones, bychan, twyllodrus; dau haneri ifainc – John Ellis, a gymerodd fy lle i mewn nifer o geme caled! Ro'dd e'n dipyn o 'gymeriad' o'dd yn fodlon 'sgwyddo'r baich hyd yn oed pan nad o'dd capten y tîm cenedlaethol yn fodlon gwneud hynny; Mike Cooper a Ray Watkins a Malcolm Price (9 cap, 1959-62) a brofodd shwd gymint o golled pan a'th i chware rygbi'r cynghrair, ynghyd â Phil Morgan, y maswr, a ddilynodd yr un llwybr.

Tîm Pont-y-pŵl dan gapteniaeth Malcolm Price, 1961-62.

Tîm Pont-y-pŵl dan gapteniaeth Fenton Coles, 1964.

Ond faint bynnag o geme ro'n i'n ennill 'da Phont-y-pŵl, *ennill* wnes i ar 18 Awst 1962. Priodi Margaret, gyda Hywel 'i brawd yn was imi, yn Tyncoed, Capel yr Annibynwyr, yn Ynyswen, Aber-craf. Bwrw'n swildod yn Torquay. Dychwel i'r clwb yn ddyn priod a cheisio profi fy mod yn deilwng o'r gaptenieth, ond chware'n ofnadw (yn yr hanner cynta ta beth) a Margaret yn pallu derbyn y cyfrifoldeb hyd heddi! O ddifri, o edrych yn ôl cafodd y ddau ddigwyddiad ym 1962, sef y briodas a'r penodiad yn gapten, effeth am oes – er gwell!

Penodwyd fy ngwraig yn nyrs yn Ysbyty Panteg a setlodd yn yr ardal mewn dim o dro. Prynwyd ein cerbyd cynta, fan lwyd, A35 rhif

Awst 18 1962.
Ein Priodas.
Ac mae'n briodas
bob diwrnod ers
hynny!

MEU 1. Llenwid hon bob yn ail Sadwrn gan ddisgyblion Ysgol Coed Eva o'dd yn frwd 'u cefnogeth i Bont-y-pŵl. Rhyfedd, ro'dd yr *iaith* yn wahanol ond eto ro'dd yr un agosatrwydd, yr un teimlad o 'berthyn' yng nghymo'dd Gwent ag o'dd 'na yng Nghwmtwrch! Do's dim ond eisie imi gau fy llyged cyn profi unweth eto gynhesrwydd croeso sièd y cefnogwyr. Parc y bobol yw Parc Pont-y-pŵl!

Ac er 'i bod hi'n dre newydd datblygodd Cwmbrân yn ganolfan gynnes hefyd. Ro'dd peder ysgol yno: Coed Eva, Ysgol Ramadeg Croesyceiliog (athro Chwaraeon: Geoff Whitson, 3 chap, 1956-60), Ysgol Uwchradd Croesyceiliog (Tony Wright: cefnwr sawl clwb dosbarth cyntaf), ac Ysgol Uwchradd Llantarnam (Len Constance, cyn-fewnwr Casnewydd a chwaraeodd rygbi'r cynghrair). O fewn yr un dalgylch ro'dd Ysgol Uwchradd Abersychan (Benny Jones), Ysgol Ramadeg West Mon (Mark Horton, cyn-faswr Pont-y-pŵl), Ysgol Uwchradd y Twmpath (David Williams, bachwr Casnewydd, a Laurie Daniel, 1 cap v Yr Alban, 1970) ac Ysgol Uwchradd Trevithin (Brian Anthony, cefnwr Cross Keys). Hefyd Ysgol Blaenafon gyda Roy Evans, mewnwr Glynebwy, wrth y llyw!

Er ein bod i gyd yn gyfeillion mynwesol oddi ar y maes ro'dd y gystadleueth *ar* y ca' yn frwd a dweud y lleia. Enillodd sawl aelod o'r ardal gapie dan 15 dros Gymru ac uchafbwynt y cyfnod imi o'dd buddugolieth Ysgolion Pont-y-pŵl yn nhymor 1962-63 yn y gystadleueth am y brif wobr, sef y 'Dewar Shield', gyda dau ddisgybl o'n hysgol ni, Mike Shottle a Phil Johns, yn aelode o'r garfan. Trist meddwl bod rhaid aros tan 1992-93 tan y llwyddiant nesa!

Cyfnod bodlon tu hwnt yn fy ngyrfa o'dd yr amser a dreulies yn Ysgol Coed Eva a chafodd y bodlonrwydd mewnol 'i adlewyrchu ar y maes hefyd. Fel athro trwyddedig, ystyrieth gymharol syml o'dd datblygu'n hyfforddwr ar y clwb. Fe brofon ni fel tîm lwyddiant, a da'th boddhad fel unigolyn imi hefyd. Fe'm dewiswyd yn fewnwr wrth gefen (do'dd eilyddio, fel y cyfryw, ddim mewn bodoleth ar y pryd) ar gyfer gêm Cymru yn erbyn Iwerddon yn ystod Tachwedd 1962 – yr *hangover international*. Teithio i Ddulyn yng nghwmni fy arwyr dan arweinyddieth yr anfarwol Bryn Meredith (34 cap, 1954-62). Tony O'Connor o Aberafan (5 cap, 1960-62), un arall o'r Llewod, o'dd y mewnwr. Gŵr caredig a roddodd gynghorion lu. Tri phwynt yr un o'dd y sgôr terfynol ond ro'dd Cymru heb sgorio cais mewn peder gêm! Ro'dd newidiade i ddod ond do'n i ddim yn ymwybodol o hynny ar y pryd.

Dychwel i liwie coch, du a gwyn Pont-y-pŵl. Mwy o fin ar fy chware, mwy o awch ac o chwant a hyder! Yr her o arwen Pont-y-pŵl yn fy symbylu a'r ymroddiad yn ca'l 'i gydnabod pan gyhoeddwyd y time ar gyfer y 'ffeinal treial'. D.C.T. yn fewnwr ac yn gapten ar y 'Probables', yn gymar i Dai Watkins o Gasnewydd! Yn sydyn ro'dd y crwt o'r Cwm yn ffefryn i olynu B.V. Meredith yn gapten ar 'i wlad!

Do'dd Dai ddim yn ddieithr imi gan inni gynrychioli Sir Fynwy nifer o weithie ym mhencampwriaeth y Siroedd. (Dyma'r cyfle imi esbonio pam wnes i gynrychioli'r sir honno! Treulies saith mlynedd yn cynrychioli Sir Frycheiniog ond un tro, a minne wedi ca'l fy anafu a methu chwarae, collodd fy sir fy hun gêm yn erbyn Sir Benfro ac o ganlyniad derbynies wahoddiad i gynrychioli fy sir fabwysiedig a a'th yn 'i bla'n i ennill Cwpan Siroedd Cymru ym 1962-63, ond Sir Frycheiniog gynrychioles i wastad wedyn!)

Erbyn hyn ro'n i wedi dechre cyfarwyddo, a mwynhau, gweld fy enw'n ca'l 'i drafod yn y Wasg gan gyn-chwaraewyr gwybodus fel Viv Jenkins, Wilf Wooller, Bleddyn Williams, Cliff Morgan ac Onllwyn Brace. Ces gefnogeth J.B.G. Thomas o'r *Western Mail* hefyd. (Cyfell da ymhen hir a hwyr er nad o'n i'n cytuno â'i ddaliade bob tro!) Yn gyffredinol, tanlinellid fy ngwendide a chanmolid fy nghryfdere. Digon teg. Yng nghanol yr holl gynnwrf a'r cyffro gallen i ddim anghofio nac anwybyddu'r dylanwade penna – Allan Lloyd, Peter Woodman, Onllwyn, Roy Bish, Benny Jones a Margaret. Efalle taw *nawr* yw'r amser imi gydnabod a dangos fy ngwerthfawrogiad o'u gonestrwydd a'u barn ddiflewyn-ar-dafod pan *nad* o'n i'n chware'n dda!

Cyn y gêm brawf ola da'th Dai sawl gwaith i Ysgol Coed Eva i ymarfer. Ro'dd ynte yr un mor awyddus i lwyddo ag yr o'n i ac yn dilyn y gwaith paratoi fe ffynnodd y bartneriaeth. Yn anffodus, cynhaliwyd y gêm yng nghanol un o gyfnode oera'r ganrif! Yn wir, ychydig iawn o geme a chwaraewyd dros gyfnod o naw wythnos. Ond ro'dd rhaid cynnal y 'ffeinal treial' er i ysgrifennydd Casnewydd gyhoeddi dros yr uchelseinydd yn Rodney Parade taw 35 munud yr hanner fydde'r hyd!

Erbyn hynny ro'n i yn yr ystafell wisgo yn annerch gwŷr o'dd wedi cynrychioli'r Llewod yn anrhydeddus fisoedd ynghynt! Sêr fel Ken Jones, Dewi Bebb, Kingsley Jones, Keith Rowlands ac Alun Pask a mi'n 'u hysgogi ac yn 'u paratoi! Fi, crwt o Gwmtwrch nad o'dd wedi ennill yr un cap 'to! Rwy'n cofio gofyn i'r dewiswyr adel yr ystafell gan roi llonydd imi gynnig cyngor a symbyliad yn fy ffordd fy hunan. Rees Stephens o'dd y cynta i fynd a dilynodd y lleill yn ufudd. (Flynydde'n ddiweddarach dywedodd Dewi wrtha i 'i fod e o'r farn imi fod yn ddewr ond, a dweud y gwir, do'dd e ddim yn benderfyniad anodd imi achos fel'na ro'n i'n teimlo'n gyffyrddus.)

Chware yng ngêm brawf 1963.
Dyma'r gêm 'Margaret says NO. Big 5 say YES'.

A'th y gêm yn lled dda i ni fel pâr er ein bod ein dau'n ymwybodol o brofiad a dawn y gwrthwynebwyr, Bryan Richards (1 cap v Ffrainc, 1960) a Tony O'Connor. Lai na deugen mlynedd yn ôl ro'dd y cyhoeddiad yn gymharol breifat. Llond clwb Casnewydd o gefnogwyr, chwaraewyr, gwragedd, teuluo'dd, gwŷr y Wasg. Gofynnodd nifer ohonyn nhw farn Margaret. Hithe mor onest ag erio'd yn dweud 'Chwaraeodd Clive yn dda ond efallai nad yw e wedi gwneud digon i ddisodli Tony O'Connor. Y dewiswyr wedi ymgynnull yn yr oruwch-ystafell. Holi hwn a'r llall. Sibrwd, sisial. Gwenu, crechwenu. Cnoi ewinedd. Mân siarad. Yr ymdeimlad fod profiad i ga'l blaenorieth dros ieuenctid ac addewid. Yna distawrwydd!

Glyn Morgan, cadeirydd y dewiswyr, yn cyhoeddi'r tîm! Clywes 'Rowlands, captain'. Ro'n i'n meddwl fod Keith wedi ca'l 'i benodi i arwen 'i wlad! Ond na, ro'dd cwtsh Margaret yn brawf i'r gwrthwyneb! Yn ddiddorol, yn y Wasg fore Llun, pennawd sawl papur o'dd *'Margaret says NO but Big 5 say YES'*. Yn gyfan gwbl ro'dd chwe chap newydd. Rowlands, capten (14 cap, 1963-65), Watkins (21 cap, 1963-67), Denzil Williams (36 cap, 1963-71), Brian Thomas (21 cap, 1963-69), Dai Hayward (6 cap, 1963 a 1964) a Roger Michaelson (1 cap, 1963).

Cymysgwch o deimlade. Ceisio cwato'r dagre mewnol rhag gorlifo'n gyhoeddus. Rheoli'r balchder a'r llawenydd. Ymdrechu i fod yn gwrtes ac yn foneddigedd ond *moyn* neido ar ben y bwrdd! Dennis Busher o'r *Daily Herald* yn ymestyn 'i garden ffôn imi er

Cap cyntaf 1963.
Margaret a fi. Gwahoddiad i chwarae dros Gymru.

mwyn i mi gysylltu â Mam ac Edna. Dagre o lawenydd . . . ac o hiraeth! Gareth, brawd Margaret, yn ein gyrru i glwb Pont-y-pŵl. Y capten cynta oddi yno ers cyfraniad J.P. Jones (12 cap, 1908-21) yn nechre'r ganrif. Y chwaraewr cynta o Gwmtwrch i ennill cap o'dd Howell Lewis (4 cap, 1913 a 1914), asgellwr Abertawe, ac olwyr hefyd o'dd y ddau arall a gapiwyd o'r pentre a wisgodd gryse Abertawe a Chymru, sef Tudor Williams ym 1921 ac Albert Owen ym 1924. Ro'dd hanner can mlynedd felly rhwng y cap cynta a'r diweddara. Sawl peint a yfwyd yn y pentre'r noson honno tybed? *Curry* a ddiflannodd i lawr fy nghorn gwddwg crug i!

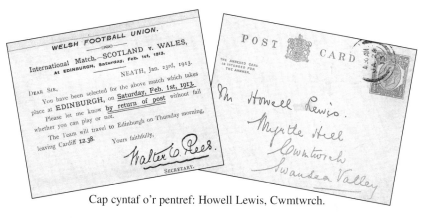

Cap cyntaf o'r pentref: Howell Lewis, Cwmtwrch.

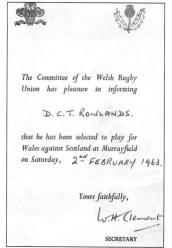

Fi yw'r cap diweddaraf o Gwmtwrch. Sylwch ar y dyddiadau –
    Chwefror 1 1913 – Howell Lewis.
    Chwefror 2 1963 – Clive Rowlands.
50 mlynedd rhwng y ddau.

CHWARE DROS GYMRU!

R'odd Rodney Parade, dan do, i chware rhan allweddol ym mharatoade'r haneri ar gyfer y gêm yn erbyn Lloegr ar 19 Ionor 1963. Yno nath Dai a mi ymarfer gan ddefnyddio top trac-wisg yn bêl! (Ro'dd hi'n rhy beryglus i ddefnyddio pêl rygbi iawn, medden nhw!) Cwrdd yn ystod yr wythnos hefyd â Roger Michaelson, yr is-gapten, o glwb y Cymry yn Llunden a Phrifysgol Caergrawnt. 'Inside information' am y gelyn! Yn ogystal, cyfarfod Dewi Griffiths, y cynhyrchydd teledu gyda BBC Cymru. Fe wedi trefnu cyfweliad gyda Richard Sharp, capten Lloegr, gan hollti'r 'llun ar y sgrin' gyda Richard yn Llunden a mi yng Nghaerdydd (ai hwnnw o'dd y tro cynta i dechneg y 'split screen' ga'l 'i defnyddio?).

Yn draddodiadol, y dyddie hynny, ro'dd y garfan yn ymgasglu ar y dydd Gwener i ymarfer ac yna teithio adre. Dyna a ddigwyddodd y tro hwn hefyd, ond do'dd dim modd ymarfer yn yr awyr iach ac ar laswellt gan fod popeth wedi rhewi'n gorn. Llwyddwyd i ymdrin ag ambell agwedd o ran sgrymio a threfen y leinie o dan gysgod yr hen 'North Stand'.

Da'th yr amser i ddatgelu 'nghyfrinache o ran galwade! Pêl i fla'n y lein . . . croen i groen, h.y dwylo'n cwrdd neu law i wyneb. Yn ogystal, galw rhif a'r ffigwr 3 ynddo fel un deg tri, neu tri saith. Pêl i ganol y lein? Y dwylo'n cyffwrdd â defnydd – h.y. y crys, sane neu'r shorts ac ar yr un pryd galw ffigwr a'r rhif 5 ynddo. Elfen bwysig o'dd crio mas rhag ofn bod rhywun heb weld! Tactege syml, ond effeithiol. Ro'dd rhaid ca'l popeth yn iawn gogyfer â gêm bwysica 'mywyd!

Dychwel i Gwmbrân. Noson gynnar yn y ca' nos. Cysgu'n gyffyrddus. Yn sydyn ca'l fy nihuno! Brodyr Margaret, Wyn, John, Aled a Hywel ar 'u ffordd o Lunden ar gyfeiliorn yng Nghwmbrân. Ddim yn ystyried fy mod i yn y tŷ gan feddwl fy mod mewn gwesty yng Nghaerdydd. 'Sori, Clive!' 'Dim problem.' Dychwel i'r ca' sgwâr a chysgu fel twrch!

Y brodyr-yng-nghyfraith swnllyd – ar daith eto yn 1982.

Dranno'th, dihuno. Cofio. Sylweddoli. Claddu brecwast anferth. Gyrru'r A35 i Gaerdydd. Cyrra'dd gwesty'r Royal erbyn hanner awr wedi un ar ddeg. Cwtsh ola 'da Mags. Cinio am hanner dydd ac yna maint fy nghyfrifoldeb yn fy nharo. Ro'dd y miloedd ro'n i wedi gyrru heibio iddyn nhw yno i gefnogi Cymru. A fi o'dd y capten!

Gadel gwres a moethusrwydd y Royal a gorymdeithio'n drwsiadus i Barc yr Arfe. Ro'dd yr oerfel i barhau. Pibe'r cawodydd wedi rhewi'n gorn. Gwŷr Undeb Rygbi Cymru, nad o'dd yn enwog am 'u haelioni, wedi penderfynu rhoi, o'u gwirfodd, 'fest wlanen', pants ychwanegol a phâr o fenig inni!

Yr ystafell wisgo. Rhaglen. Mor falch o weld fy enw. 'D.C.T. Rowlands, Captain'! Mân siarad, yn Gymra'g, gyda Dewi, Brian Davies, Robert Morgan a Ken Jones – Ken bach! (Ai dyma'r trichwarteri cyflyma a welodd y byd erio'd? Rhedodd y pedwar y can llath o dan ddeng eiliad!) Newid, gwisgo. Kevin Kelleher, y dyfarnwr (a ddatblygodd yn gyfell) yn galw Richard Sharp a minne at ein gilydd. Y geiniog i'r awyr ac yn glanio o 'mhlaid i. Kevin yn egluro na fydde'r ddau dîm yn mynd i'r maes tan *ar ôl* yr antheme gan fod y

57

tywydd mor annioddefol o oer! O'r siom a ymylodd ar fod yn gynddaredd! Y dorf yn morio 'Hen Wlad fy Nhade' a ninne yn yr ystafell wisgo! O edrych yn ôl ni ddylsid fod wedi cynnal y gêm, ond petai rhywun wedi dweud hynny wrtha i ar y pryd byddwn wedi cyfarth ac rwy mor falch o achub ar y cyfle hwn i ddiolch i'r llu cefnogwyr a dreuliodd orie'n clirio'r gwellt oddi ar y maes. (Rwy'n cofio Bill Clement yn ca'l 'i gyf-weld ac yn sôn am y *braziers* a ddefnyddiwyd i geisio toddi'r wyneb ac yn ynganu'r gair *brazier* fel *brassière*. Doniol, *bron*!)

Rhedeg i'r maes. Bonllef o gymeradwyeth. Ro'n i'n gwbod y byddai'n swnllyd ond do'dd *dim* wedi fy mharatoi am y derbyniad. Digon haerllug i gico bant fy hunan. Dechreuad perffeth. Robert Morgan yn croesi am gais. Ond ymdrech na chafodd 'i chaniatáu. Creu sawl cyfle arall ond methu manteisio. Lloegr yn creu ddwywaith. Sgorio dau gais. Gwers boenus. Rhaid manteisio ar bob cyfle, yn enwedig ar raddfa ryngwladol. Y sgôr terfynol Cymru 6 (Grahame Hodgson – gôl gosb, Dai Hayward – cais), Lloegr 13 (cais yr un i Malcolm Phillips a John Owen; dau drosiad a gôl adlam i Richard Sharp.) A'th Lloegr yn 'u bla'n i ennill y bencampwrieth! (Dyma'r tro diwetha inni golli gartre yn erbyn Lloegr tan dymor 1990/91 – 28 mlynedd ar hugen! Diolch i'r drefen ro'dd fy nhymor i fel Llywydd wedi cwpla erbyn hynny!)

Serch colli do'n i ddim yn wangalon ond ro'dd gorfod annerch y pwysigion yn y cinio swyddogol yn peri rhywfaint o bryder. Wilf Faull, M.B.E., y Llywydd, yn siarad gynta'n cynnig llwncdestun ac yn llongyfarch Richard Sharp a Lloegr. C.H. Gadney, M.B.E., Llywydd Undeb Lloegr, yn ateb ac yn dymuno'n dda imi ac i'r tîm yn gyffredinol. Ac yna fe dda'th fy nhro i i sefyll ar fy nhra'd, ac i gyfarch y cant a hanner o'dd yn bresennol. Dwy i ddim yn cofio'n gwmws beth ddwedes i ond yn y Gymra'g y llefares i 'ngeirie cynta – arferiad sydd wedi para gyda mi, ar bob achlysur, hyd heddi!

'Rôl gloddesta, cyfle i gymdeithasu ac ail-fyw pob eiliad a symudiad yng nghwmni cyfeillion, cefnogwyr a Margaret gan ddychwel i Gwmtwrch yn ystod orie mân y bore. Golchodd Mam ddau grys ar y bore Sul. Fy nghrys rhif 9 i a chrys asgellwr enwog Lloegr, Peter Jackson – crys a roddwyd imi'n anrheg gan Dewi Bebb o'dd wedi'i gyfnewid ar ddiwedd y gêm. Funude 'rôl imi godi gweles

58

Cap cyntaf i fi a Richard Sharp. (Jim Roberts, Sale, yw'r llall).

Cap cyntaf yn erbyn Lloegr.
(Blaenasgellwr: Budge Rogers; maswr a chapten: Richard Sharp).

Y cap cyntaf, ac yn gapten.
Alun Pask, Brian Price, Brian Thomas, Denzil Williams, Roger Michaelson, Norman Gale.
Kingsley Jones, Dewi Bebb, Clive Rowlands, Robert Morgan, Dai Hayward.
Ken Jones, Dai Watkins, Brian Davies, Graham Hodgson.

John Brynmol, crwt deng mlwydd oed, yn eistedd o dan y lein ddillad. 'Beth wyt ti'n neud, John bach?' 'Neud yn siwr nad o's unrhyw un yn dwgyd dy gryse di, Clive!' Ydy hynny'n crynhoi balchder a theimlad o gyd-berthyn y pentre a'r gymdogeth?

Bythefnos yn ddiweddarach teithiwyd i'r Alban ac i Murrayfield. Pwy gyhuddodd yr Albanwyr o fod yn geidwadol oherwydd er fod y tywydd yn parhau'n gythreulig o oer do'dd dim dwywaith na fyddai'r gêm yn ca'l 'i chware gan fod 'carthen drydan' wedi'i chladdu o dan yr wyneb.

Tri chap newydd y tro hwn sef Ron Evans, canolwr Pen-y-bont, Bill Morris, asgellwr Pont-y-pŵl a Graham Jones (3 chap, 1963), blaenasgellwr Glynebwy, gyda Haydn Morgan (Abertyleri) yn dychwel yn safle'r blaenasgellwr. (Haydn, gyda llaw, o'dd wedi gwerthu'r fan A35 imi!)

61

Yn naturiol ro'n i'n aruthrol o falch fy mod wedi cadw fy lle yn y tîm ond ar yr un pryd rhaid nodi fy siom dros Ken Jones, Dewi Bebb, Roger Michaelson a Dai Hayward. Shwd yn y byd mowr o'dd modd cyfiawnhau 'u gad'el mas o'r tîm ar ôl gorfod chware dan yr amode mwya annheg yng Nghaerdydd?

Hedfan am yr eildro yn fy mywyd (y daith i Ddulyn rai misoedd ynghynt o'dd y tro cynta) a do'dd teithio mewn awyren ddim yn peri unrhyw ofid o gwbl imi – yn wahanol i rai chwaraewyr erill (ro'dd Bobby Windsor a Geoff Wheel yn nodedig am 'u nerfusrwydd!). Ychydig o wŷr y Wasg a roddodd unrhyw obeth o gwbwl inni yn erbyn yr Alban, o'dd eisoes wedi curo'r Ffrancod ym Mharis, ond ro'n i'n ymwybodol fod 'na ysbryd hwyliog yn y tîm a bod gobeth 'da ni i ennill gêm yn yr Alban am y tro cynta ers buddugoliaeth yr uned a arweiniwyd gan Bleddyn Williams ddeng mlynedd yn gynharach.

Cyn dyfodiad yr hyfforddwr swyddogol pwysai cyfrifoldeb cario'r iau yn drwm ar war y capten. Fy nghyfrifoldeb i o'dd uno'r unigolion a'u gweu'n gyfanwaith a buan iawn y pwyses yn drwm ar gynghorion Roy Bish. Ro'n i'n ffodus hefyd fod Brian Price (32 cap, 1961-69) ac Alun Pask (26 cap, 1961-67) yn athrawon ac yn gyn-fyfyrwyr yng ngholege St Luke's (Caerwysg) a Loughborough. Y diweddar Alun o'dd yr is-gapten ac yn arweinydd y pac gyda minne wedyn yn gyfrifol am y tactege'n gyffredinol. Bendith o'dd cael teithio ar y dydd Iau ac yna ymarfer ar faes y brifysgol fore tranno'th!

Gwesty enwog y North British o'dd ein cartre am dridie. Do'n i erio'd wedi *gweld* gwesty mor ysblennydd heb sôn am *aros* yno! Digon yw dweud inni i gyd wneud cyfiawnder â'r bwyd! Yn wir, yr unig berygl o'dd gorfyta! Rwy'n cofio rhyfeddu fod shwd gymint o Gymry'n aros yn yr un gwesty!

Ymweliad arferol â'r pictiwrs ar y Nos Wener. Pawb yn fodlon gyda'r profiad o'dd yn rhan o draddodiad. Gerry Lewis, y *masseur*, yn prynu hufen iâ yr un i ni hanner ffordd drwy'r ffilm, unweth eto'n rhan o'r patrwn. Mae'n rhaid dweud fy mod i'n cael gwell blas ar fy *choc-ice* y noson cyn gêm fawr nag ar unrhyw adeg arall. Ro'dd cwmni a chyfeillgarwch Gerry'n hwb hanfodol i'r hyder oherwydd yn ogystal â'i ddawn i drin a thrafod yr ystyriaethe corfforol ro'dd e'n meddu ar y gallu prin hwnnw o fod yn ysgogwr ac yn symbylwr. Yn ogystal, wiw i unrhyw unigolyn wrthod galwad gan Gerry i fod yn y lle priodol ar yr amser cywir – cymorth amhrisiadwy i unrhyw gapten.

Rhannu stafell gyda Dai Watkins unweth 'to. Edrych ymlaen yn fawr at ein hail gêm 'da'n gilydd. Trin a thrafod tactege. Cwmpo i gysgu'n sownd. Cnoc ar y drws am ddou o'r gloch y bore! Idris Jones, fy nghyfell o ysgol fach Cwmtwrch, a chwpwl o'n ffrindie. 'Dim ond dweud wrthot ti ein bod ni wedi cyrraedd yn saff, Clive!' Er hwyred yr awr do'dd dim gwahanieth gyda mi – yn wir ro'dd hi'n gysur gwbod fod pobol onest a theyrngar fel Idris wedi teithio i'r Alban i 'nghefnogi!

Agor llenni 'rôl noson drom o gwsg. Na, do'dd yr eira ddim wedi diflannu dros nos! Ro'dd prifddinas yr Albanwyr yn parhau dan garthen drwchus o eira ac ro'dd hi'n dal yn aruthrol o oer! Llond plât o'r 'full English breakfast' yn diflannu lawr bolie'r Cymry yn yr Alban. Cofio rhyfeddu bob shwd gymint o 'nghyd-wladwyr wedi llwyddo i ymgymryd â'r daith hir naill ai yn 'u ceir, mewn awyren, neu ar fỳs neu, hyd yn oed, fel nath Margaret a minne ddwy flynedd ynghynt, teithio drwy'r nos ar y trên, y 'Killer', a chyrra'dd yn y bore bach cyn bod unrhyw siop neu gaffi ar agor! Profiad bythgofiadwy ond taith y dylsid 'i phrofi unweth yn unig!

Gadel y gwesty a mynd mas am ychydig o awyr iach. Princes Street fel y Môr Coch! Cyfarch hwn a'r llall. Derbyn dymuniade da. Yr amser yn hir. Synnu nad o'dd Bill Morris yn nerfus. Hynny'n gymorth imi. Galw pawb i'n stafell erbyn 11.30. Cyfarfod ffurfiol. Uno pawb. Trafod gwendide a chryfdere'r gwrthwynebwyr a'n tactege a'n cryfdere ni. Y gêm wedi derbyn sylw teilwng ymhob un o'r papure dyddiol, a'r gohebyddion ddim yn rhag-weld llawer o obeth i Gymru. Darllen yr adolygiade gwaetha'n uchel. Wrth ymadel â'n stafell ro'n i'n ffyddiog fod pob aelod yn ymwybodol fod Cymru'n mynd i ennill, boed y gêm yn agored neu'n dynn!

Cyrra'dd Murrayfield. Y gefnogeth yn syfrdanol. Amcangyfrif-wyd bod saith mil o Gymry yn y dorf o drigen mil. Llawn hyder heb fod yn or-hyderus. Mas am dro. Sŵn byddarol. Y maes mewn cyflwr ardderchog, diolch i effeithiolrwydd y garthen drydan. Er hynny ro'dd rhanne o'r wyneb yn llithrig dros ben dan draed.

Newid yn yr ystafelloedd gwisgo anferthol o fawr. Dymuno'n dda i'n gilydd. Rhedeg i'r cae. Bonllef o gymeradwyeth. Cyfarfod y dyfarnwr, Mr Williams o Iwerddon. Cyfnewid cyfarchion â Ken Scotland, capten y gwrthwynebwyr a chefnwr y Llewod yn Seland Newydd ym 1959. Chwaraewr cyffrous a hoffai redeg gyda'r bêl yn 'i ddwylo. Byddai angen 'i wylio'n ofalus!

Cafwyd dechreuad tanllyd i'r gêm ac yn syth achosodd yr wyneb llithrig a'r awel gre brobleme i'r ddau dîm. Ar ôl paso ddwywaith, a cholli tir ddwywaith yn sgil hynny, penderfynes gicio am sbel. Enillodd y blaenwyr ddogn sylweddol o feddiant glân o'r leinie ac o'r sgrymie a chedwais i barhau gyda'r cicie gan ein bod yn ennill tir yn gyson. A dweud y gwir ciciodd Cymru'n dda tra o'dd cicio'n gwrthwynebwyr yn dlawd. Llwyddodd Grahame Hodgson â gôl gosb ar ôl chwarter awr ac yn yr ail hanner fe sgories fy unig bwyntie dros Gymru, gôl adlam. (Yn aml bydd y sylwebydd mwyn Bill Mclaren yn cyfeirio at y gic honno ac yn mynnu nad a'th y bêl rhwng y pyst. Fy ateb i bob tro yw 'What did it show on the score-board, Bill?')

'NOW WE'LL SEE WHAT HE CAN DO WITHOUT HIS BOOTS!'

Ar ôl y gêm enwog yn erbyn yr Alban, 1963. Y gêm nesaf oedd Iwerddon.

Cyfeirir at y gêm benodol hon fel 'gêm y 111 o leinie' a Clive Rowlands sy'n cael 'i feio. Ond gan bwyll, dyw hynny ddim yn deg nac yn wir! Ro'dd blaenwyr yr Alban wedi gorchfygu pac Ffrainc a cheisiwyd mabwysiadu'r un tactege yn ein herbyn ni ond cafodd ein wyth ni gêm ysbrydoledig. Cynhaliwyd 38 sgrym gyda'r Alban yn ennill 25 ohonyn nhw. Yn ogystal, taflodd yr Alban y bêl i'r lein bron hanner cant o weithie, felly teg nodi fod yr Albanwyr wedi cicio am yr ystlys bron cyn amled â'r Cymry! Hynny yw, enillodd yr Alban feddiant sylweddol dros ben a cheisiwyd mabwysiadu'r un dacteg â ni yn hytrach na chware'r gêm agored – ond mae'n amlwg na lwyddodd 'u cicie gystal â'n rhai ni! Ceisiodd gwŷr Ken Scotland newid 'u tactege'n hwyr yn y gêm gan ymdrechu rhedeg y bêl, ond erbyn hynny ro'dd y gêm wedi'i hennill a Chymru'n profi'n fuddugoliaethus heb dorri'r un rheol. Mae'n rhaid dweud imi gydymdeimlo â'n holwyr ond ro'dd y fuddugoliaeth yn cyfiawnhau'r tactege a fabwysiadwyd ac ro'dd y cefnogwyr yn uchel 'u cloch a'r mwyafrif o'r Wasg Gymreig yn llawn canmoliaeth am fuddugoliaeth haeddiannol – yn gwbl wahanol i'r Wasg Seisnig o'dd yn annheg o feirniadol!

Yn y cinio'r noson honno tynnwyd fy ngo's sawl tro, ond ro'dd y canlyniad yn parhau a phe bawn yn ca'l y cyfle unweth 'to fydden i wedi defnyddio'r un tactege'n gwmws. Rhaid peidio anghofio hefyd i Robert Morgan sgoro cais arall ond unwaith yn rhagor chafodd mo'r ymdrech honno 'i chaniatáu!

Cafwyd ymdrech arwrol gan y pac, gyda Brian Price yn disgleirio yn y leinie, ac ro'dd taclo'r olwyr yn sicr a digyfaddawd. Bu'r dadlau ynglŷn ag effeithiolrwydd y tactege'n destun trafod am wythnose. Yn wir a'th y *Daily Express* mor bell â chynnal seiat gyhoeddus gyda Jim Hill yn dadle dros 'D.C.T.' a Pat Marshall yn erbyn – a'r canlyniad o'dd y newidiaeth a dda'th i fodolaeth yn ddiweddarach gan wahardd cicio'n syth dros yr ystlys ac eithrio oddi mewn i'r 25! Sawl unigolyn arall a all hawlio bod yn gyfrifol am newid un rheol mewn gêm sy'n ca'l 'i chwarae ymhob cornel o'r byd!

Un nodyn trist. Yn ystod y cinio y noson honno da'th Albanwr o'dd yn aelod o bwyllgor dewis clwb y Barbariaid ata i gan ddweud na chawn i fyth gynrychioli'r clwb dethol hwnnw, a chadwodd at 'i air. A minne'n beder ar hugen mlwydd oed ces fy nghroeshoelio a Chymru wedi ennill!

CLIVE YR ESGID...
neu yn yr Alban
ROWLANDS
THE BOOT

CLIVE ROWLANDS
Ym Môn sgrym hen 'sgwier yw–a doctor
Pob rhyw dactег ydyw
Meistr ar bob cyflyn ystryw
Dowra'r byd, leder ir byw.
Dic Jones

DAI MORRIS
At y bêl waeth ble'r elo, –yn maesu,
Ymosod neu daclo,
Y bwlch ble bynnag y bo,
Hwn fydd y cyntaf yno.
Dic Jones

Ces groeso tywysogaidd yng Nghwmtwrch eto gyda Mr Williams (Bobs), 84 mlwydd oed, yn dweud wrtha i, 'Clive, pan fyddi di'n gadel y ddaear hon rwyt ti'n gwbod beth fydd pennawd y *Western Mail*? "Clive Rowlands kicks the bucket"!'

Collwyd dwy gêm ola'r tymor yn erbyn Iwerddon a Ffrainc. Enillodd Iwerddon am y tro cynta ers 31 o flynyddo'dd yng Nghaerdydd. Gêm a gynhaliwyd mewn tywydd garw aruthrol pryd dynododd y dyfarnwr Arthur Luff o Loegr ddwy gic gosb wahanol, a dweud y lleia, yn erbyn ein blaenasgellwr Haydn Morgan – y gynta am fod Morgan wedi ychwanegu 'i gorff 'i hunan i'r rheng flaen a'r ail am i'r un chwaraewr geisio 'bachu' y bêl o'r rheng flaen – tir cysegredig y drindod hynny'n unig. Llwyddodd Tom Kiernan â'r ddwy gôl gosb. Sgorodd Pat Casey gais ac ychwanegodd Mick English gôl adlam. Sgorodd Graham Jones (3 chap, 1963) gais dros Gymru a llwyddodd Dai Watkins â gôl adlam. Ro'dd yr anfarwol Tony O'Reilly yn nhîm y Gwyddyl ac ro'dd 'i bresenoldeb yn hwb aruthrol iddyn nhw ond, a dweud y cyfiawn wir, ro'dd y gwrthwynebwyr yn well tîm na Chymru, er inni greu sawl cyfle a methu manteisio arnyn nhw y prynhawn hwnnw.

Yr un o'dd yr hanes ar Stade Colombes ym Mharis gyda'r tywydd yn parhau'n oer ddifrifol. Collwyd y gêm o bum pwynt i dri gyda Guy Boniface yn sgorio cais a droswyd gan Pierre Albaladejo a Graham Hodgson yn cicio gôl gosb dros Gymru. Bydde'r golled wedi bod yn wa'th oni bai am daclo ffyrnig ein rheng ôl a Robert Morgan a Hodgson yn enwedig.

Felly, er yr holl addewid gan yr uned ifanc, y llwy bren yn unig a enillwyd gan Gymru'r tymor hwnnw, a hynny am y tro cynta ers pedwar tymor ar ddeg. Ond eto do'dd neb yn rhy ddigalon gan ein bod yn ffyddiog y bydde pethe'n gwella. Ro'n i wedi profi yn ystod y tymor fod modd ennill gêm dactegol dynn, ond wedi methu manteisio ar ddonie amlwg olwyr galluog a chware'r gêm agored draddodiadol Gymreig. Byddai'n rhaid cyflwyno'r elfen honno yn y dyfodol.

Ar lefel clwb ro'dd y gystadleuaeth yn ffyrnig gan fod pob uned yn meddu ar fewnwyr galluog dros ben fel Bob Prosser (Casnewydd), Allan Lewis (Abertyleri), Eiryn Lewis (Abertawe), Billy Hullin (Caerdydd), Tony O'Connor (Aberafan), Allan Price

(Maesteg) a'r gŵr a rôi gêm galed aruthrol imi bob tro, sef Dennis Thomas (Llanelli). Yn wir, rwy'n cofio imi, ar un achlysur, wynebu Dennis ar y Strade, ca'l gêm ddigon derbyniol fy hunan, ond Dennis yn sgorio tri chais!

'Rôl chware 53 o geme ro'n i'n falch gweld tymor 1962/3 yn dod i ben a threulio cyfnod o wylie yn Shir Benfro – arferiad o'dd i barhau am beder blynedd ar ddeg yn ddi-dor.

Diflannodd yr wythnose mewn dim o dro ac mae'n rhaid dweud imi ganolbwyntio ar fy ffitrwydd yn gyffredinol gan fod her newydd i'n hwynebu, cyn bo hir, ar Barc Pont-y-pŵl.

Honno o'dd pumed gêm taith gwŷr glew Seland Newydd. Dechreuon nhw trwy golli o gôl adlam i ddim yn erbyn Casnewydd. Yna curo tîm cyfun Aberafan a Chastell-nedd 11-6, tîm cyfun Abertyleri a Glynebwy 13-0, cyn profi'n drech na Chaerdydd 6-5. Ro'n i'n bresennol yn Rodney Parade ar y prynhawn hanesyddol hwnnw pryd y llwyddodd John Uzzell â'i gôl adlam gofiadwy; ro'n i'n gwarchod deugain o ddisgyblion Coed Eva a welodd arddangosfa wych o neidio gan Brian Price yn y lein. Rhyfedd meddwl imi weld y Cryse Duon ar dri achlysur – y gêm gyfartal yn erbyn Abertawe ym 1953, yna buddugoliaeth Cymru yn 'u herbyn yn ystod yr un daith ac yn awr llwyddiant Casnewydd!

Bill Morris a minne o'dd yr unig chwaraewyr rhyngwladol yn nhîm Cross Keys a Phont-y-pŵl a phrin o'dd ein gobeithion, yn ôl y gwybodusion, ond fe ges i'r fraint o fod yn gapten ar grŵp ysbrydoledig o chwaraewyr ifainc. Cynhaliwyd tair sesiwn o ymarfer caled a llwyddwyd i godi hwyl. Gary Musto, o glwb Cross Keys, o'dd y maswr. Cafodd e, a Jim Jarrett, wythwr Pont-y-pŵl, geme i'w cofio a dim ond chwe phwynt o fantais o'dd gan yr ymwelwyr tan rai munude o'r diwedd. Yna sgoriodd Ian Smith 'u trydydd cais a seliwyd y fuddugolieth o un pwynt ar ddeg i ddim. Braint i bawb o'dd wynebu cewri fel Don Clarke, Ian MacRae, Malcolm Dick, yr haneri Earl Kirton a'r capten am y dydd, Kevin Briscoe, yn ogystal â'r blaenwyr byd-enwog, y bachwr John Major a'r wythwr Brian Lochore.

Cafodd y tîm cyfun fwy nag un cyfle i sgorio. Methwyd manteisio ond llwyddodd yr ymwelwyr bob tro. Dyna'r gwahanieth rhwng y ddau dîm. Clod, serch hynny, i wŷr Gwent o'dd yn ildio stôn y dyn ymysg aelode'r pac. Yn y diwedd ro'dd yr ymdrech gorfforol yn ormod inni. Da'th torf o ddeunaw mil i wylio'r gêm ac, yn bersonol, do'n i ddim yn credu imi niweidio 'ngobeithion o gadw'n lle yn nhîm Cymru ymhen y mis.

1963 – Pont-y-pŵl / Cross Keys yn erbyn Seland Newydd ar Barc Pont-y-pŵl.
Do'n i ddim yn ddigon cyflym i ddala Kevin Briscoe, mewnwr Seland Newydd.

Y CRYSE DUON A DE AFFRICA

Saif pentre bychan Rhiwfawr uwchben Cwmtwrch ac un o'r ffrydie sy'n cysylltu'r ddwy gymdeithas a'r ddau bentre yw cyfres o 'stepie' amrywiol. 'Steps Wembley' yw'r enw a roddir arnyn nhw'n lleol. Ma' tua tri chant yno'n gyfan gwbl – rhai uchel, cul, llydan, byr. Pob un yn wahanol ac o ymgymryd â'r her o'u dringo rhaid i'r unigolyn feddwl ar 'i dra'd! Delfrydol ar gyfer fy amcan i i gryfhau'r corff ac ystwytho cyhyre. Llwyddes i'w goresgyn ar bedwar achlysur bob tro yn ystod fy ymweliade adre i weld Mam a hefyd fy mam a 'nhad-yng-nghyfreth yn Ynyswen, Aber-craf.

Yn gynnar yn y tymor ro'n i wedi ca'l fy anafu wrth chware yn erbyn Caerdydd ond llwyddes i wella mewn da bryd i gynrychioli'r tîm cyfun yn erbyn y Teirw Duon. Chwaraeodd Dai a minne yn y 'treial' eto a chafodd y ddou ohonon ni'n cynnwys yn y tîm ar gyfer gêm fowr Cymru yn erbyn y Cryse Duon bedwar diwrnod cyn Nadolig 1963 gyda D.C.T.'n parhau'n gapten!

Ca'th y gêm hon lawer mwy o sylw nag unrhyw gêm arall y bûm i'n gysylltiedig â hi. Ysgrifennwyd colofne lu yn y papure. Rwy'n cofio cyfarfod â Willie Llywelyn a Rhys Gabe, dau o gewri'r fuddugolieth enwog honno pan gyfarfu'r ddwy wlad am y tro cynta ar 16 Rhagfyr 1905. Rhys a Willie'n adrodd hanes anturiaethe chwedlonol cewri fel y capten Gwyn Nicholls, Percy Bush, Teddy Morgan, sgoriwr yr unig gais, a'r mewnwr Dicky Owen. Mae gwŷr Seland Newydd yn dal i daeru fod Bob Deans wedi sgorio'n hwyr yn y gêm a bod y dyfarnwr John Dallas wedi gwneud camgymeriad! Y dadle'n dal yn boeth am gêm a chwaraewyd drigen mlynedd ynghynt! Pob clod i gapten yr ymwelwyr ar y dydd hwnnw, Dave Gallaher, am ddweud taw'r 'tîm gore ar y dydd' a enillodd!

Diddorol nodi canlyniad un gêm arall ar y daith hanesyddol honno pryd curwyd Abertawe ddiwrnod cyn Calan o bedwar pwynt i dri. Gôl adlam i gais. Petai'r gêm wedi'i chware heddi yna'r 'Jacks' fydde'n fuddugol o bump i dri gan fod gôl adlam ar y pryd yn gyfwerth â phedwar pwynt o'i gymharu â'r tri phwynt a ddynodid am gais.

Y Barnwr Rowe Harding draethodd yn benna am y gêm a gynhaliwyd yn niwedd Tachwedd 1924 ar San Helen, yn Abertawe. Ar waetha'r sgôr terfynol o 19 pwynt i 0 i'r ymwelwyr disgleiriodd blaenwyr Cymru'n gynnar – ac ro'dd Albert Jenkins yn aelod blaenllaw yn ôl pob sôn – ond seren y gêm o'dd y Maori o gefnwr, peder ar bymtheg mlwydd o'd, George Nepia. Daliodd pob cic a dda'th i'w gyfeiriad a thaclodd fel tanc dur. Talwyd y pwyth am yr hyn o'dd wedi digwydd ym 1905!

Cynhaliwyd y gêm nesa rhwng y ddwy wlad yng Nghaerdydd, ym 1935, eto bedwar diwrnod cyn y Nadolig. Unweth yn rhagor tyrrodd hanner can mil i Barc yr Arfe ac fe brofon nhw fuddugolieth arall. 'Tair cic, tri gwyriad ffodus, tri chais', yn ôl y sôn. Buddugolieth i Gymru o 13 i 12. Cais gan Claude Davey, dau gan Geoffrey Rees Jones, dau drosiad gan Vivian Jenkins. Buddugolieth o un pwynt, serch fod Don Tarr, y bachwr, wedi'i gario o'r maes gydag anaf difrifol ddeng munud o'r diwedd. Ro'dd Viv yn un o'r fintai a lefarai'n huawdl ac ysgrifennodd golofne lawer yn y Wasg. Fe, Wilf Wooller, Claude Davey, Cliff Jones a'r mewnwr Haydn Tanner. Dim ond deunaw mlwydd oed o'dd y mewnwr hwn a phrofodd fuddugolieth ddwywaith yn erbyn Seland Newydd yn ystod y daith gan iddo, yn ogystal, chware'n fewnwr i'w gefnder o Ysgol Tregwyr, Willie Davies, pan lwyddodd Abertawe i guro'r ymwelwyr o 11 i 3 yn niwedd Medi.

Damwain ffodus o'dd fy mhresenoldeb ym Mharc yr Arfe ar 19 Rhagfyr 1953. Edna, fy chwaer, yn fy nihuno. 'Clive, rwyt ti'n gwbod fod Gwyn Samuel yn hedfan o Ganada heddi er mwyn gweld Cymru'n whare yn erbyn Seland Newydd.' 'Odw, wrth gwrs!' 'Wel, ma'r awyren yn hwyr ac ma' tocyn sbâr 'da Jimmy Rowlands a Wil drws nesa ac ma' nhw'n gofyn a licet ti fynd!' Ro'n i mas o'r gwely fel ergyd o wn! Lwc mwya fy mywyd byr! Teithio yng ·nghar Wil John Davies. Methu cyrra'dd yn ddigon clou. Rhedeg i'r ca'. Morio canu. Bleddyn yn arwen Cymru i'r maes. Shwd gymint yn digwydd, a hynny mor sydyn. Ar yr egwyl Seland Newydd ar y bla'n o wyth pwynt i bump – cais gan Sid Judd i Gymru a droswyd gan Gwyn Rowlands. Yna gôl gosb gan Ron Jarden a chais gan Bill Clark i'r Cryse Duon.

Ddeng munud i mewn i'r ail hanner Gareth Griffiths, y canolwr, yn gorfod gadel y ca' 'rôl datgymalu pont 'i ysgwydd. Ro'dd y rhagolygon yn ddu a dweud y lleia! Yn ddewr, ac yn erbyn cyngor y meddyg, dychwelodd y myfyriwr i faes y gad. Bum munud o'r diwedd y draws-gic anfarwol gan Clem Thomas. Ken Jones fel milgi. Ynte'n llwyddo i ga'l gafel ar y bêl. Croesi! Rowlands yn trosi. Buddugolieth o 13 i 8. Gorfoledd! Cymru ar y bla'n yn y gyfres o dair gêm i un!

A dyna ni wedi cyrra'dd 1963 gyda Clive Rowlands o Gwmtwrch yn gapten, yn dilyn ôl tra'd Gwyn Nicholls (Caerdydd) 1905, Jack Wetter (Casnewydd) 1924, Claude Davey (Abertawe) 1935, a Bleddyn (Caerdydd) 1953. (Gyda llaw, mewnwr Jack Wetter ym 1924 o'dd Eddie Williams o glwb Castell-nedd, aelod o'r un dosbarth â Mam yn yr ysgol fach yng Nghwmllynfell. Ymunodd â chlwb rygbi'r cynghrair y dydd Llun ar ôl y gêm ac yn sgil hynny gwrthodwyd rhoi cap iddo hyd nes i'r bechgyn hynny dderbyn 'pardwn' ym mlwyddyn y Canmlwyddiant, ym 1980/81, ac ynte'n 82 oed!)

Er iddyn nhw golli yn erbyn Casnewydd ar ddechre'r daith ro'dd parch aruthrol gan bawb tuag at y garfan yn gyffredinol. Ro'dd cewri gwirioneddol yn aelode o'r uned dan arweinyddieth y capten gore gwrddes i erio'd, sef Wilson Whineray. Canolbwyntiai pob chwaraewr ar yr elfenne syml sef sicrhau pêl lân ym mla'n y lein, ennill tir ac yna rhyddhau'r bêl i'w holwyr dawnus. Ychydig a gyfarthai Whineray. Ro'dd hi'n well ganddo fabwysiadu'r arddull dawel ac arwen drwy esiampl. Yn ogystal â nerth a grym ro'dd pob aelod o'r pac yn gallu trin a thrafod y bêl fel y gwelwyd droeon a thro gan Ken Gray, y prop pen tyn gore a weles erio'd, y cawr o glo Colin Meads a dau aelod blaenllaw tu hwnt o'r rheng ôl, Kel Tremain a Waka Nathan. Ro'dd Meads yn gawr ymhob ystyr. Corff anferth, cyhyrog. Neidiwr penigamp yn y lein, gwthiwr cadarn yn y chwarae tyn ac athletwr wrth redeg â'r bêl yn 'i ddwylo o amgylch y maes neu, a bod yn fanwl gywir, â'r bêl mewn un llaw gan ddefnyddio'r llall i roi hwb nerthol i wyneb gwrthwynebydd a feiddiai gynnig 'i daclo.

Ein dymuniad wrth baratoi o'dd mabwysiadu'r gêm agored gan 'redeg' at y Cryse Duon ond, ar ddiwrnod clir, sych ond oer gyda John Uzzell (sgoriwr gôl adlam Casnewydd) ac Alan Thomas yn ennill 'u capie cynta o fla'n torf o bron drigen mil, collwyd am y tro cynta yng Nghaerdydd yn erbyn Seland Newydd.

Cafwyd dechreuad tanllyd i'r gêm, ond ychydig iawn o'r bêl welson ni yn ystod y cyfnod hwnnw. Sgoriodd Don Clarke gôl gosb a chynigiodd ddwy ymdrech ymhellach at y pyst o 55 llath ac o 60 llath. Trawodd y ddwy yn erbyn postyn gan hobo 'nôl ar dir y chware, yr ail yn glanio 'nôl ar y llinell 25! Do'dd neb erio'd o'r bla'n wedi cicio'r hen bêl leder yn y modd hwn. (Do'dd ryfedd i Clarke sgorio'r cyfanswm rhyfeddol y dyddie hynny o 102 o bwyntie yn 'i ddeg gêm gynta dros 'i wlad.)

Ymdrechwyd yn ddewr, ond ro'dd y gwrthwynebwyr yn gryfach ymhob agwedd. Cafodd Cymru gyfle i sgorio ar ôl i Alun Pask a John Uzzell greu, ond yn anffodus cwympwyd y bêl. Gôl adlam gan y maswr Bruce Watt o'dd ail sgôr y gêm, a'r sgôr ola hefyd.

Yn bersonol dwy i ddim yn cofio diwedd y gêm gan imi ga'l f'anafu mewn tacl gan Colin Meads. Seland Newydd yn ennill pêl o'r

Cael fy anafu yn erbyn Seland Newydd, 1963. Ond yn cael cymorth gan Graham Hodgson a Brian Price.

73

lein ar ein 25. Kevin Briscoe'n codi mynydd o gic a minne'n rhedeg 'nôl a'i dal gan alw'n gyfreithlon am farc. Eiliad yn ddiweddarach a'th popeth yn ddu! Mae'n debyg fod Colin Meads wedi cwrso'r gic ac ar ôl imi ddal y bêl 'methodd' atal 'i dacl. Trawodd 'i ben-glin yn erbyn rhan ôl fy nghorff ac ar yr un pryd gafaelodd yn fy ysgwydd a'm tynnu i'r llawr. (Dyna'r tro ola imi alw am farc gyda 'nghefen at y gwrthwynebwyr ac aros yn fy unfan. 'Marc' a rhedeg bant o'dd hi o hynny ymla'n!) Ca'l 'i gosbi am gamsefyll wna'th Meads ond dyna o'dd diwedd y gêm i mi ac yn ôl yr hyn rwy i wedi ca'l ar ddeall ers hynny do'dd chwaraewyr Seland Newydd ddim yn rhy fodlon â'i weithred. Dioddefes o barlys dros dro, yr hyn a elwir yn Saesneg yn 'jarred lumbar spinal disc'.

Yr elfen fwya anffodus ynglŷn â'r digwyddiad o ran yr ymwelwyr o'dd na dderbynion nhw'r clod dyledus am berfformiad gwirioneddol pwerus a dawnus, sy'n drueni achos dewrder y Cymry'n unig a sicrhaodd taw dim ond o chwe phwynt y bu'r golled. Ro'dd Wilson Whineray yn llawn deilyngu bod y capten cynta o Seland Newydd i ennill yn erbyn Cymru yng Nghaerdydd. Yn ystod fy anerchiad yn y cinio'r noson honno rwy'n cofio'i longyfarch yn gynnes gan nodi fy mod yn gobeithio na fyddai'n rhaid imi aros am 58 o flynyddoedd cyn profi buddugolieth yn erbyn unrhyw wrthwynebwyr yng Nghaerdydd! (Rwy'n falch iawn o ga'l dweud taw dyna'r tro ola imi golli yno fel chwaraewr.)

Serch inni golli, teg nodi i wŷr Seland Newydd guro Lloegr, Iwerddon a Ffrainc yn ogystal â sicrhau gêm gyfartal yn erbyn yr Alban. Ac ro'n i'n ffodus taw mewn gêm ryngwladol y ces i'n anafu, nid mewn gêm glwb, oherwydd fe ges i'r drinieth ore o'r eiliad gynta! Er hynny mae'n rhaid dweud na ddiflannodd effaith y dacl tan heddi gan fy mod yn dal i ddiodde poen i nghefen!

Ar ôl y gloddesta, cyfarfod, yn ôl yr arfer erbyn hyn, ag Idris Jones a bois y pentre. Colin Meads yn ymuno â'r cwmni. Rwy'n siwr iddo grynu yn 'i sodle o wrando ar gyfarchiad fy nghyfaill. 'Ro'ch chi'n ffodus na wyneboch chi bac Cwmtwrch heddi gyda'r dorf enfawr 'na mor gefnogol!' Chwarddodd Meads, a phawb arall, yn uchel. Ro'dd brawdgarwch wedi dychwel ac fel'ny dylsai fod!

Ro'dd brawdgarwch a'r teimlad o 'berthyn' yn datblygu'n gyflym ymysg aelode'r garfan. Pythefnos o drinieth i mi ac yna paratoi ar gyfer wynebu Lloegr ar 18 Ionor 1964 yn Twickenham. Dewiswyd tri chap newydd, sef David Weaver, Abertawe ('i unig gap); Keith Bradshaw, Pen-y-bont (9 cap, 1964-66), a John Mantle, Casnewydd (2 gap, 1964). Cynhaliwyd sesiyne ymarfer hwyliog gyda'r ysbryd yn uchel.

Ro'n i wedi clywed yn ystod yr wythnos y byddai'r Prif Weinidog, Syr Alec Douglas-Home, yn ca'l 'i gyflwyno i'r chwaraewyr cyn y gêm. Dyma adeg streic y gweithwyr dur a chan fod o leia bedwar aelod o bac Cymru yn ddibynnol am 'u cyflog ar y diwydiant penodol hwnnw teg nodi iddyn nhw ddefnyddio mwy o 'vaseline' nag yr o'dd yn *rhaid* 'i ddefnyddio cyn ysgwyd llaw dde gynnes â llywiwr polisi'r llywodreth! Dyw bod yn gapten ddim yn fêl i gyd!

Aros mewn rhes wedyn yn disgwyl clywed ein hanthem ond ni dda'th! Gorymdeithiodd y seindorf oddi ar y maes heb inni ganu 'Hen Wlad fy Nhade'. Cynddeiriogodd y Cymry ymysg y dorf a chafwyd datganiad byrfyfyr, soniarus ond tagodd y node ola yn 'u gwddwg gan fod Lloegr wedi sgoro cyn i'r anthem gwpla. Sgorodd John Ranson yn y munude agoriadol ac ychwanegodd David Perry yr ail gais ychydig yn ddiweddarach. Ond gwrthododd Cymru ildio. Sgorodd Dewi Bebb ddau gais (dim ond fe a Ken Jones o blith y Cymry o'dd wedi sgoro dau gais yn erbyn Lloegr yn Twickenham yr adeg hynny) – y cais cynta gan olwr o Gymro mewn un gêm ar ddeg! Yn wir cafodd Cymru gyfle i ennill y gêm ond, yn anffodus, methodd Graham Hodgson â chyfle o fla'n y pyst yn hwyr yn y gêm. Ro'dd Bradshaw'n giciwr penigamp ond do'n i, fel capten, ddim o'r farn y byddai'n deg rhoi'r cyfrifoldeb ar 'i ysgwydde'n hwyr yn y gêm. A dweud y gwir, petawn yn gwbod fod Graham yn mynd i fethu byddwn wedi cynnig rhoi y gic fy hunan!

Yr Alban o'dd y gwrthwynebwyr nesa, yng Nghaerdydd. Dau gap newydd eto. Stuart Watkins, Casnewydd (26 cap 1964-70), a Gary Prothero, Pen-y-bont (11 cap, 1964-66). Os o'dd hyder tîm Cymru'n tyfu ro'dd hynny'n wir yn ogystal am yr Albanwyr gan iddyn nhw lwyddo i ddal gwŷr Seland Newydd i gêm gyfartal cyn teithio i Baris a churo'r Ffrancod.

Yn ystod yr ymarfer cyn y gêm hysbyses Keith Bradshaw taw fe fydde'n cymryd y cicie, a derbyniodd y cyfrifoldeb yn llawen. Ar y cynta o'r mis bach llwyddwyd i guro'r Alban o 11 i 3 gyda Bradshaw'n cicio gôl gosb, trosi a sgorio cais pan fanteisiodd ar ffug-

Ewart Davies, Llywydd yr Undeb yn fy nghyflwyno i Sir Alec Douglas-Home
(Prif Weinidog). Cymru v Lloegr, Twickenham 1964.

sishwrn a weithiwyd rhwng Dai Watkins a minne. Sgoriodd y clo Brian Thomas gais hefyd. A thrwyddi draw cafwyd perfformiad caboledig dros ben gan y pac. Cymru o'dd yr unig wlad i guro'r Alban y tymor hwnnw. Profiad pleserus i bawb, yn enwedig i mi gan taw dyma'r tro cynta i mi ennill gêm ar Barc yr Arfe a'n bod wedi llwyddo i wneud hynny wrth chware rygbi mor greadigol. Ma' byw yng Nghymru wastad yn 'nefo'dd ar y ddaear', ond ma' buddugolieth mewn gêm ryngwladol yn ychwanegu at y boddhad!

Y bwriad o'dd cadw'r teulu'n gytûn ar gyfer gêm nesa'r bencampwriaeth, yn Nulyn, bum wythnos yn ddiweddarach ond erbyn hynny ro'dd Dewi Bebb a Ken Jones wedi'u hanafu, felly dewiswyd John Dawes, y Cymry yn Llunden (22 cap, 1964-71) ac enillodd asgellwr Casnewydd, Peter Rees, yr ola o'i bedwar cap. (Ro'dd Peter yn gymydog ac yn gyfaill imi yng Nghwmbrân.)

Gadawodd y Gwyddyl ddau o'u chwaraewyr enwoca erio'd mas o'u tîm, sef Tom Kiernan, capten Llewod 1968, a Willie John McBride, capten Llewod 1974. Hon, heb os, o'dd un o'r geme caleta a mwya chwyrn imi erio'd chware ynddi hi. Ro'dd ymroddiad corfforol ein cefndryd Celtaidd yn gant y cant. Do'dd dim modd cwato nac osgoi ambell esgid! Clod aruthrol i dîm Cymru am gadw rheoleth a disgybleth, a'r ysgogwr y tro hwn yn bendifadde o'dd Dai Watkins. Cafwyd arddangosfa o daclo, cico a rhedeg twyllodrus godidog ganddo, yn ogystal â sgoro cais pan redodd y tu fas i Mike Gibson a thu mewn i Fergus Keogh i groesi o dan y pyst. Syrthiodd y bêl yn wastad yr eiliad cyn i droed Keith Bradshaw 'i chyffwrdd wrth geisio trosi, ond llwyddodd i ychwanegu'r ddau bwynt mewn modd anghonfensiynol dros ben! Sgorodd Stuart Watkins a John Dawes bobo gais a droswyd gan Bradshaw ond, ac ma' hwn yn ond mowr, ro'dd Iwerddon ar y bla'n o 6 i 5 tan yn hwyr yn y gêm.

Petai'r gic honno wedi'i throsi yn Twickenham bydde Cymru wedi ennill y Goron Driphlyg am y tro cynta er 1952! Meddylies am y posibilrwydd hynny pan dreulies ran o'r noson yn yr ysbyty yn Nulyn yn disgwyl canlyniad pelydr X ar y llaw o'dd wedi 'i hanafu'n gynnar yn y gêm. O'r llawenydd mawr o glywed nad oeddwn i wedi torri asgwrn!

Erbyn hyn ro'dd y tîm wedi datblygu'n uned rymus. Dewrder yn erbyn Seland Newydd, bron curo Lloegr, 'sgubo'r Alban o'r neilltu a

77

gwrthsefyll corwynt grymus Iwerddon yn Lansdowne Road. Gwŷr ifainc o'dd wedi magu aeddfedrwydd. Ro'dd yr awydd i lwyddo'n llosgi a'r gred yn ein gallu'n gryf.

Ro'dd gêm ola'r bencampwriaeth i ddod, yn erbyn Ffrainc yng Nghaerdydd, gyda gobeth gan Gymru i ennill y bencampwriaeth am y tro cynta er 1956. Pan yw dyn yn ca'l 'i holi i egluro'r gwahanieth rhwng gêm glwb a gêm ryngwladol yr ateb, ran amla, yw'r gwahanieth yn y cyflymdra. Gwir, ond cyn bwysiced hefyd yw grym yr ochr gorfforol a chafodd yr elfen honno 'i hadlewyrchu'n benodol yn ystod y gêm yn erbyn Ffrainc. I mi'n bersonol ro'dd angen wynebu'r graig o flaenasgellwr, Michel Crauste (Lourdes), capten y gwrthwynebwyr. A dweud y cyfiawn wir, do'dd Cymru ddim ar 'u gore y diwrnod hwnnw. Yn wir roedd Ffrainc ar y bla'n o 11 i 3 ar yr egwyl drwy gais gan Crauste; Albaladejo'n trosi ac yn ychwanegu dwy gôl gosb. Bradshaw â gôl gosb dros Gymru. Llwyddodd â gôl gosb yn yr ail hanner hefyd ond yn gyffredinol methodd â chwe chynnig mas o wyth. Serch hynny, gwnaeth yn iawn am 'i fethianne pan drosodd gais hwyr Stuart Watkins gyda chic ryfeddol o'r ystlys. Gorffennodd y gêm yn gyfartal – un pwynt ar ddeg yr un – y gêm

Cymru yn erbyn Ffrainc, 1964. Gêm gyfartal.
Dai Hayward (Caerdydd) yn edrych ar fy ôl – Michel Crauste, capten Ffrainc.

gyfartal gynta erio'd rhwng y ddwy wlad. Ni chollwyd gêm yn y bencampwriaeth a rannwyd gyda'r Alban. Ro'dd pawb yn gwybod fod ein gobeithion am y tymor nesa'n gryf!

Cyn hynny ro'dd taith arloesol arall i'n hwynebu yn ystod haf 1964! Braint o'dd ca'l fy mhenodi'n gapten ar daith gynta erio'd gwŷr rygbi Cymru, a hynny i Dde Affrica. Penodwyd tîm llywio campus gyda Dai Phillips, Aberafan, yn rheolwr, Alun Thomas, Abertawe, yn ddirprwy iddo a Gerry Lewis yn *masseur*. Canmoles gyfraniad Gerry eisoes ac ro'dd Dai yn wych fel llefarydd a threfnydd gydag Alun yn barod bob amser i gynorthwyo Brian Price a minne gyda'r hyfforddi.

Cododd problem fawr i Brian, Alun Pask a minne cyn i'r daith ddechre. Athrawon yn Sir Fynwy o'dd y tri ohonom ac oherwydd bod yr oblygiade gwleidyddol o ymweld â De Affrica'n dechre codi i'r berw gwrthododd y Pwyllgor Addysg dalu'n cyfloge. Ro'dd y tri ohonom yn unfryd fod y penderfyniad yn anghyfiawn gan taw amod o'n cytundeb o'dd:

SECTION K: SPORT
'Leave of absence with salary is allowed to playing members of teams representing their country or county.'

Do'dd dim sôn am Dde Affrica nac unrhyw wlad benodol arall! Do's bosib fod 'u hegwyddor yn anghywir? Ta beth, penderfynodd y tri ohonom fynd ar y daith a gwyrdrowyd y penderfyniad ar ôl dychwel a chawsom ein cyfloge'n llawn.

Er i mi hedfan mewn *Shackleton* yn ystod fy nghyfnod gyda'r Llu Awyr, a hefyd ymweld â Dulyn a Chaeredin, dyma'r tro cynta imi deithio ar awyren ro'n i'n 'i rhannu gyda phobol go iawn! Gadel Heathrow a glanio yn Nairobi yn Nwyrain Affrica. Ymarfer am chwe diwrnod yno, yng nghanol y gwres. Gwesty moethus. Bwyd gwych. Gofalu rhag ennill pwyse o'dd yr unig ystyrieth! Brian Price a minne'n derbyn gwahoddiad i deithio can milltir a hyfforddi cryts ysgol croenddu, troedno'th! Gwych!

Wynebu Dwyrain Affrica ac ennill y gêm yn gymharol hawdd: 26-8. Y tywydd yn grasbo'th a'r ca' cyn galeted â'r hewl fawr yng Nghwmtwrch! Sgoriodd y Cryse Cochion bedwar trosgais a chais arall gan ildio un cais.

79

Gadael Nairobi a'i throi am Dde'r Affrig. Cyrra'dd Johannesburg ac oddi yno i Capetown. Aros yng ngwesty Arthur's Seat. Ymarfer caled gan ganolbwyntio ar y leinie, ac yn benodol ar y 'llinell ddwbl' – y 'double-banking'. Dwy linell o bedwar dyn, byrhau'r lein, arafu'r meddiant. Brian Price yn taro'r bêl i lawr i'r clo arall. Hwnnw yn 'i dro'n 'i phaso i mi. Gwarchod diogelwch y mewnwr! Thenciw!

Undeb De Affrica'n dathlu 75 o flynyddo'dd o fodolaeth tra oeddwn yno. Gêm ar faes Newlands – olwyr De Affrica ynghyd â blaenwyr 'gweddill y byd' yn wynebu olwyr 'gweddill y byd' a blaenwyr De Affrica. Dai Watkins ac Alun Pask yn disgleirio mewn gêm ysblennydd. Gwŷr De Affrica'n ymddangos yn eithriadol o heini, cryf a chwim. Rhybudd!

Cafwyd amser cofiadwy oddi ar y maes hefyd. Cwmni a werthai blode'n clywed bod gwraig ambell aelod o'r garfan yn disgwyl babi. Anfon torch o flode drwy'r post. Pob un aelod o'r garfan yn 'i dro yn dweud bod 'i wraig, neu 'i fam, yn disgwyl! Pob un, ymhen hir a hwyr, yn derbyn anrheg a werthfawrogwyd!

Wynebu a churo Boland a hynny o 17 i 6. Y sgôr terfynol ddim yn adlewyrchu pa mor anodd o'dd y gêm. Gwerthfawrogwyd cefnogaeth aelode time cyfun Glyn-nedd a Rhymni o'dd hefyd ar daith yno.

Yna i Durban i baratoi am y prawf. Cannoedd yn tyrru i'r gwesty i hel llofnodion, cyfartaledd uchel ohonyn nhw'n dywyll 'u croen! Ymarfer yn drwyadl, ond anodd yn y gwres llethol. Penderfynu dewis yr uned a'n cynrychiolodd yn y gêm gynta ar gyfer y prawf, o'dd yn golygu fod Ken Jones i ennill 'i gap cynta ar yr asgell dde, Alun Pask yn flaenasgellwr a John Mantle yn wythwr.

Yn King's Park, Durban, ar 23 Mai 1964, derbyniodd Cymru'r goten waetha ers deugain mlynedd a hynny gan uned o athletwyr enfawr, cyhyrog, dawnus aruthrol. Chwaraeodd y clo arferol Frik du Preez yn flaenasgellwr yn fy erbyn gyda Tom Bedford yn flaenasgell arall; Keith Oxlee a Nellie Smith o'dd yr haneri. Ro'dd presenoldeb Ian Englebrecht ar yr asgell yn fygythiad parhaol ac ro'dd Johnny Gainsford, y canolwr, yn chwaraewr chwedlonol!

Trwy ryfedd wyrth llwyddwyd i gadw'r sgôr yn gyfartal yn yr hanner cynta – yn wir, gôl gosb gan Keith Bradshaw o'dd unig sgôr Cymru drwy'r gêm i gyd. Ond agorodd y llifddore yn hwyr yn yr ail hanner. Yn wir, 'rôl llwyr ymroi ildiodd Cymru dri phwynt ar ddeg mewn cyfnod o wyth munud ac, yn gyfan gwbl, collwyd o 25 i 3: tri chais, tri throsiad, dwy gôl gosb a gôl adlam gan Lionel Wilson yn erbyn gôl gosb. Cafodd chwaraewyr Cymru wers ar shwd o'dd manteisio ar bob cyfle a shwd o'dd cefnogi pob symudiad a hynny gan ddefnyddio'r pymtheg unigolyn.

Yn y dadansoddi poenus a ddilynodd daethpwyd i'r casgliad fod defnyddio hyfforddwr swyddogol yn gyfraniad pwysig, fel fu'n gyffredin yn ysgolion Cymru ers blynyddoedd. Do'dd dim hyfforddwr gan ein prif glybie, hyd yn o'd gyda Chymru'n gydbencampwyr y pum gwlad!

Profiad diflas o'dd meddwl gorfod annerch y gwŷr o'dd yn bresennol yn y wledd y noson honno, ond pan dda'th yr amser wynebwyd y gwir gan fod pob un wedi rhoi o'i ore ond bod y gore hwnnw ddim yn ddigon da. Hawdd o'dd talu teyrnged i uned ore a chryfa'r byd!

Ond ro'dd diflastod personol y golled yn parhau hyd yn oed drannoeth! Er mwyn codi'r ysbryd penderfynwyd treulio orie ar y tra'th ar lan y môr. Yn sydyn, cawsom gwmni chwe dyn croenddu o'dd yn cario piano rhyngddyn nhw! Y tu ôl iddyn nhw da'th Alun Williams a Dewi Griffiths o BBC Cymru. Llenwyd tra'th Durban â môr o gân. Alun a Dewi am yn ail ar y piano a 'Calon Lân', 'Cwm Rhondda' a 'Sosban Fach' ymysg y dege o emyne a chaneuon a gafodd ddatganiad o flaen torf a dyfodd yn gannoedd erbyn diwedd y prynhawn! Ar y diwrnod trista yn hanes rygbi yng Nghymru profwyd nad o'dd yr ysbryd wedi'i ladd yn gyfan gwbl!

Gadawyd am Johannesburg gyda Northern Transvaal yn wrthwynebwyr yn Springs. Brian Price o'dd y capten y tro hwn gydag Allan Lewis o glwb Abertyleri yn fewnwr i Dai Watkins. Ro'dd Frik du Preez yn glo'r tro hwn ac yn un o dri aelod o dîm buddugoliaethus y Springboks. Eto cafodd Cymru goten yn Pretoria, colli o 22 i 9, a thanlinellwyd unwaith eto y pwysigrwydd o fanteisio ar ôl creu. Dyna'r gwahaniaeth elfennol, sylfaenol rhwng y time, yn ogystal â gwybod pryd o'dd rhyddhau'r bêl. Defnyddiodd Cymru'r tactege anghywir yn y ddwy gêm, gormod o gicio yn y prawf ac agwedd rhy 'agored' yn erbyn Northern Transvaal. Anwybyddwyd y ffaith taw gêm syml yw rygbi yn y bôn!

81

Cael fy nghyf-weld yng Nghaerdydd gan Dewi Griffiths, gohebydd chwaraeon cynta BBC Cymru – heb Alun Williams na'r piano!

Yna symud yn ein blaene i Bloemfontein i wynebu talaith gre arall, yr Orange Free State, nad o'dd wedi colli yn erbyn tramorwyr ers naw mlynedd. Nellie Smith, capten De Affrica, o'dd 'u mewnwr. Dyma gyfle imi ailgysylltu â'r teulu y bûm yn aros gyda nhw ym 1956 a chyfle hefyd i ymddangos ar y maes ble dorres fy ysgwydd!

Er colli ar y ca' ro'dd ysbryd rhyfeddol wedi datblygu ac yn hynny o beth ro'dd cyfraniad y côr-feistr Dai Hayward yn ganmoladwy dros ben. Rwy'n gredwr cryf mewn ffurfio côr ar daith gan 'i fod yn cyfrannu at elfen o undod. Hyd yn oed os yw llais ambell unigolyn yn gwbl ansoniarus o aflafar, gellir canfod rhyw fath o ddyletswyddd i bawb!

Trafodwyd y tactege'n fanwl aruthrol, yn enwedig shwd o'dd ymdopi'n well gyda'r tywydd poeth a wynebe caled y meysydd! Elfen

82

ychwanegol y tro hwn eto o'dd y ffaith fod yr awyr cyn deneued, a'i bod yn anos anadlu. Ond 'rhyfedd yw rhod ffawd' oherwydd dyma'r gêm ore imi 'i chware erio'd mewn partneriaeth gyda Dai Watkins, ac ro'dd Dewi Bebb a Ken Jones ar yr esgyll yn wych. Annheg braidd yw enwi unigolion gan i'r uned gyfan weu'n gyfanwaith effeithiol, grymus. Sgorodd Dewi ddau gais, enillwyd y gêm o 14 i 6 ac ni ildiwyd cais. Diweddglo cofiadwy i daith fythgofiadwy. Gorffen yn ail, do, ac ro'dd hynny'n siom gan na pherfformion ni ar ein gore yn y prawf ond, wedi'r cyfan, De Affrica, yn hytrach na Seland Newydd, o'dd y tîm gore yn y byd ar y pryd yn fy marn i.

Y teimlad ymysg y garfan o'dd inni i gyd ddysgu o'r profiad a'n bod hefyd wedi aeddfedu'n sylweddol. Yn bersonol, teimlais imi gynyddu 'nghyflymder o ran corff a meddwl ond, yn gyffredinol, derbyniwyd fod tactege'r gwrthwynebwyr yn fwy chwim a chymwys. Ro'dd y blaenwyr yn cydnabod hefyd bod angen cryfhau 'u cyrff, ystwytho'u cymale a gwella'u dullie wrth drafod y bêl. Sylweddolwyd hefyd fod un camgymeriad mawr wedi'i wneud ar y daith gan na chafodd tri chwaraewr, Haydn Davies, Peter Rees a John Isaac, yr un gêm. Gwastraff!

Fel ag a ddigwyddodd gyda'r Dreigiau ym 1956 gorffennwyd y cyfan ym Mharc Cenedlaethol Kruger. Cyfle i ymlacio ac i fwynhau'r golygfeydd a'r anifeiliaid gwyllt yn 'u cynefin. Teg nodi fod sawl elfen wedi newid rhwng 1956 a 1964 gyda hawlie'r dynion du 'u crwyn wedi cynyddu'n sylweddol. Do'dd popeth ddim yn berffaith o bell ffordd ond bu cynnydd a mabwysiadwyd yr agwedd taw codi yn hytrach na dymchwel pontydd o'dd ymddangosiad Cymru. Er na chwaraewyd yn erbyn yr un gwrthwynebydd du manteisiwyd ar y cyfle'n ddyddiol i siarad a thrafod gyda nhw. A phrofiad rhyfedd o'dd derbyn 'u cefnogaeth yn ystod y geme, gyda phob un moyn i Gymru ennill!

A ninne'n treulio pedwar diwrnod yn y parc manteisiwyd ar y cyfle hefyd i ddiolch i'r rheolwr David Phillips. Do'dd dim yn ormod o drafferth iddo a phrofodd yn wleidydd penigamp yn ogystal â bod yn dad, yn frawd, yn athro ac yn gyfaill. Trist dros ben o'dd 'i farwolaeth bythefnos ar ôl inni ddychwel i Gymru.

Gwyddai gwŷr De Affrica lawer am Alun Thomas cyn i'r daith ddechre gan iddo ymweld â'r wlad gyda'r Llewod ym 1955. Cafwyd cyfraniade lu, o sylwedd, ganddo yn ystod yr ymweliad ond ro'dd 'i argymhellion 'rôl dychwelyd yn chwyldroadol. Oherwydd credai Alun, fel ninne, 'i bod hi'n bryd i'r Undeb feddwl o ddifri am benodi hyfforddwr.

Ffurfiwyd gweithgor i ymchwilio i'r posibilrwydd gydag Alun, Alun Pask, Brian Price a minne'n cynrychioli'r chwaraewyr, Cliff Jones a Rees Stephens ar ran yr Undeb, J.B.G. Thomas o'r *Western Mail*, hyfforddwyr cydnabyddedig fel Carwyn James, Roy Bish a Ieuan Evans, ynghyd â Ken Harries yn ymchwilio i'r ystyriaethe ariannol.

O'r holl bwyllgore y bûm yn gysylltiedig â nhw dros y blynyddo'dd rwy'n argyhoeddedig taw hwn yw'r pwysica a greodd yr Undeb erio'd, yn fy marn i, oherwydd ro'dd y penderfyniad yn bell-gyrhaeddol a dweud y lleia yn ystod y blynyddo'dd o'dd i ddod. (Ymhen blynyddo'dd, a minne'n ddewiswr, ro'n i mor falch fy mod wedi ca'l y cyfle i bleidleisio dros benodiad Alun Thomas yn Rheolwr ar dîm y Llewod a enillodd y gyfres o 3 i 1 yn Ne Affrica ym 1974.)

1964-68: Y GORON DRIPHLYG, YNA SIOM

Dychwelodd cenhadon taith De Affrica, 1964, i'w clybie'n hyderus a phenderfynol. Ro'n i'n gwbod beth o'dd o'i le a shwd o'dd ymdopi â'r sefyllfa. Ymhob clwb canolbwyntiwyd ar gyflwyno'r elfen o gyflymdra yn ystod y sesiyne ymarfer. Da'th fy nghyfnod fel athro ysgol i ben hefyd ar ddiwedd tymor yr Hydre. Cyfuniad o ffactore o'dd yn gyfrifol am y penderfyniad hwnnw. A dweud y cyfiawn wir do'n i ddim yn fodlon â'r modd y bu'n rhaid i Alun, Brian a minne 'gardota' er mwyn sicrhau'n cyflog yn unol ag amode'n cytundeb. Yn ogystal, da'th yr awydd i 'newid cyfeiriad' ac i 'ehangu gorwelion' ar ôl fy mhrofiade yn ystod yr ail ymweliad â De Affrica ac, yn drydydd, cafwyd cadarnhad fod Margaret yn 'erfyn' – yn disgwyl plentyn!

Derbynies y cynnig i fod yn gynrychiolydd cwmni petrol National Benzole, ond cyn dechre ar fy swydd newydd ro'dd ein 'cyntaf-anedig' wedi cyrra'dd. Ganed Megan ar y deunawfed o Ragfyr 1964, yn ysbyty Panteg, Pont-y-pŵl. Ymunodd hi â'r byd mowr yn y bore, cynrychiolodd D.C.T. Bont-y-pŵl yn erbyn Castell-nedd yn y prynhawn! Yn anffodus, do'dd Margaret ddim yn gallu bod yn bresennol gogyfer â'r gêm honno!

Ymysg y llu cyfarchion geni a llongyfarchion a'r cardie ar drothwy'r 'Dolig, cwympodd amlen fwy trwchus nag arfer drwy'r drws ffrynt! Gwahoddiad gan y Prif Weinidog Harold Wilson (0 cap!) i gynrychioli Cymru ar y Cyngor Chwaraeon – The Sports Council. Hynny dan ofaleth y Gweinidog dros Chwaraeon, Denis Howell A.S.! 'Clive o'r Cwm' yn aelod o'r un pwyllgor â Dr Roger Bannister (y cynta i redeg y ras filltir o dan beder munud), y cricedwr byd-enwog Sir Learie Constantine, Ian Black, y nofiwr Olympaidd, Menzies Campbell, Y Farwnes Burton, Yr Arglwydd Dorchester a Chymro arall, George Edwards, a gynrychiolodd dîm proffesiynol Cymru ac ynte'n amatur yn chware i glwb pêl-dro'd Caerdydd!

Cyfarfod fel arfer yn Curzon Street ac yn fynych yn derbyn yr alwad i ymweld â Rhif 10 Downing Street i rannu cwmni gydag

To meet the Sports Council

The Prime Minister

requests the honour of the company of

Mr. D. C. Y. Rowlands

at a Reception at 10 Downing Street, S.W.1

on Thursday, 11th February, 1965, from 6.00 p.m. to 7.30 p.m.

An answer is requested to :
The Private Secretary
10 Downing St., S.W.1

Cwrdd â'r Prif Weinidog Harold Wilson a'i wraig yn 10 Downing Street,
gyda rhai o sêr y campau: D.C.T. ar y chwith, Ian Black, Terry Venables,
y Prif Weinidog, Syr Stanley Matthews, Billy Walker, Mrs Wilson,
Denis Howell A.S. ac Angela Mortimer.

anfarwolion fel Sir Stanley Mathews, Anita Lonsbrough, y bocswr Billy Walker, Richard Sharp, Terry Venables ac yn y bla'n. Pawb, mewn gwirionedd, o'dd yn creu'r penawde ym myd y campe! Braint, myn yffach i!

Rhan o 'nghyfrifoldeb i o'dd teithio o gwmpas a thrafod gofynion ariannol cymdeithase gwahanol a niferus ac nid yng Nghymru'n unig, gan fy mod yn aelod o'r pwyllgor rhyngwladol hefyd. Ro'dd hyn yn golygu fy mod, weithie, yn rhinwedd fy swydd, yn derbyn gwahoddiad i 'agor' neuadde, fel yr un ym Mhrifysgol Durham ym 1965, gan orfod annerch y boneddigion oll!

Un tro, ar fy nhaith i Lunden, ro'dd y trên yn hwyr. Minne'n chwys stecs yn rhedeg fel y jawch i ddal tacsi. Gwaedd! 'Clive!' Ysgrifennydd Gwladol cynta Cymru, James (Jim) Griffiths, yn galw. 'Sori, Mr Griffiths, rwy i ar yffach o hast. Rwy'n hwyr!' 'Sa'm bach, paid becso dim,' o'dd 'i orchymyn. 'Fe a' i â ti i'r pwyllgor.' Ac fe wna'th. Yn 'i gar swyddogol! Yna annerch y cwmni 'i hunan gan egluro 'i fod e wedi manteisio ar 'i gyfeillgarwch 'da Clive er mwyn dymuno'n dda gan 'i fod e mor gefnogol i'r amcanion a'r dyheade! Cymro ardderchog!

Ro'dd bywyd wedi cyrr'add penllanw cynnar rhwng dyfodiad Megan, swydd newydd a pharatoi symud 'nôl i Gwmtwrch i fyw gan fod amode 'ngwaith newydd yn caniatáu i hynny ddigwydd. Gorseinon, ger Abertawe, i Benco'd ger Pen-y-bont o'dd fy libart! Wrth reswm ro'dd dyfodiad Megan wedi ychwanegu dimensiwn newydd i'n bywyd ac ro'dd yr awydd i barhau i lwyddo'n dwysáu! Yn hynny o beth ro'dd cefnu ar ddysgu'n anfantes. Wedi'r cyfan nid rhedeg amboitu'r lle o'dd fy ngwaith bellach ac felly ro'dd rhaid bod yn ddisgybledig o ran fy ymarfer corfforol. Ar ôl dweud hynny do'dd cadw'n heini ddim yn drafferth o gwbl gan fod y gwobrwyon materol dda'th yn sgil fy llwyddiant yn sylweddol, a dweud y lleia.

Ro'dd ysbryd rhagorol yn perthyn i dîm Cymru yn dilyn y daith i Dde Affrica ac ro'dd hynny'n ca'l 'i adlewyrchu'n gyffredinol yn y prif glybie. Yn y gêm brawf ola i ga'l 'i chware ar Barc Pont-y-pŵl, sgorodd Terry Price (8 cap, 1965 -67) un pwynt ar bymtheg. Yn sgil y cyfraniad hwnnw cafodd y crwt peder ar bymtheg mlwydd o'd o'r Hendy, ŵyr Dai Hiddlestone (5 cap, 1922-24), 'i gynnwys yn y tîm i wynebu Lloegr yng Nghaerdydd ar 16 Ionor, 1965. Y cap newydd arall o'dd Ron Waldron (4 cap, 1965) o glwb Castell-nedd. (Dewiswyd Waldron yn wreiddol ar gyfer y gêm a ohiriwyd yn erbyn Iwerddon ym 1963 a bu'n rhaid iddo aros am dair blynedd bron am 'i gyfle nesa!) Ro'dd Price wedi ymddangos dros glwb Llanelli, tra o'dd e'n ddisgybl ysgol, yn erbyn Seland Newydd flwyddyn ynghynt!

Cafwyd perfformiad arwrol gan Gymru'r prynhawn hwnnw gan sicrhau buddugolieth o 14-3 yn erbyn Lloegr. Yn rhinwedd fy swydd fel capten ro'n i wrth fy modd o sylweddoli fod Terry i ga'l 'i gynnwys gan fy mod yn ymwybodol o'i ddonie disglair, 'i allu cynhenid i ymosod ar bob achlysur a'i ddawn i drin a thrafod y bêl yn adeiladol a phwrpasol.

Penderfynodd yr actores Elizabeth Taylor, yn 'i het goch, fynychu'r maes yng nghwmni 'i chymar, Richard Burton, ond dwy i ddim yn gwbod, hyd heddi, pa wlad yr o'dd hi'n 'i chefnogi! Digon yw dweud na fu'r tywydd o'i phlaid gan iddi arllwys y glaw a rhuodd y gwynt gydol y gêm. (Bu enwogion yn gefnogol dros y blynyddo'dd – yn amrywio o Stanley Baker i Syr Geraint Evans, o Neil Kinnock i Dafydd Wigley – ond y person fydda i wastad yn ei gysylltu â'r cap coch ar ei ben a'i genhinen yn ei galon yw'r diddanwr byd-enwog Max Boyce a brofodd yn gymaint o gaffaeliad gyda'i Gymreigrwydd diffuant o ysbrydoledig yn ogystal â'i wybodaeth ddeallus o'r gêm.)

Naddwyd mantais o 3-0 erbyn yr egwyl – gôl adlam gan Dai Watkins – a thorrodd Cymru'n rhydd yn ystod yr ail hanner. Sgorodd Stuart Watkins ddau gais, Haydn Morgan y llall. Trosodd Terry un. Gôl gosb gan Don Rutherford o'dd unig ateb y gwrthwynebwyr. Ro'dd un o geisie Stuart yn brawf ein bod wedi dysgu oddi wrth wŷr De Affrica. Lein yn hanner Lloegr. Brian Price yn neidio fel samwn i'w hennill. Ysgarmes yn ffurfio. Meddiant eto, i Denzil Williams, y tro hwn. Fe'n ennill tir ar hyd yr ystlys chwith. Pàs i Norman Gale, ynte'n trosglwyddo i Brian Thomas, yna 'Ben' Price eto. Y meddiant yn parhau ymysg aelode'r rheng ôl! Rhyddhau. 'Nôl i Rowlands, Dai, Dawes, Uzzell, Price, a Watkins yn croesi! Cais hyfryd, profiad bythgofiadwy!

Cymru'n llwyddo mewn gêm gorfforol aruthrol. Serch y llwyddiant trawyd un nodyn trist ac anghyfiawn. Brian Thomas, y clo, yn cael 'i gyhuddo o chware mochedd, heb dystioleth, ac yn ca'l 'i adel mas o'r tîm ar gyfer y gêm nesa yn erbyn yr Alban! Bill Morris, clo Casnewydd (2 gap, 1965 a l966), a gafodd 'i le!

Trwyddi draw cafodd y perfformiad – a'r canlyniad – yn y gêm yn erbyn Lloegr sêl bendith y mwyafrif o'r selogion a'r gohebyddion. *Ni*, am unweth, o'dd y ffefrynne ar gyfer y gêm nesa, ar y chweched o'r mis bach! Ac yno, ym Murrayfield, ro'n i'n gwbod fod *Mam* yn mynd i 'ngweld yn chware gêm ryngwladol am y tro cynta erio'd! Ro'dd Edna, fy chwaer, a'i gŵr Ken, wedi ymsefydlu yn yr Alban drwy rinwedd swydd Ken gyda'r gwaith dur ac ro'dd fy mrenhines wedi derbyn y gwahoddiad i ymweld â nhw. Ystyrieth ychwanegol hanfodol o'dd bod rhaid chware'n dda o fla'n Mam!

Mam, fy chwaer Edna a'i gŵr Ken gyda Julie eu plentyn yn 1968.

Ro'dd y gêm hon yn hollol wahanol i'r un ddwy flynedd ynghynt oherwydd chwaraewyd gêm fodern, fywiog, gyda'r fantais yn cyfnewid dwylo ar bedwar achlysur! Sgoriodd Stuart Watkins a Norman Gale geisie dros Gymru, troswyd un gan Terry Price a ychwanegodd ddwy gôl gosb. Sgoriodd Brian Simmers ddwy gôl adlam dros yr Alban gyda Stewart Wilson yn ychwanegu dwy gôl gosb. Y gwŷr lleol o'dd ar y bla'n tan ddeng munud o'r diwedd. Yna newidies dacteg gan ganolbwyntio ar gicio er mwyn closio at linell gais y gwrthwynebwyr. Cic uchel i'r awyr a minne bron sgoro o dan y pyst. Cic arall i'r gornel. Brian Price yn 'i hennill eto a Norman Gale yn rhedeg yn rymus i groesi am y cais a seliodd y fuddugolieth! Ro'dd y Goron Driphlyg yn parhau'n fyw!

Unweth yn rhagor chwaraeodd Terry Price yn wych. Yn gynnar yn y gêm ac ynte'n dal y bêl ar 'i lein 'i hunan rwy'n cofio sgrechen arno i ddodi'r bêl lawr. Dou gam. Anferth o gic gyda'r bêl yn croesi'r ystlys yn hanner y gwrthwynebwyr! Gobeithio ailddechre o'r 25 yn unig ro'n i!

Ro'dd y balchder yn ca'l 'i adlewyrchu'n genedlaethol gyda'r cefnogwyr a'r gohebyddion yn canmol agosatrwydd y teulu positif a chlòs. Pawb yn edrych ymla'n at y trydydd cymal yn erbyn Iwerddon gyda'r gobeth i Gymru gipio'r Goron ar ein tir ein hunain am y tro cyntaf ers 54 o flynyddo'dd pan lwyddodd uned Billy Trew ym 1910-11. Yn rhyfedd, galle Iwerddon hefyd gipio'r Goron y diwrnod hwnnw! Ro'dd uned gref gan fois yr Ynys Werdd – cewri fel Ray McLoughlin, Tom Kiernan, Kevin Flynn, Mike Gibson a Willie John McBride! Dewiswyd Keith Rowlands, clo profiadol a dawnus Caerdydd, yn lle Bill Morris yn ein tîm ni.

Ro'dd y tocynne, yn y ddwy wlad, yn brin ar gyfer yr ymrafel ar y 13 o Fawrth. Unweth eto, pob un o'r 58,500 tocyn wedi'i hen werthu. Cyrra'dd Caerdydd erbyn un ar ddeg o'r gloch. Cyfarfod yng ngwesty'r Angel erbyn hyn. Cinio ysgafn. Cerdded i'r stadiwm yn gynnar. Aildrafod y tactege unweth 'to. Do'n i ddim wedi teimlo mor nerfus erio'd. Tynnwyd llun swyddogol y Gwyddyl dri chwarter awr cyn y gic gynta, gyda'n llunie ni o fewn chwarter awr cyn i'r gêm ddechre. Smoco sigarét ar ôl sigarét yn yr ystafell newid. Cynhesu wedyn o dan Eisteddle'r De. Sylweddoli fod Cymru'n gorfod gwisgo 'shorts' du er mwyn y camerâu teledu. Minne'n ofergoelus. Dim eisie newid ein lwc! Atebwyd y broblem pan gyhoeddodd Gerry Lewis y bydde fe'n rhoi fy 'shorts' gwyn i ar ben 'i fag, o fewn golwg imi drwy'r amser!

Wrth reswm, cafwyd dechreuad tanllyd, chwyrn i'r fath radde fel y bu'n rhaid i Peter Brook, y dyfarnwr nerfus o Loegr, alw Ray McLoughlin a minne, y ddau gapten, ynghyd, gan rybuddio y byddai'n rhaid iddo anfon y troseddwr nesa ymysg y blaenwyr, o'r cae! Ro'dd hyn braidd yn lletchwith i Ray gan 'i fod e'n flaenwr 'i hunan! Serch hynny, trosglwyddodd y neges i'r aelode erill o'r uned. Dywedwyd fy mod *i* wedi dweud wrth fy mlaenwyr fod y dyfarnwr wedi'u canmol am 'u perfformiad! Ai gwir hynny? Cewch wybod rywbryd eto efalle, ond mae'n wir dweud inni ennill meddiant mwy sylweddol am weddill y gêm!

Yn gynnar yn y gêm derbyniodd y canolwr John Dawes anaf i'w ben, a bu'n rhaid iddo adel maes y gad! Penderfynes symud y blaenwr Alun Pask i safle'r cefnwr gan ddefnyddio Terry Price yn y canol! Gambl? Rhywfaint, wrth gwrs, ond ro'dd 'da fi ffydd aruthrol yng ngallu Alun gyda'i sgilie arbennig o ddal, o drin a thrafod, a'i ddewrder o dan y bêl uchel. Teg dweud nad o'dd Alun 'i hun yn cytuno â'r penderfyniad ond yn fy nhyb i enillodd Cymru'r gêm yn ystod absenoldeb Dawes. Gwyddwn os na fedre Iwerddon ein dryllio'r adeg honno bydde'u gobeithion o'n curo yn lleihau'n sylweddol!

Cynhaliwyd y gêm ar faes llithrig ac ro'dd hi'n bwrw glaw mân. Cymru o'dd ar y bla'n ar yr egwyl, cais gan Dai Watkins a droswyd gan Terry Price. Adeg yr egwyl fe gasgles i'r tîm ynghyd. Fe es i'n hunan ar fy nghwrcwd. Apêl ar Gerry Lewis. 'Gwna ffafr, plîs. Cynna ffàg!' Gwnath. Pwff. Diolch, Gerry. Tybed ai fi yw'r *unig* chwaraewr i ga'l smôc ar y ca' amser egwyl gêm ryngwladol? Yn yr ail hanner Brian Price yn sicrhau'r cyflenwad, Dewi Bebb fel mellten yn gwibio ac yn croesi. Wedyn da'th gôl gosb gan Kiernan a gôl adlam gan Terry Price. Cais gan Kevin Flynn a droswyd gan y cefnwr, ond gôl gosb gan Price o'r ystlys o'dd cyfraniad ola'r gêm. Buddugolieth o 14 i 8!

Y 'Goron' yn 1965 am y tro cynta ers tair blynedd ar ddeg a'r degfed tro yn ein hanes! Godidog! Diwrnod hanesyddol i'r tîm ac i'n gwlad! Minne'n cael fy nghario oddi ar y ca'! Y gwaith 'caib a rhaw'

Cicio yn erbyn Iwerddon i
ennill y Goron Driphlyg.
1965.

Ennill y Goron Driphlyg.
Parc yr Arfau. 1965.

o gyfnod De Affrica wedi bod yn gyfraniad sylweddol, yn ogystal â'r datblygiad cyson oddi ar y maes yn ystod y tair blynedd. Llwyddiant i'r 'hen benne' wrth gwrs ond y balchder hefyd o ystyried fod Terry Price, ac ynte'n beder ar bymtheg oed, wedi bod yn rhan o uned o'dd wedi ennill y goron fytholegol. Clod i'r dewiswyr hirben, Alun Thomas, Caerdydd (13 cap, 1952-55), Harry Bowcott (8 cap, 1927-33) Cliff Jones (13 cap, 1934-38), Glyn Morgan (dewiswr, chwe blynedd), a Rees Stephens (32 cap, 1947-57). A mawr o'dd ein gwerthfawrogiad, yn naturiol, o'r cefnogwyr fu mor driw inni!

Chwaraeodd y rhif 13 ran allweddol yn ystod y gêm hon. Cynhaliwyd y gêm ar 13 o Fawrth. Cap rhif 13 imi. John Dawes, rhif 13, yn cael 'i gario o'r ca' cyn dychwel (diolch byth), Megan yn 13 wythnos oed, 13 mlynedd ers i Gymru ennill y Goron, a Margaret yn eistedd yn sedd rhif 13! Pwy ddwedodd fod rhif 13 yn anlwcus!

Newidiodd y fuddugoliaeth ein bywyde. Da'th ton ar ôl ton o wahoddiade i annerch mewn ysgolion a chlybie a chawsom ein temtio i wledda mewn mwy nag un parti hir! Ond ro'dd un prawf i ddod, sef y gêm yn erbyn Ffrainc yn Stades Colombes ymhen pythefnos! Yn naturiol, ga'th yr un tîm 'i ddewis ar gyfer y gêm honno a boddhad pur i bawb o'dd darllen y llu cardie a theligrame. Derbynies i un o'dd yn golygu shwd gymint imi, oddi wrth John Gwilliam (23 cap, 1947-54), capten Cymru yn ystod y buddugol-iaethe ym 1950 a 1952!

Ro'dd hi wedi bod yn gyfnod aruthrol o brysur ar y maes rhyngwladol gan ymestyn yn ôl i 21 Rhagfyr 1963 a'r gêm yn erbyn Seland Newydd. Tymor yn y bencampwrieth, yna'r daith i Dde Affrica. Tymor rhyngwladol arall ac, yn awr, Ffrainc! Hyn ar ben yr holl rygbi gyda'r clwb! Yn sydyn ro'dd dyn yn blino! Nid ar yr achlysur na'r fraint o ga'l cynrychioli gwlad wrth gwrs!

'Rôl paratoi trwyadl unweth eto a theimlo'n hyderus cafwyd y dechreuad gwaetha posibl! Ro'dd tîm y Ffrancod y diwrnod hwnnw'n llawn sêr gan gynnwys y brodyr Guy ac André Boniface, Benoit Dauga, Walter Spanghero a'r capten Michel Crauste. Ildiwyd cais cynnar pan drawyd cic 'da ni i'r llawr. Symudiad ro'dd y Ffrancod wedi'i baratoi'n fanwl fel petaen nhw'n chware gwyddbwyll gan iddyn nhw droi sefyllfa amddiffynnol iddyn nhw'n arf ymosodol! Lein i'r Ffrancod ar ein llinell ni. Y gwŷr lleol yn hollti'r lein i ddwy

Rhes gefn: Norman Gale, Alun Pask, John Uzzel, John Davies, Terry Price, Keith Rowlands, Denzil Willliams, Ron Waldron.

Brian Price, Haydn Morgan.

Rhes flaen: Stuart Watkins, Garry Protheroe, David Watkins, Clive Rowlands, Dewi Bebb.

set o bedwar chwaraewr gan adel bwlch yn y canol. Taflwyd y bêl i'r cefn gan ildio'r meddiant i Alun Pask. Yna symudwyd y cefnwr Pierre Didier i'r lein yn ogystal â'r brodyr Boniface, gyda mi'n ateb hynny drwy alw Terry Price i symud lan er mwyn gwrthsefyll y bygythiad! Yn yr eiliad y gollyngodd Alun y bêl imi i'w chicio'n ddiogel derbynies bedwar Ffrancwr. Un o'r tu ôl ac o'r tu bla'n i'r ddwy set o bedwar! Trawyd y gic i'r llawr. Cais. Clyfar!

A thorrodd y Ffrancod yn rhydd yn yr hanner cynta. Cymru ar 'i hôl hi o 19 i 0. Yn yr ail hanner ychwanegwyd tri phwynt arall. Sgorwyr Ffrainc o'dd Guy Boniface (dau gais), Andre Herrero (dau gais), Didier yn trosi dau ac ychwanegu gôl gosb. Yn ogystal, llwyddodd Jean-Claude Lassere â gôl adlam.

Yn hwyr yn yr hanner cynta gadawodd y dyfarnwr o Iwerddon, Roy Gilliland, y maes yn diodde o anaf i'w bigwrn a chafwyd dadle poeth ynglŷn â phwy o'dd i gymryd 'i le, yn benna oherwydd yr ystyriaethe ieithyddol! Penderfynodd Alun Thomas yn y diwedd taw'r eilydd o Ffrainc, Bernard Marie, yn hytrach na'r Cymro Ron Lewis, gâi ddefnyddio'r chwiban. (Ro'dd y bonwr Marie'n dderbyniol gan y Cymry gan iddo ddyfarnu'r gêm (answyddogol) yn erbyn Ffiji ym mis Medi 1964.)

Gellid yn hawdd fod wedi rhoi'r ffidil yn y to'n gyfan gwbl ond cafwyd un ymdrech fawr arall gan Gymru gan ein bod yn ymwybodol nad o'dd y sgôr yn adlewyrchiad teg o'r gêm yn gyffredinol! A gydag Alun Pask yn disgleirio gydag arddangosfa gofiadwy ymhob agwedd llwyddwyd i sgoro tri chais, bobo un i John Dawes, Stuart Watkins a Dewi Bebb, gyda Terry Price yn trosi dau i adfer hunan-barch! Cymaint o drueni nad o'dd Cymru wedi manteisio ar sawl cyfle'n gynharach yn y gêm ond buddugolieth i Ffrainc a hynny o 22 i 13.

O edrych yn ôl ro'dd hon yn un gêm yn ormod inni ar ôl yr holl ymdrechu dwys. Dyma'r unig gêm inni 'i cholli yn erbyn gwrthwynebwyr o'r pum gwlad mewn dau dymor ers colli yn erbyn Lloegr yn Ionor 1964 ac ro'dd gwaith adeiladol wedi'i wneud oddi ar y maes yn enwedig o ran penodi hyfforddwyr i'r prif glybie, datblygiad y bûm yn aruthrol o falch o fod yn rhan ohono.

Digwyddodd un seremoni annisgwyl imi. Derbynies wahoddiad i fod yn bresennol mewn cyfarfod pryd y cyflwynwyd set o glybie golff imi'n anrheg gan Gyngor Ystradgynlais a'r Cylch ac ymddangosodd llun ohono' i yn derbyn y rheiny yn y papure lleol. Cyn bo hir derbynies lythyr oddi wrth Undeb Rygbi Cymru yn pwysleisio nad o'dd hawl gan chwaraewr amatur i dderbyn unrhyw 'rodd' gwerth mwy na deg punt! Bu'r dadle'n ffyrnig ond yn sicr, a minne'n ŵr priod ac yn dad i blentyn, do'n i ddim yn dewis bod yn rhan o'r coethan. Tawelo'dd y dyfroedd yn y diwedd ond ches i byth chware dros Gymru eto! Rhyfedd. Capten ar dîm buddugoliaethus y Goron un flwyddyn. Dim byd y flwyddyn nesaf! Ond gan bwyll! Do, dechreuais chware golff a hynny yng nghlwb lleol y Palleg. Rhyw ddydd yn y dyfodol pell efalle llwyddaf i daro'r bêl fach wen yn syth yn hytrach na chroesi'r ystlys! Braint yn wir yw bod yn aelod am oes o'r clwb!

Ond dychwelwn at rygbi oherwydd er y siom ro'dd y gorfoledd a'r balchder i bara am byth. Sylweddoli fy mod i wedi ca'l y fraint o ymuno â thîm dethol iawn, sef A.J. Gould, Gwyn Nicholls, Dickie Owen, Billy Trew a John Gwilliam. (Erbyn heddi ma'r rhestr yn fwy maith, wrth gwrs.) Ac ro'dd hi'n anodd credu nad o'dd cewri fel Vivian Jenkins, Bryn Meredith, Wilf Wooller, R.H. Williams a Terry Davies erio'd wedi profi'r un wefr!

Gyda'r tymor wedi dirwyn i ben boddhad pur o'dd treulio'r haf gartre yng Nghwmtwrch gyda Margaret, Megan, y teulu a ffrindie lu. Ces fwynhad yn fy swydd newydd hefyd, ond o fewn dim ro'n i'n dechre ymarfer 'da Phont-y-pŵl. Ac mae'n deg nodi fy mod yn 'i cha'l hi'n anodd bellach i deithio yno ddwyweth yr wythnos i ymarfer ac yna am y trydydd tro i chware bob yn ail Sadwrn.

A do'dd natur y gwrthwynebwyr o fewnwyr yn bygwth fy lle yn nhîm Cymru ddim yn neud pethe'n haws chwaith, rhai a enwyd eisoes yno o hyd gydag ambell ychwanegiad disglair. Ces fy newid i bartneru Dai Watkins ar gyfer dou o'r treialon ac, a bod yn gwbl onest, ro'n i o'r farn imi berfformio'n ddigon abl i gadw fy lle fel mewnwr a chapten. Ond bu ymgyrch ar dro'd i ga'l gwared arna i ers tro. Ymgyrch a gododd stêm gyda 'nghyfaill J.B.G. yn awgrymu fod fy arddull bellach yn arafu'r tîm. (Wrth reswm, do'n i ddim yn cytuno ag e ond, gan fod taith y Llewod ddiwedd y tymor rhyngwladol, y teimlad ges i o'dd 'i fod e'n gefnogol i Alun Pask ga'l 'i ddewis yn gapten ar y daith honno gydag Allan Lewis, hefyd o glwb Abertyleri, yn fewnwr iddo!) Rhydd i bawb 'i farn!

Yn ffenest y *Western Mail* Abertawe, 1965-66 pan enilles i wobr
'Welsh Sportsman of the Year'.

Yn sicr, cyn i'r tymor ddechre, fi o'dd un o'r ffefrynne i arwen y
Llewod yn Seland Newydd. Ac enilles yr anrhydedd o ga'l fy newis
yn 'Welsh Sportsman of the Year' gan ddarllenwyr y *Western Mail*
gyda'r cwpan hardd yn ca'l 'i gyflwyno imi gan Syr Stanley Rous,
Llywydd Cymdeithas Bêl-droed y Byd. (Gŵr ifanc o'r enw John
Toshack a enillodd y tlws am fod yn chwaraewr mwya addawol y
flwyddyn!) Braint yn wir o'dd derbyn y wobr, ond bydden ni wedi'i
haberthu'n llawen am ga'l aros yn aelod o'r tîm.

Da'th y newyddion yr o'n i wedi'i ofni. Allan Lewis o'dd y
mewnwr ar gyfer y gêm yn Twickenham gydag Alun Pask yn gapten!
Ro'dd colli'r gapteniaeth yn siom, ond yna colli fy lle'n ogystal!
Gorfod treulio f'amser ym mhencadlys y Saeson ar y fainc, gyda
Barry John yn ymddangos yno am y tro cynta, a'r dyddie hynny wrth
gwrs, wrth gefen yn unig y bydde chwaraewr, heb obeth o
ymddangos ac o gyfrannu gan fod hyn cyn dyddie'r eilyddion
swyddogol! (Sicrhawyd buddugolieth nodedig gan Gymru o 11-6
felly do'dd dim gobeth dychwel i'r tîm, gan fod Allan wedi chware'n
arbennig o effeithiol.)

97

Erbyn hyn a thymor newydd o 'mlaen i, 1965-66, ro'n i wedi penderfynu gadel clwb Pont-y-pŵl, y tîm a'r gymdeithas o'dd wedi bod yn rhan allweddol o 'mywyd. Do'dd dim dewis mewn gwirionedd, ond gyda chalon drom y penderfynes ffarwelio â'r gyfundrefn fu'n gymaint o gefen a chynhalieth am gyfnod maith. Ro'dd bywyd heb y cryse coch, du a gwyn yn mynd i fod yn ddieithr. Galla i ddim canmol y clwb a phobol yr ardal yn rhy uchel ond, yn y diwedd, mater o reidrwydd o'dd symud i glwb o'dd yn nes at Gwmtwrch.

Ces gyfle i ymuno â dau, sef Aberafan ac Abertawe. Fy nheimlad greddfol o'dd y dylsen i symud i faes y Talbot Athletig, ond un noson da'th dou gynrychiolydd o glwb San Helen i'm gweld sef Gwyn Lewis, y cyn-brop, o'dd bellach yn hyfforddwr, a'r ysgrifennydd deallus, profiadol, mwyn, David Price. Llwyddwyd i'm perswadio ar ôl un amod yn unig. 'O'dd Jim Clifford, y neidiwr o glo, i aros am un tymor arall?' 'O'dd.' Cytunes i ymuno achos gwyddwn y bydden i'n derbyn meddiant deche o'r lein!

Tua'r un adeg penderfynes newid swydd unwaith eto hefyd gan adel cwmni National Benzole er mwyn ca'l fy nghyflogi gan gwmni sigaréts John Players a'i Fab a cha'l fy lleoli yn Abertawe a'r ardal. Camsyniad o'dd gadel y cwmni petrol, ond fe ddaw hynny'n fwy amlwg nes ymla'n.

Awstralia o'dd yr ymwelwyr y gaea hwnnw a thalwyd ternged i wŷr San Helen pan ddewisodd y tramorwyr 'u huned gryfa ar gyfer y gêm yn ein herbyn, gyda Ken Catchpole, y gore yn y byd, yn fewnwr. Da'th torf o ugen mil i'n gwylio. Llwyddodd y blaenwyr i ennill cyfartaledd derbyniol o'r bêl a defnyddies i dacteg ro'n i wedi'i pharatoi'n arbennig ac yn benodol ar 'u cefnwr rhyngwladol, Jim Lenehan, gan osod fy nghicie i i'w droi a'i orfodi i ddefnyddio'i dro'd dde i gicio, 'i droed annaturiol. Tacteg a weithiodd ar 'i chanfed gan iddo dreulio prynhawn anghyffyrddus. Llwyddwyd i ennill y gêm o 9 pwynt i 8 gyda Mike Thomas, Stuart Ferguson a Brian Diment yn gyfrifol am ein pwyntie. (Treuliodd Mike Thomas chwarter y gêm oddi ar y maes yn derbyn trinieth ar ôl cael 'i rycio'n ffyrnig gan flaenwyr Awstralia.) Rheolwr Awstralia, Bill McLaughlin, yn gynddeiriog, a'i dîm yn hwyr yn cyrra'dd y cinio. Mynnai y dylid penodi dyfarnwyr 'niwtral' yn y dyfodol! Fe ges i 'meirniadu hefyd am gadw'r gêm yn rhy dynn er inni ennill! Dim ond tri olwr rhyngwladol o'dd yn nhîm Abertawe'r prynhawn hwnnw sef Dewi Bebb, David Weaver a minne. Ro'dd uned ddawnus Awstralia'n llawn chwaraewyr talentog rhyngwladol. Y gwir plaen amdani yw inni ennill y gêm gan ddefnyddio tactege mwy effeithiol na'n gwrthwynebwyr!

Y Sadwrn canlynol llwyddodd yr ymwelwyr i ennill yn erbyn Cymru am y tro cynta erioed – 14-11 – a'r eironi yw fod y capten newydd, Alun Pask, wedi ca'l 'i feirniadu gan rai am fabwysiadu tactege rhy agored!

Y gêm yn erbyn Awstralia o'dd penllanw'r tymor i mi'n bersonol ac i'r clwb yn gyffredinol. Trwyddi draw bu'n dymor siomedig ar waetha'r holl waith caled gan Gwyn Lewis, yr hyfforddwr. Yn ystod haf 1966 penderfynodd Dewi ymddeol a rhoddes ystyrieth ddwys fy hunan hefyd ond fe'm perswadiwyd i bara am un tymor gan y chwaraewyr a'm penododd yn gapten. Tipyn o fraint i un o gryts Cwm Tawe yw 'arwen' y 'Whites'. Penodes Morrie Evans, y blaenasgellwr, yn ddirprwy-gapten imi. (Dan warchodeth Morrie gwyddwn y byddwn yn ddiogel yn gorfforol!)

Ar y pryd ro'dd llawer o chwaraewyr ifainc yn aelode o'r clwb ac fe benderfynwyd mynd ati o ddifri i feithrin yr ymdeimlad o 'deulu' clòs. (Uchafbwynt y tymor oddi ar y maes, heb os, o'dd genedigaeth ein hail blentyn, Dewi – ie, 'i enwi ar ôl Dewi Bebb ac ar ôl fy nhad-yng-nghyfreth, Dewi Jeffreys.) Drwy gydweithrediad Ron Griffiths, prif ohebydd yr *Evening Post*, sicrhawyd fod llun y tîm, yn cynnwys pob un o'r chwaraewyr ifainc, i ymddangos yn y papur ac fe gafodd yr 'ysbryd' oddi ar y ca' 'i adlewyrchu yn ein llwyddianne ar y maes, yn wahanol i'r tymor siomedig cynt.

Ro'n i'n bersonol yn gyffyrddus yn ogystal. Gwyddwn taw uchafbwynt cynnar i'r tymor fydde gêm tîm cyfun Gorllewin Cymru yn erbyn y teithwyr o Seland Newydd yn gynnar ym mis Tachwedd! Penodwyd hyfforddwr swyddogol ar y tîm rhanbarthol, sef Carwyn James; ei dasg o'dd ceisio uno unigolion o glybie Aberafan, Abertawe, Castell-nedd a Llanelli. Ro'n i'n gyfan gwbl gyffyrddus yn cydweithio 'da Carwyn. Trefnwyd y paratoi. Y garfan i gyfarfod fel grŵp unweth yr wythnos am fis, ond Carwyn a minne i gyfarfod ein gilydd yn amlach. Y broblem fawr o'dd bod Cymru i wynebu Seland Newydd bedwar diwrnod yn ddiweddarach ac ro'dd hynny'n golygu na fydde pedwar chwaraewr allweddol ar ga'l i ni. Yn wir,

99

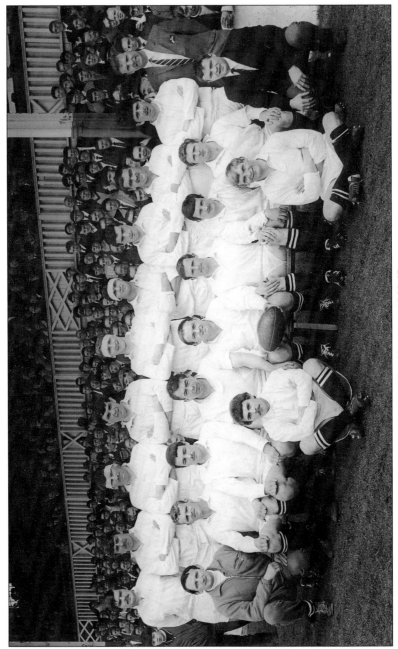

Tîm Abertawe, 1966-67.

ro'dd Norman Gale, Brian Thomas, Billy Mainwaring a Max Wiltshire eiso's wedi cynrychioli 'u gwlad – a o'dd i golli yn erbyn Seland Newydd cyn bo hir!

Ro'dd paratoade Carwyn yn drylwyr, a dweud y lleia. A llwyddwyd i feithrin 'ysbryd' rhyfedd yn yr uned. Mae'n wir na ddewisodd yr ymwelwyr 'u huned gryfa ond, serch hynny, ro'dd 'na gewri yn y tîm a arweiniwyd gan Colin Meads. Syd Going o'dd 'i fewnwr ac aelode chwedlonol erill o'dd Graham Thorne y canolwr, Ian Kirkpatrick yn wythwr, a'r prop gore imi 'i weld erio'd – Ken Gray – eto'n wrthwynebydd!

Tyrrodd deugain mil i San Helen gyda channo'dd yn dringo dros y wal. Mewn tywydd perffeth cafwyd gêm gofiadwy dros ben. Dim ond tri aelod o dîm Gorllewin Cymru o'dd wedi derbyn y profiad o ymddangos mewn geme rhyngwladol sef Delme Thomas, Dai Morris a minne. Profodd ein tacteg o geisio sicrhau fod Seland Newydd yn gorfod symud o gwmpas y maes yn gyson a cheisio cyflwyno ambell elfen annisgwyl yn hynod o effeithiol a hanner ffordd drwy'r ail hanner ro'dd ein tîm ar y bla'n o 14 i 13. Serch hynny, er iddo ga'l gêm dda'n gyffredinol gwrthododd y dyfarnwr, Mike Titcomb, o Fryste, dair ymdrech ddilys am gais inni. Ac yn y munude ola, drwy rinwedd chware o'r safon ucha, enillodd yr ymwelwyr y gêm 21-14.

Ro'dd y canlyniad yn siomedig, ond ro'dd yr ymroddiad wedi plesio ac ro'dd hi'n fraint ca'l bod yn gysylltiedig â'r uned hyfforddi swyddogol gynta erio'd a dda'th o dan aden Undeb Rygbi Cymru. Ro'dd Carwyn, a minne, ein dou yn meddu ar bersonoliaethe cry ac ro'n i mor falch fod y ddou ohonon ni wedi llwyddo i gydweithio mewn modd mor fodlon, deallus a llwyddiannus. Clod hefyd i'r chwaraewyr. Do'dd neb wedi rhoi unrhyw obeth inni o ennill y gêm. (Sgorwyr y Gorllewin, gyda llaw: cais gan Hywel Williams, trosiad a thair gôl gosb gan Doug Rees.)

Cydweithies droeon gyda Carwyn yn ystod y tymor. Un tro cyn i'w dîm yn Ysgol Llanymddyfri gyfarfod Coleg Crist, Aberhonddu, a'th Barry John a minne yno i ddysgu tric neu ddou i aelode o'u rheng ôl, ond ga'th Rowlands a John amser caled! Dro arall cynrychioles dîm y Crawshays, gyda Phil Bennett a Derek Quinnell, dou o sêr Ieuenctid Cymru, yn aelode o'n huned! Profiad da inni ac un gwerthfawr, gobeithio, i ddisgyblion Carwyn.

Profodd yn dymor cofiadwy, llawer gwell na'r tymor blaenorol, ond ro'dd hi'n bryd cau pen y mwdwl ar fy ngyrfa fel chwaraewr! Profiad braf iawn o'dd gorffen fy ngyrfa gydag Abertawe gyda thair buddugolieth. Curo Aberafan yn San Helen, ennill oddi cartre ym Mharc Pont-y-pŵl ble chwaries fy rygbi gore (a minne'n ca'l fy nghario oddi ar y ca' gyda'r dagre'n arllwys i lawr fy moche) ac yna teithio a churo Cork gyda Tom Kiernan a Noel Murphy'n aelode dylanwadol o dîm y gwrthwynebwyr!

Ac yna fy ngêm ola un. Chware yn Ystradgynlais ac yn cynrychioli fy sir, Sir Frycheiniog, a cholli yn rownd derfynol pencampwrieth siro'dd Cymru yn erbyn sêr rhyngwladol disglair Morgannwg.

Rwy'n gwbod fy mod yn unllygeidiog ond, i mi, rygbi yw'r gêm ore'n y byd i feithrin cyfeillgarwch a theyrngarwch. Ges i shwd gymint o fendithion yn ystod fy ngyrfa. Wynebu pob prif glwb yng Nghymru, hefyd clybie o Loegr fel Bryste, Caerloyw, Caerfaddon, Caerlŷr, Coventry, Moseley, Richmond, Harlequins, Blackheath, Y Cymry yn Llunden ac yn y bla'n, yn ogystal â Cork, y Watsonians o'r Alban ac yna, bob Llun y Pasg, wynebu'r Barbariaid. Gyda llaw, a minne'n gwbod fy mod yn mynd i chware yn Llunden am y tro ola yn fy ngyrfa rwy'n cofio cyfarfod fy mrawd-yng-nghyfraith Wyn Jeffreys ar ôl y gêm yn Old Deer Park ac yn llyncu mwy na'r diferyn arferol! 'Sa'r noson 'da fi, a 'ngwraig Janet,' o'dd yr apêl! Ar ôl eiliad ddwys o ystyried ffyrnig penderfynes dderbyn 'i gynnig caredig, ar un amod, sef taw Wyn o'dd i ffono Margaret i gyhoeddi'r newyddion! Fe wnaeth. 'Sori, Margaret, ma' Clive wedi colli trên 7 felly ma'r pŵr dab yn gorfod treulio'r noson fan hyn 'da ni.' Nid am y tro cynta yn 'i bywyd ymateb Margaret o'dd, 'Rho Clive ar y ffôn achos dim ond chwech o'r gloch yw hi nawr!' Ond chware teg iddi hi fe ges i aros yn Llunden am y tro ola fel chwaraewr! Hyn ar ben yr holl brofiade ar y meysydd rhyngwladol. Popeth felly i ddod i ben ar ddiwedd tymor 1966-67. Ro'n i'n 29 mlwydd oed!

ARIANNIN A SELAND NEWYDD

Poen parhaol i'r cefen o'dd y rheswm penna a achosodd imi benderfynu rhoi'r gore i chware'n gyfan gwbl oherwydd, yn dilyn pob gêm, ro'n i'n ca'l gwaith symud, a chyn rhedeg eto i'r ca' ro'dd yn rhaid ymweld â'r ysbyty i dderbyn trinieth gan Gordon Rowley, meddyg swyddogol yr Undeb. Cynrychioles Abertawe mewn 89 o geme yn ystod y ddau dymor. Ychwanegwch y geme erill wrth gynrychioli Sir Frycheiniog ac yn y bla'n, a do'dd dim eisie athrylith i sylweddoli fod hynny'n orie lawer o drinieth!

Eddie Lewis, ysgrifennydd clwb rygbi Aber-craf, a Howard Jones o bwyllgor rygbi Sir Frycheiniog a lwyddodd i ddwyn perswâd arna i i gynnig am le fel un o bum Is-lywydd yr Undeb. Do'dd *neb* yn ennill ar y tro cynta ond byddai'n brofiad diddorol. Ro'n i wedi paratoi fy nghais yn drwyadl a gofalus gan ysgrifennu at bob clwb a phwysleisio fy niddordeb cynyddol yn yr ochr hyfforddi.

Ymweld wedyn â'r Cyfarfod Cyffredinol am y tro cynta erio'd yng nghwmni Eddie a John 'Jeff'. Trafod. Cynnal sgwrs. Cymdeithasu. Aros am y canlyniad. Y ffefrynne, yr enwe arferol yno, wrth reswm. Dyma ystadege'r canlyniad sy'n parhau'n anhygo'l imi:

J.R.G Stephens	309
D.L. James	276
Hywel Thomas	272
Cliff Jones	269
D.C.T. Rowlands	248

Yn gyfan gwbl yn erbyn y disgwyl ro'n i'n aelod o Bwyllgor Undeb Rygbi Cymru, gyda'r cyn-Lywydd Nathan Jones, yn anffodus, yn ildio'i le! Saith wythnos yn gynharach ro'n i'n chwaraewr ac yn awr yn aelod o'r sefydliad!

Nododd y *Western Mail* y dydd Llun canlynol fod fy etholiad yn gymaint o 'gamp' â'm dewisiad yn gapten ar fy ngwlad wrth ennill fy nghap cynta! O edrych yn ôl rwy'n credu fod fy nheimlade cryf ynglŷn â phwysigrwydd hyfforddi wedi dylanwadu ar nifer y pleidleisie oherwydd yn ystod y cyfarfod fe dda'th hi'n amlwg fod cefnogeth gadarn i benodi hyfforddwr ar daith Cymru i Ariannin ddiwedd y tymor canlynol.

Yn ystod fy nghyfarfod cynta'n 'bwyllgor-ddyn swyddogol' yr atgo penna sy 'da fi yw'r môr o wynebe cyfarwydd o gwmpas y ford; gwŷr o'dd wedi cyfrannu'n hael yn y gorffennol ac o'dd yn awchu am gael gwneud hynny eto yn y dyfodol! Rhyngddyn nhw ro'dd dege lawer o flynyddo'dd o brofiad gan Rees Stephens, Harry Bowcott, Cliff Jones, Alun Thomas ac, wrth gwrs, Ivor Jones, un o sêr Cymru rhwng 1924 a 1930, o'dd bellach yn Llywydd yr Undeb! Ac wrth 'i ymyl e, W.H. (Bill) Clement a Ken Harris, Ysgrifennydd a Thrysorydd yr Undeb o'dd i brofi o gymorth amhrisiadwy yn ystod y blynyddo'dd nesa.

'Rôl derbyn y gefnogeth gan y Pwyllgor Cyffredinol i ymgymryd â'r daith i Ariannin penodwyd Glyn Morgan yn rheolwr a Harry Bowcott yn ddirprwy iddo gyda John Dawes yn gapten a minne'n derbyn fy swydd 'hyfforddi swyddogol' gynta. Ro'n i'n teimlo'n gyffyrddus gyda'r holl benodiade ac yn arbennig o fodlon fod 'Sid' Dawes wedi'i ethol yn gapten oherwydd gwyddwn fod ein teimlade'n gytûn. Yn sicr fydde 'na ddim ailadrodd camsyniad mawr 1964 o ddewis chwaraewyr na chafodd gêm ar y daith!

Enwebwyd 23 chwaraewr, nifer o'r rheiny, fel Phil Bennett a John Williams, yn ifanc dros ben ac roedd 9 o'r chwaraewyr hyn byth i ennill cap llawn dros 'u gwlad (ni roddid capie yn y gêm brawf), ond ro'dd 'na hefyd brofiad ym mhresenoldeb Norman Gale, John Lloyd a John Dawes, tri o'dd 'i gynrychioli 'u gwlad dros ugen o weithie'r un, a bod yn gapten arni.

Cafwyd geme corfforol, aruthrol o galed ymysg y blaenwyr, ac ro'dd y gwrthwynebwyr yn meddu ar olwyr dawnus hefyd ac mae'n rhaid cyfadde nad o'n i'n fodlon gyda safon y dyfarnu! Er mwyn diogelu buddugoliaeth ro'dd rheidrwydd arnon ni i fod yn uned well o lawer na'n gwrthwynebwyr ond do'dd hynny ddim yn bosib, achos y gwir plaen amdani yw nad o'n ni!

Geson ni'n cartrefu mewn adeilad hynafol, henffasiwn o'r enw 'The Harlingham Club', pell o bob man, yn wir bymtheg milltir o ganol Buenos Aires. Ro'dd digon o adnodde yno fel golff, tennis a'r cyfle i farchogeth (ro'dd Dai Morris wrth 'i fodd ar gefen y ceffyle!), ond y pleser mwya ges i wrth ymlacio o'dd chware snwcer yn gyson yn erbyn Phil Bennett. (Do'dd hi'n ddim rhyfeddod o gwbl i mi fod Llanelli wedi cynhyrchu Terry Griffiths, pencampwr y byd!) Ceson ni'n bwydo'n dda hefyd ond ro'dd 'na duedd iddo fod yn undonog, sef stêc, stêc a stêc!

Cafwyd dechreuad trist aruthrol i'r daith pan fu farw'r chwaraewr ifanc o glwb Belgrano, Michael Cole, ar ôl y gêm gynta, ac er inni ga'l ein sicrhau nad o'dd gan 'i farwoleth unrhyw gysylltiad â'r hyn a ddigwyddodd yn ystod y gêm 'i hunan da'th ton o dristwch dros y daith i gyd. O hynny 'mla'n ro'dd pob siwrne'n faith!

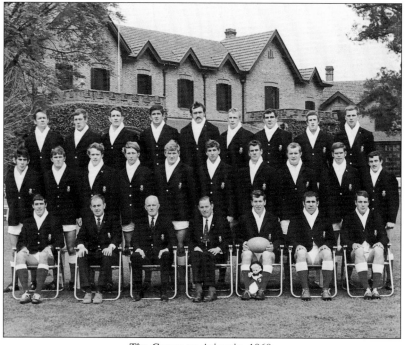

Tîm Cymru yn Ariannin, 1968.
B.I. Rees, J.J. Jeffrey, D. Hughes. W.T. Mainwaring, L.D. Baxter, M. Wiltshire, W. Williams, T. Evans, A. John.
A. Morgan, G. Turner, R.H. Phillips, J.P.R. Williams, B. Butler, A.J. Gray, D. Morris, J. Lloyd, G. Ball, P. Bennett.
L. Daniel, D.C.T. Rowlands, H.M. Bowcott, G. Morgan, J. Dawes (capten), N. Gale, S. Ferguson.

Chwaraewyd pob un o'r chwe gêm ar yr un maes a derbyniwyd cefnogeth gofiadwy gan dorf o gwmpas deunaw mil a fydde'n creu, yn gyson, sŵn o gefnogaeth unigryw . . . chwiban uchel ac yna'r floedd 'PUMA!' Trwyddi draw llwyddwyd i ennill tair, ond collwyd un, gyda dwy o'r geme'n gyfartal.

Tra o'n i yno manteisiwyd ar y cyfle i dderbyn gwahoddiad swyddogol i ymweld â Threlew, ym Mhatagonia. Hedfan yno mewn awyren breifat yng nghwmni Glyn Morgan ac Allan John, ar ran yr Undeb, ac Alun Williams ac Onllwyn Brace o'r BBC gyda thri pheiriannydd yn ychwanegol. Fe geson ni groeso bythgofiadwy gan yr alltudion ac ymhob man fe dderbynion ni'r 'Croeso Cymreig' traddodiadol o'dd yn cynnwys llwythi o 'bice ar y ma'n', 'tishen lap' a channo'dd o ddisgledi o de! A ninne'n meddwl ein bod ni'n arloeswyr, ac yn deithwyr anturus! Profiad i fychanu'n hymdrechion ni o'dd cymharu â'r hyn a ddigwyddodd yn ystod menter ein cyndeidie!

Ca'l ein gwahodd i gyngerdd yn neuadd fwya Trelew gydag Alun wrth 'i fodd yn cydio yn y llyw ac yn arwen yn gyfan gwbl drwy gyfrwng yr iaith Gymra'g! Pob un ohonon ni'n ca'l ein cyflwyno o'r llwyfan. Dim gair o Saesneg, dim ond Cymra'g a Sbaeneg. Mynychu'r capel, profi gwasaneth uniaith Gymra'g. Dyna hefyd o'dd iaith yr aelwyd. Sawl 'barbeciw' oen bendigedig! Ar ôl tridie yno gorfod 'i throi hi eto am Buenos Aires, ond dim un ohonon ni ar frys gymint o'dd ein mwynhad. Pob un ohonon ni'n gytûn ein bod yn unigolion mwy cyflawn ar ôl ein profiad ymysg y trigolion yno.

Collwyd y gêm brawf (dim cap), nid yn erbyn y disgwyl, ond dysgwyd llawer ar y daith. Er imi chwarae gyda, neu yn erbyn, pob aelod o'r bla'n ro'n i'n gwbod shwd gymint yn fwy am bob un unigolyn erbyn hyn. Teg dweud fod pob chwaraewr wedi rhoi o'i ore ond, wrth reswm, cafwyd cyfraniade mwy clodwiw gan rai nag erill. Disgleiriodd John Dawes yn gapten, John Williams (nad o'dd yn adnabyddus fel J.P.R. eto gan nad o'dd J.J. Williams wedi gwneud 'i farc!), y cefnwr, y rheng ôl o Tony Gray, Dennis Hughes a Dai Morris, Norman Gale yn gawr o fachwr gyda Laurie Daniel wedi aeddfedu'n gymen dros ben ar yr asgell. (Gyda llaw, enillodd J.P.R. bencampwriaeth dennis iau Wimbledon ym 1966 ac yn ogystal â chware yn y geme rygbi derbyniodd sawl her ar y cwrt tennis yn Ariannin!)

Dychwel i Gwmtwrch eto ac at fy nheulu ond ro'n i wedi profi gwaed hyfforddi erbyn hyn. Ces fy mhenodi'n olynydd i Dai Nash fy nghyfell (a gafodd dymor yn hyfforddwr cynta Cymru ym 1968) ond mynnes ar gyfnod o dair blynedd wrth y llyw gan fy mod yn argyhoeddedig nad o'dd cyfnod byrrach yn deg ag unigolyn.

Er imi ga'l fy mhenodi'n hyfforddwr do'n i ddim yn 'ddewiswr' o hyd, ond teg nodi i'r 'Pump Mawr' dderbyn fy nghynghorion a'm hargymhellion bron yn ddieithriad ac rwy'n 'i theimlo'n fraint, o edrych yn ôl, fy mod wedi rhannu profiade gyda gwŷr gwybodus fel Cliff Jones, Harry Bowcott, Jack Young, Rees Stephens, Alun Thomas, Keith Rowlands, Rod Morgan, Rhys Williams, John Dawes, Terry Cobner, John Bevan, John Lloyd, Tony Gray a Derek Quinnell.

Ro'n i'n dwlu ar y gwaith o deithio amboitu yn gweld geme, dadansoddi cryfdere a gwendide, trafod, ysgogi a weithie geryddu. Hefyd o wrando (fi o bawb!), credwch fi neu beid'o!

Yn ogystal â Chymru bu'r Llewod ar daith yn ystod ha' 1968 hefyd gyda nifer o Gymry amlwg yn 'u mysg. (Ymweld â De Affrica: colli tair gêm brawf, un yn gyfartal.) Yn gwmws fel ein cynrychiolwyr yn Ariannin cafwyd cyfraniade o fwy o sylwedd gan rai nag a gafwyd gan erill! Yn amlwg ro'dd llawer o chwaraewyr dawnus yng Nghymru, rhai yn disgleirio fel unigolion, erill yn fwy amlwg fel cyfranwyr i dîme. Gwelwn fy nyletswydd fel un o'dd i gyfuno'r ddwy elfen a'u gweu'n uned gytûn ond, ar yr un pryd, peidio newid donie a chyfraniade unigryw yr unigolion disglair. Wrth geisio cydasio'r cyfan ces gymorth amhrisiadwy, di-dor gan y Trefnydd Cyffredinol, Ray Williams, athrylith o ran technegeth y gêm o'dd hefyd yn gallu cyfleu hyn i'r nifer cynyddol o hyfforddwyr a benodwyd.

Bûm yn ddigon call hefyd i wrando ar gynghorion y dewiswyr gan fod Rees yn arbenigwr ar y blaenwyr fel ag yr o'dd Alun, Harry a Cliff gyda'r olwyr. Llwyddwyd i gynnal gêm brawf addawol dros ben. Yn wir ces fy mhlesio'n fawr gan ymroddiad pob un o'r unigolion.

Yna da'th yr amser i gyhoeddi'r tîm cynta yn ystod fy nghyfnod o hyfforddi – yr uned i wynebu'r Alban ar y cynta o Chwefror 1969. Dewiswyd dau gap newydd, sef J.P.R. Williams (55 cap, 1969-81) a Mervyn Davies (38 cap, 1969-76), a dychwelodd tri aelod o

107

'nghyfnod i'n gapten, sef Brian Price, Brian Thomas a Norman Gale. Teg dweud na chafodd y tîm groeso twymgalon! Do'dd pobl ddim yn gwybod digon am Mervyn ac oni fydde J.P.R. yn rhy ifanc i ddelio â'r cicie uchel o dan y pyst, a'r tri blaenwr yn rhy hen? Do's bosib taw nawr o'dd yr amser i roi cyfle i flaenwyr ifainc ar gyfer y dyfodol? Y gwir amdani yw i'r tri hyn gyfrannu'n sylweddol dros ben mewn tymor o lwyddiant.

Gan fod y profiad yn 'newydd' imi treulies gyfnod digon nerfus cyn i'r gêm ddechre. O'dd fy mharatoade wedi bod yn ddigon trylwyr? O'dd fy athronieth hyfforddi i ga'l 'i brofi'n gywir? O'dd y ffydd yr o'dd Undeb Rygbi Cymru wedi'i ddangos yno' i i ga'l 'i wobrwyo? Yn glou iawn yn ystod y gêm da'th hi'n amlwg nad o'dd angen petruso na gofidio. O dan arweinyddieth Brian Price enillwyd y gêm 17-3, buddugolieth fwya Cymru yng Nghaeredin er 1947. Sgorodd Barry John (25 cap, 1966-72), Gareth Edwards (53 cap, 1967-78) a Maurice Richards (9 cap, 1968 a 1969) bobo gais. Trosodd Keith Jarrett (10 cap, 1967-69) un ac ychwanegodd gôl gosb.

Mervyn Davies yn cario'r hyfforddwr trwm. Ymarfer ar y tra'th, Aberafan, 1971.

Cafwyd canu cofiadwy'r noson honno gan y 'teulu' cytûn! Datblygodd y cynhesrwydd rhwng chwaraewr a chwaraewr ac ro'n i'n bersonol yn profi grym y cynhesrwydd hwnnw yn ogystal.

Erbyn hynny ro'dd cynnal sesiyne ymarfer ar dra'th Lido Afan wedi datblygu'n rhan o ddefod y paratoi – hyn ar y Sul cyn y gêm ar y Sadwrn canlynol. Ro'dd swyddogion y cyfrynge, y Wasg, y radio a'r teledu yn hysbysebu amseriade'r ymarferion ac yn sgil hynny, a llwyddiant y Cymry ar y maes, ymgasglai canno'dd lawer o gefnogwyr i'n gwylio'n ymarfer, elfen ro'n i wrth fy modd â hi am ddau reswm. Yn gynta ro'dd cynnal sesiyne agored o fla'n llyged y cyhoedd yn annog 'u cefnogeth ac, yn ail, gan fod shwd gymint yn dod i wylio'r ymarfer, rhodde hynny bwyse ar y chwaraewyr 'u hunen i ddileu camgymeriade. Yn sicr do'dd Gareth Edwards ddim yn mynd i gwmpo pàs o fla'n torf sylweddol o gryts ysgol a chefnogwyr twymgalon! Ychwanegodd y cyfan at hyder yr unigolion a'r uned yn gyffredinol.

Defnyddiwyd y tywod ar y tra'th i bwrpas hefyd. Yr wyth aelod o bac Cymru'n sgrymio yn erbyn deg eilydd. Y bêl i'r sgrym ar dywod caled ond yna'r hwpo'n symud i dywod meddal, caletach o lawer ar y corff! Yn yr un modd defnyddiwyd y dacteg hon ymysg yr olwyr dawnus. Ches i'r un gŵyn erio'd gan sêr fel Brian Price, Norman Gale, Brian a Delme Thomas, Denzil Williams, Barry Llewelyn, John Lloyd, Dai Morris, John Taylor, Jeff Young, Roy Thomas a Mervyn Davies o blith y blaenwyr ac ymysg yr olwyr, J.P.R., Maurice Richards, Stuart Watkins, Gerald, John Dawes, Billy Raybould, Ray Hopkins, Clive Shell ac Ian Hall!

Rwy'n cofio unwaith imi ofyn i Jeff Young redeg i'r tra'th i weld a o'dd y llanw wedi dod i mewn! 'Pam na ofynni di i Barry,' medde fe, 'achos os yw e mewn yna *fe*'n unig all droi'r môr!' Gyda'm llaw ar fy nghalon tystiaf fod yr hanesyn hwnnw'n wir! A dwy i braidd yn siwr fod pawb o'dd yno'n credu Jeff!

Talwyd sylw trwyadl i'r sgrymie gan fy mod yn awyddus iddyn nhw ddatblygu'n uned gryfa'n y byd ond ga'th y leinie'r un drinieth hefyd. Rhaid o'dd ca'l cyflymdra yn ogystal â chryfder, a dawn i drin a thrafod yn gywir a chwim yn elfen hanfodol arall. Datblygodd ein sgilie yn y lein mas draw gyda'r ddau, Brian a Mervyn, yn cyfrannu'n sylweddol yn y cefen.

Er y gwaith caled cafwyd hwyl hefyd. Rwy'n cofio gorffen un sesiwn, o fla'n torf o'dd yn ymylu at fod yn filoedd erbyn hyn. Deuddeg aelod o dîm Cymru yn erbyn y rheng ôl o Dai Morris, Mervyn a John Taylor. 'Ben' yn dal y bêl yn y lein, 'nôl i Gareth, i Barry (Dai Morris y tu mewn iddo), i Dawes a J.P.R. yn ymuno â'r llinell (Dai Morris y tu mewn iddo), mas i Maurice a Dai y tu mewn iddo. Yr asgellwr yn penderfynu mynd ar y tu *fas* (Dai gydag e o hyd) a Maurice i mewn i'r môr! Dai yno o hyd. Maurice yn rhedeg nerth 'i dra'd a Dai yn 'i lorio fe yn y môr! Rhaid o'dd cystadlu hyd y diwedd ond ro'dd pawb erbyn hyn, yn chwaraewyr ac yn gefnogwyr, ar 'u cefne ar y tra'th yn chwerthin. Enghraifft o chwerw'n troi'n chware!

Ro'dd hi'n amlwg fod rhwbeth arbennig yn digwydd ar yr adeg hynny. Ro'dd tocynne'n fwy prin nag erio'd ar gyfer ein gêm nesa ni yn erbyn Iwerddon ar yr 8fed o Fawrth – o fla'n torf o naw mil ar hugen yn unig gan fod Eisteddle'r Gogledd yn ca'l 'i adeiladu. Hon o'dd y gêm pryd y profodd Brian Price y galle fe fod wedi disgleirio yn y sgwâr bocso petai e wedi penderfynu peidio canolbwyntio ar rygbi. Teg nodi fod Noel Murphy wedi gweld sêr ym mhresenoldeb y Tywysog Charles! 'Da'th pâr o ddwylo o gwmpas y sgarmes,' medde Price, 'gan anelu'r bysedd i gyfeiriad fy mhen. Do'n i ddim yn mynd i ddiodde hynny felly gollynges ergyd i gyfeiriad y troseddwr.'

Dan arweinyddieth ysbrydoledig Price chwaraeodd Cymru'n wych unweth 'to ac enillwyd y gêm 24-11. Sgorodd Stuart Watkins, Denzil Williams, Dai Morris a John Taylor bobo gais. Troswyd tri gan Jarrett a ychwanegodd gôl gosb. Trosodd Barry John gôl adlam. Elfenne i'w canmol o'dd y modd y defnyddiodd Cymru'r bêl drwy chware eang ac agored. Yn sicr ro'dd y cefnogwyr ar ben 'u digon gan fod posibilrwydd o Goron Driphlyg arall ar y gorwel!

Fel y dwedes, ro'dd y Tywysog Charles yn dyst i'r digwyddiad hwn ac i'r gêm yn 'i chyfanrwydd, ac achosodd 'i bresenoldeb loes calon i un o'r prif swyddogion oherwydd derbyniodd Arthur Gwilym Hughes, un o fois y Cwm o'dd wedi ymgartrefu yng Nghaerdydd ers ache, siars gan Bill Clement yn gynnar yn y bore: 'Cyn gynted y gweli di gar Prince Charles yn cyrra'dd, rho wybod imi,' medde Bill. Bu Arthur wrthi'n ddyfal yn pipo ar bawb a phopeth. O bryd i'w gilydd deuai'r gri gan Bill, 'Unrhyw sôn eto?' 'Na,' medde Arthur

Hyfforddwr tîm Cymru, 1969.
Ro'n i bob amser yn defnyddio'r eiliade o dynnu llun fel cyfle i bwysleisio ysbryd y tîm, i feddwl fel un. Neb â gwên ond Barry wrth gwrs!
Stuart Watkins, Delme Thomas, Mervyn Davies, Brian Thomas, Denzil Williams, Dai Morris, John Lloyd.
Fi, J.P.R. Williams, Jeff Young, Gareth Edwards (capten), Keith Jarett,Maurice Richards. John Dawes, John Taylor, Barry John.

nerfus. Yna dri chwarter awr cyn y gic gynta cyrhaeddodd y car anferth. Syllodd Arthur drwy'r ffenest. *"Excuse me, are you Prince Charles?" "Yes!"* o'dd yr ateb cadarn. Ymateb Arthur i hyn o'dd dweud, *"Well, you're in trouble. You'd better hurry up because Bill Clement has been looking for you all morning!"* Stori ffug yw hon ond eto mae'n boblogaidd ymhob cinio ac efallai fy mod yn 'i chredu fy hunan erbyn hyn!

Cyn y gêm yn erbyn Lloegr ro'dd rhaid wynebu'r Ffrancod ym Mharis. Eto cafwyd perfformiad gwych gan Gymru. Un o geisie gore Gareth Edwards ac yna cic ganddo wedi'i lleoli'n berffeth i Maurice fanteisio arni, gyda Jarret yn trosi. Cymru ar y bla'n o wyth pwynt i ddim. Yr unig siom ynglŷn â'r holl achlysur o'dd i ni adel i'r Ffrancod sgoro wyth pwynt hefyd gyda'r gêm yn gorffen yn gyfartal (8-8) a Chymru'n methu manteisio ar y cyfle i ennill ym Mharis am y tro cynta er 1957.

111

Ro'dd y gêm fawr i ddod. Cymru yn erbyn Lloegr am y Goron Driphlyg ar 12 Ebrill, unweth yn rhagor o fla'n torf, rhwystredig o ran nifer y tocynne, o 29,000 yng Nghaerdydd. Siom enfawr cyn y gêm: Brian Price wedi ca'l 'i anafu ac i golli'r achlysur, gyda Delme Thomas yn cymryd 'i le. Penderfynes enwi Gareth Edwards yn gapten, yr ieuenga erio'd ar 'i wlad, ac ynte'n ugen mlwydd oed! (Bu Gareth, ers dechre'r berthynas, fel petai'n frawd bach imi, o bosib am ein bod ein dau'n hanu o'r un Cwm ac yn ymddangos yn yr un safle!)

Chwaraeodd Cymru ar 'u gore gyda Maurice Richards yn perfformio'n rhyfeddol wrth sgoro pedwar o bum cais Cymru. Barry John sgorodd y llall a llwyddodd â gôl adlam. Trosodd Jarrett dri chais ac ychwanegodd ddwy gôl gosb. Curwyd Lloegr 30-9, ac enillwyd y Goron am yr unfed tro ar ddeg a'r bencampwriaeth am y 15fed tro!

Yn ystod tymor 1969 sgorodd Cymru 14 cais o'i gymharu â'r 4 a sgoriwyd ym 1968. Teg nodi inni sgoro 10 cais yn ystod fy nghyfnod yn gapten ym 1965 hefyd, er yr holl feirniadu am y cico! Mae'n rhaid fy mod yn gwneud rhywbeth yn iawn fel capten a hyfforddwr!

Bu'r dewiswyr o gymorth, do's dim dwywaith ynglŷn â hynny. Rwy'n gefnogol i uned ddewis yn hytrach nag unigolyn. Yn fy marn i mae derbyn sylwade rhywun arall o gymorth yn hytrach nag yn rhwystr oherwydd y perygl i unigolyn fydde'r posibilrwydd o fod yn un-llygeidiog, yn hollol anfwriadol!

Gyda sêl bendith yr Undeb yr aethpwyd i Seland Newydd, chwech wythnos ar ôl inni guro Lloegr. Penodwyd Handel Rogers o Lanelli'n rheolwr (gweinyddwr praff a gwybodus), minne'n hyfforddwr gyda Brian Price yn gapten a Gareth yn ddirprwy iddo. Carfan o dri chwaraewr ar hugain eitha ifanc ond eto'n lled brofiadol er taw teg yw nodi taw dim ond pedwar ohonyn nhw o'dd wedi ymweld â'r wlad cyn hynny.

Eto penderfynwyd ffurfio côr am y rhesyme a nodwyd eisoes. Penodwyd John Taylor yn gôr-feistr a bu'n gyfrifol am gynhyrchu sŵn digon soniarus yn ystod y daith. Er imi deimlo'n hyderus yn gyffredinol mae'n rhaid cofnodi hefyd fy mod braidd yn betrusgar gan fod y mwyafrif o'r chwaraewyr wedi profi cyfnod caled aruthrol rhwng teithie De Affrica, Ariannin, pencampwriaeth y clybie a geme'r pum gwlad. Yn 'i lyfr *History of Welsh International Rugby*

Taith 1969 i Seland Newydd, Awstralia a Fiji.
Rhes gefn: S.J. Dawes, K.S. Jarett, S.J. Watkins, T.M. Davies, W.D. Thomas, A.P. Skirving, N.R. Gale, J. Young.
Ail res: R. Hopkins, M.C.R. Richards, D. Hughes, D.B. Llewelyn, B. Thomas, D. Williams, W.D. Morris, D.J. Lloyd.
Rhes flaen: J.P.R. Williams, P. Bennett, G.T.R. Davies, Clive Rowlands, B. Price, Handel C. Rogers, G.O. Edwards, B. John, J. Taylor.

113

dywed John Billot, o'r *Western Mail*: 'They called it the suicide tour.' Chafwyd dim dechreuad boddhaol o leia. Siwrne a barodd am 54 awr gan gynnwys naw esgyniad a naw glaniad. Dim un cymal yn para am fwy na pheder awr a cha'l ein gorfodi i adel yr awyren bob tro. O'r diwedd cyrhaeddwyd New Plymouth yn Seland Newydd yn ystod orie mân bore Sadwrn. Cawsom groeso tywysogaidd ond bu'n rhaid dechre ymarfer y prynhawn hwnnw oherwydd ro'dd y gêm gynta, yn erbyn Taranaki, i ddilyn ar y dydd Mawrth!

Tyrrodd torf o 35,000 i'n gwylio'n chware, gydag Alan Skirving, Ray (Chico) Hopkins (1 cap, 1970) a Barry Llywelyn yn gwisgo'r crys coch am y tro cynta. Dyfarnwyd y gêm yn wych gan John Pring o Auckland ac, o gofio'r holl flinder, cafwyd perfformiad digon derbyniol a llwyddo i ddal y gwrthwynebwyr i gêm gyfartal 9-9.

Fore tranno'th hedfan i Ynys y De gyda'r glaw yn pistyllu yno. (O leia ro'dd pawb yn gartrefol gydag un agwedd o'r daith!) A'th yr ymarfer yn dda hefyd, gyda channo'dd yn ein gwylio'n ymbaratoi. Er hynny ychydig a rodde unrhyw obeth inni o ennill y prawf o'dd i ddilyn ar y Sadwrn. Ro'dd tîm Seland Newydd wedi'i ddewis ar ôl iddyn nhw gynnal dau 'dreial' a syndod i ni'r Cymry o'dd y ffaith nad o'dd Kel Tremain, y blaenasgellwr disglair, wedi derbyn ffafrieth y dewiswyr.

Ro'dd Ted Heath, Prif Weinidog Prydain, yn aros yn yr un gwesty â ni, yn wir yn yr ystafell y drws nesa imi, a phan dda'th yr adeg i alw'r tîm ynghyd ar gyfer y sgwrs symbylol arferol defnyddiwyd yr un tactege ag arfer. *Full dress rehearsal* gyda mi ar fy mocs sebon yn mynnu fod Gareth Edwards yn bwydo'r bêl i'r sgrym a bod y chwaraewyr i gyd yn ymateb fel petaen nhw ar y maes. '*Ball coming in NOW*', o'dd y sgrech swnllyd. Hynny gan tuag ugen o oedolion. Do'n i ddim i wybod fod Ted Heath druan yn y stafell drws nesa yn ceisio dal pen rheswm gyda Phrif Weinidog Seland Newydd, Robert Muldoon, ar yr un pryd! Bu'n rhaid i Handel, y *diplomat*, egluro'r cefndir a cheson faddeuant!

Cynhaliwyd y prawf ar Lancaster Park yn Christchurch ar ddiwrnod ola Mai. A bu bron iawn i D.C.T. ymddangos dros 'i wlad am y pymthegfed tro oherwydd anafodd Gareth Edwards a Chico 'u coese yn ystod yr ymarferion a dim ond ar y funud ola y penderfynwyd y bydde Gareth yn ddigon iach i chware.

Ro'dd dwy gêm rhwng chwaraewyr ifainc y wlad eisoes wedi ca'l 'u cynnal ar y ca' cyn y prawf ac yn sgil cyflwr y ca' a'r glaw di-baid nath hynny ddim helpu achos Cymru er inni greu dau gyfle a methu manteisio. Oherwydd yr anaf fe ddioddefodd Gareth, a methodd Keith Jarrett druan bum cic gosb. Ar ôl dweud hynny cafwyd perfformiad anfarwol gan flaenwyr Seland Newydd. Pob unigolyn yn cyflawni 'i ddyletswydde'n berffeth ac fel a ddigwyddodd yn erbyn De Affrica, wynebodd Cymru'r diwrnod hwnnw y tîm cryfa'n y byd, gyda'r uned honno ar 'i gore. Ro'dd hi'n amlwg hefyd y gwnaed ymdrech ychwanegol gan y Cryse Duon oherwydd taw Cymru o'dd y gwrthwynebwyr!

Trwyddi draw ro'dd hi'n gêm lân a Seland Newydd o'dd y tîm gore, do's dim dwywaith am hynny, ond torrwyd gên ein bachwr, Jeff Young, gan benelin Colin Meads, a ymatebodd pan ddaliodd y bachwr 'i afel ar grys Ken Gray. Yr elfen ryfedd o'dd i'r dyfarnwr Pat Murphy, o Ogledd Auckland, ddangos bys bygythiol i gyfeiriad Meads gan gosbi Jeff am 'i drosedd e! (Anfonwyd am Vic Perrins, Casnewydd, i gymryd lle Jeff Young ar y daith.)

Cawsom wers gan Seland Newydd ar y diwrnod hwn. Ro'dd 'u blaenwyr fel peiriant dur llyfn gan gynhyrchu perfformiad a ysgogodd R.C.C. Thomas i ddweud taw dyna'r perfformiad gore a welodd gan flaenwyr erio'd gan nodi ar yr un pryd 'i anfodlonrwydd gydag ymddygiad Colin Meads! Etifeddodd y capten Brian Lochore holl ddonie Wilson Whineray o ran sgilie yn ogystal â'r hanfod o chware'r gêm yn lân! Poenus, o hyd, yw cofnodi'r sgôr: Seland Newydd 19 Cymru 0!

Llwyddwyd i ennill y ddwy gêm nesa yn erbyn gwrthwynebwyr cryf i ryfeddu! Concrwyd Talaith Otago yn Dunedin 27-9 – y tîm cynta o wledydd Pryden i ennill yno ers 1930! Sgorodd Maurice Richards dri chais a Keith Jarrett y llall. Cafwyd perfformiad i'w gofio gan Barry a Chico ein haneri! (Diddorol nodi i Ivor Jones, Llywydd yr Undeb, fynychu'r capel yn Dunedin a sylwi fod dwy set deledu yno – wedi'u gosod yn arbennig ar gyfer gwylio'r prawf y Sadwrn cynt!)

Yna curwyd talaith Wellington 14-6 gyda 'Chico' a Maurice Richards yn sgoro ceisie a chicio Jarrett yn gefnogol! Perfformiad caboledig arall yn erbyn tîm o'dd dan gaptenieth Ken Gray! Yn sydyn ro'dd 'ysbryd newydd yn y tir'! Ennill yn erbyn gwrthwynebwyr yr o'dd y gwybodusion yn disgwyl inni golli yn 'u herbyn. Wedi'r cyfan, onid o'dd sawl aelod o'r Wasg o'r farn na fydden ni'n ennill yr un gêm yno?

Ro'dd yr hyder newydd yn ca'l 'i adlewyrchu ymysg y cefnogwyr hefyd ac ymwelodd y chwaraewyr ag ysgolion ac ysbytai gyda chalon fwy ysgafn o lawer! Ro'dd hi'n bleser cyfarfod, wrth gwrs, â'r holl Gymry o'dd wedi ymgartrefu yn y wlad a cheson brofiad byth-gofiadwy yn Wellington! Cynhaliwyd cyngerdd mawreddog gan y Maorïaid a ddechreuodd am 2.15 brynhawn Sul gyda 1,800 yn bresennol a hyd at fil y tu fas wedi methu ca'l tocynne. Mae'n amlwg fy mod i mewn hwylie arbennig o dda yng nghanol y canu cofiadwy achos wrth forio fy nghyfraniad i 'Calon Lân' saethodd fy nannedd dodi mas o 'ngheg nes glanio'n blet ar y llawr! Embaras am eiliad i mi ond hwyl i bawb arall! Diolch i'r drefen arhoson yn gyfan, heb dorri!

Teithio i Auckland ar y Llun i ddechre paratoi ar gyfer yr ail brawf ac yno pawb yn synnu gweld Gerald Davies yn ymarfer ar yr asgell. Y cefndir ynglŷn â'r penderfyniad hwn yw imi drafod y posibilrwydd hyn gyda Gerald yn ystod yr hedfaniad gan nad o'dd Stuart Watkins ac Alan Skirving yn holliach a bod tri chanolwr, sef John Dawes, Keith Jarrett a Gerald 'i hunan, yn ymgeisio am ddau le'r canolwyr. Wrth reswm ro'dd Gerald lawer yn gyflymach na'r ddau arall ac ro'n i'n teimlo fod mwy o gyfraniad gan yr esgyll bellach yn dilyn newid y rheol ynglŷn â chicio y tu fas i'r pump ar hugen. Elfen ychwanegol o'dd bod y *crash ball* yn dod yn fwy amlwg ac na fydde'r dacteg honno o fudd cyffredinol i chwaraewr mor chwim a thwyllodrus â Gerald. Rhaid o'dd sicrhau y byddai'n derbyn meddiant. Cytunodd ar yr amod hwnnw! (Gyda llaw, ceisies ddarbwyllo D. Ken Jones i benderfynu ar y symudiad hwnnw ym 1964 ond pallodd Ken barhau â'r arbrawf!)

Yn gwbl annisgwyl derbyniais alwad a roddodd bleser o'r mwya imi, sef gwahoddiad i gynrychioli 'Barbariaid' Seland Newydd i wynebu Ysgol Uwchradd Penrose. Pleser pur o'dd rhannu cwmni llawer cyn-wrthwynebydd a sylweddoli gystal chwaraewyr o'dd gwŷr megis Waka Nathan o hyd! Mwy pleserus fyth o'dd dychwel i'n gwesty ni gan wisgo bathodyn a thei Barbariaid Seland Newydd a thynnu coes Brian Thomas a Norman Gale, dau chwaraewr, fel fi, na chafodd wahoddiad i gynrychioli Barbariaid Prydain a dau a ddisgleiriodd yn ystod y fuddugolieth honno yn erbyn yr Alban ym Murrayfield yn 1963! Costiodd y gêm honno'n hallt gan gofio taw fi

Chware i'r Barbariaid yn Seland Newydd, 1969. Fy ffrind Waka Nathan ar y chwith.

o'dd yr unig gapten ar Gymru ers y rhyfel i beidio derbyn gwahoddiad i'w cynrychioli!

Yn y cyfamser ro'dd y paratoade ar gyfer yr ail brawf yn mynd yn 'u bla'n yn hwylus oni bai am ddwy elfen, sef yr anafiade i Gareth ac i Barry Llywelyn o'dd yn angor i'r pac. 'Rôl cryn drafod a phendroni daethpwyd i'r casgliad taw'r uned ganlynol fyddai'n cynrychioli Cymru:

J.P.R. Williams

Gerald Davies   John Dawes   Keith Jarret   Maurice Richards

Barry John   Gareth Edwards

Dennis Hughes   Mervyn Davies   Dai Morris

Brian Price (Capten)   Delme Thomas

Denzil Williams   Norman Gale   Brian Thomas

Ie, Gerald, ar yr asgell a Brian yn brop pen rhydd! Y bwriad o'dd defnyddio'r cynnydd ym mhwyse'r blaenwyr gyda Dennis Hughes, Brian Thomas a Delme Thomas er mwyn diogelu mwy o feddiant.

Ar Barc Eden, Auckland, o fla'n torf o 58,000, llwyddodd yr arbrawf yn rhyfeddol yn yr hanner cynta ac ro'dd Cymru ar y bla'n 6-3 ar ôl pum mund ar hugen, ond cafodd Fergie McCormick ddiwrnod ysbrydoledig gyda'i dro'd gan gicio cyfanswm o 24 pwynt i sefydlu record fyd, sef pum gôl gosb a gôl adlam wych yn ogystal â throsi tri chais, a sgoriwyd gan George Skudder, Ian MacRae ac Ian Kirkpatrick. Sgorodd Cymru ddau gais, Maurice Richards eto a Keith Jarrett a lwyddodd hefyd â dwy gôl gosb ond, a bod yn gwbl onest, do'dd y sgôr terfynol o 33-12 ddim yn gwneud cyfiawnder o gwbl ag ymroddiad a dycnwch gwŷr Cymru ar y diwrnod penodol hwnnw.

Un o'r atgofion melysa sy 'da fi am y gêm o'dd y tro cynta i Gerald dderbyn y bêl yn 'i law. Gwibiodd heibio i George Skudder, asgellwr y gwrthwynebwyr, fel petai heb fod yno o gwbl, symudiad a arweiniodd at gais Maurice. O'r diwrnod hwnnw hyd nes iddo roi'r gore i'r gêm ro'dd gwylio Gerald wrth 'i waith yn bleser pur. Bob tro y dele'r bêl i'w gyfeiriad ro'dd dyn yn synhwyro fod rhywbeth arbennig yn mynd i ddigwydd. Gwir athrylith, un o'r goreuon a welodd y gêm erio'd.

Rwy'n credu efalle, o edrych yn ôl, fy mod wedi gwneud camsyniad ynglŷn â chynnwys Gareth yn yr ail brawf ond, ar ôl dweud hynny, shwd o'dd crynhoi a phwyso a mesur maint 'i gyfraniad enfawr! Dioddefodd o niwed i linyn ei ar (*ham-string*) am na fydde fe byth yn ofni chware mewn unrhyw gêm nac yn erbyn unrhyw wrthwynebydd ond efallai, o ystyried natur parhaol 'i anaf, y dylwn fod wedi cynnwys 'Chico' Hopkins ar gyfer yr ail brawf. Yn ogystal, buom yn eithriadol o anffodus fod Barry Llewelyn wedi'i anafu achos, ar y pryd, ro'dd e ar 'i ore effeithiol ac yn angor i'r pac yn gyffredinol.

Er y siom o golli edrychwyd yn ôl gyda balchder ar y daith trwyddi draw. Wedi'r cyfan, er i ni golli'r ddwy gêm brawf llwyddwyd i ymdopi'n rhyfeddol â thaith anodd echrydus. Cynhaliwyd cynadledde i'r wasg yn gyson ac ni wrthodwyd unrhyw gais am gyfweliad ac eithrio ar y Sul o'dd yn dal yn 'sanctaidd' o ran heddwch a llonyddwch gan fod Handel yn Fedyddiwr a minne'n Annibynnwr!

Ar ôl yr ail brawf gofynnwyd fy marn ynglŷn â nerth, grym, gallu ac awdurdod gwŷr Seland Newydd. Rhaid o'dd talu clod dyladwy i'r blaenwyr ond penderfynes yn gellweirus dynnu co's y gohebyddion ynglŷn â'u holwyr. 'Mae'ch blaenwyr yn wych,' meddwn, 'ond wir ma' 'na blant yn ysgol fach Cwmtwrch sy'n gallu rhedeg, paso, ochrgamu a chico'n well na'ch mewnwr, Sid Going!' Cafwyd noson gofiadwy o gyfeddach, cwmnïach ac o rannu profiade mewn sgyrsie gyda hwn a'r llall!

Fore tranno'th, pan o'dd y 'clych yn gwahodd tua'r llan', clywes daranu ar fy nrws. Dyrnu gwyllt, afreolus! Y rheolwr mwyn, Handel Rogers, ar 'i ffordd i'r capel a rhywun yn cynnig copi o'r *Auckland Times* iddo. (Dylid nodi fan hyn fod dyn wedi glanio ar y lleuad am y tro cynta'r noson cynt!) Handel mwyn yn benwan. 'Clive. Beth wyt ti wedi'i wneud nawr?' Ar y dudalen ôl ro'dd cyfeiriad byr at y ffaith fod dyn wedi glanio ar y lleuad ond pennawd bras y dudalen fla'n o'dd:

> *'Sid Going wouldn't get into Cwmtwrch under 11 team!' says Wales coach Clive Rowlands.*

Jôc o'dd hyn, wrth gwrs; ni ddigwyddodd y fath beth ond mae'n un o'r storïe sy'n ca'l yr ymateb cynhesa pa gymdeithas bynnag y bydda i'n 'i hannerch!

Gadawyd Seland Newydd gan droi am Awstralia ac aros yng ngwesty hynafol y Metropole, profiad bythgofiadwy gan fod yr adeilad i'w ddymchwel wythnos ar ôl inni ymadael! Câi'r ffaith honno'i hadlewyrchu yn y bwyd a'r safon yn gyffredinol. Yn syml, ro'dd popeth yn ofnadw a theg nodi fod pethe'n *llwm* yn gyffredinol ar y gêm yn Awstralia ar y pryd. Derbyniodd Handel yr her i gynorthwyo ymhob modd posibl a bu'r galwade'n fynych ar y chwaraewyr i ymweld â'r ysgolion ac i gynnal cyfweliade mil fyrdd ar gyfer y radio, hyd yn oed ben bore bach!

Cawsom dywydd annisgwyl o annifyr hefyd gan fod yr hin yn oer a bu'n arllwys y glaw'n ddyddiol tan fore'r gêm 'i hun pryd y tywynnodd yr haul am y tro cynta. Yn sgil y tywydd gwlyb dychrynllyd bu'n amhosibl cynnal ymarferion ar faes enwog y *Sydney Cricket Ground* ond, ar y dydd, wrth gamu i mewn i'r stafell newid, braint yn wir o'dd sylweddoli ein bod ni'n troedio'r un tir ac yn defnyddio'r un pegie â sêr gorffennol criced, fel Len Hutton, Dennis Compton, Harold Larwood, Colin Cowdrey ac, wrth gwrs, dau o gyn-arwyr Morgannwg, sef Gilbert Parkhouse ac Allan Watkins. Yn goron ar bopeth ro'dd anferth o lun dyfrlliw o Syr Donald Bradman!

Ar waetha'r ffaith fod y gêm yn gyffredinol yn profi cyfnod o argyfwng yn y wlad da'th torf o 26,000 i'n gwylio, llawer ohonyn nhw'n alltudion ac, yn sgil hynny, canwyd yr emyne Cymra'g gydag arddeliad a chafwyd datganiad cofiadwy o 'Hen Wlad fy Nhadau'.

Craig Ferguson o Awstralia o'dd y dyfarnwr unwaith yn rhagor a'r gwŷr canlynol a gynrychiolodd Cymru:

J.P.R Williams

Gerald Davies   John Dawes   Keith Jarrett   Maurice Richards
Barry John   Gareth Edwards
John Lloyd   Norman Gale   Denzil Williams
Brian Price   Delme Thomas
Dai Morris   Mervyn Davies   John Taylor

Cafwyd gêm agored, gofiadwy, yn yr heulwen grasboeth. Ro'dd hi'n ofid pan a'th y gwŷr lleol ar y bla'n 11-0 ond trawodd Cymru 'nôl mewn steil gan sgorio tri chais ardderchog gyda Gerald Davies yn croesi ar 'i ben 'i hunan a hefyd yn creu cais i John Taylor. Yn gynharach ro'dd Dai Morris wedi sgorio hefyd. Yn y diwedd llwyddwyd i ennill y gêm 19-16 ond, a dweud y gwir, ro'dd y gwahaniaeth rhwng y ddau dîm yn fwy sylweddol o lawer na thri phwynt.

Oddi yno galwyd am rai dyddiau yn Ffiji gan aros, y tro hwn, mewn gwesty ysblennydd o'r enw Isa Lei yn Suva, o'dd wedi'i adeiladu ar siâp crwban. Dyma beth o'dd derbyn mwythe ac ro'dd y bwyd yn fendigedig. Derbyniwyd gwahoddiad i ymweld ag ynys enwog Bau a chan fod y gwahoddiad yn swyddogol penderfynwyd taclu yn ein 'dillad dydd Sul' gan gynnwys y *blazers* o'dd yn rhan anhepgorol o'n gwisg! A ninne yn y cychod agored, yn sydyn agorodd y nen a phrofwyd y dilyw trymaf a weles eri'od. O fewn eiliade ro'dd pawb yn 'lyb at 'u crwyn a do'dd dim dewis ond newid gan wisgo sgertie gwellt lliwgar tra bod ein dillad yn sychu. Cafwyd mwynhad arbennig wrth yfed y *kavi* lleol! Yn goron ar bopeth bu'r croeso twymgalon, ynghyd â'r gwenu di-baid yn nodweddion bythgofiadwy.

Ffordd o dalu'n ôl o'dd y gêm 'i hun yn dilyn yr achlysur cofiadwy yng Nghaerdydd ym 1964 pryd curodd Cymru Ffiji 28-22. Cafwyd torf swyddogol o 25,000 yn Buckhurst Park, bedwar diwrnod ar ôl inni brofi buddugolieth yn Sydney. Teg nodi, serch hynny, fod dege o gefnogwyr nad o'dd wedi llwyddo i brynu tocynne swyddogol wedi dringo'r coed o'dd yn amgylchynu'r maes ac unwaith eto cafwyd canu soniarus cyn, ac yn ystod, y gêm.

Cymru enillodd 31-11 'rôl brwydr galed aruthrol, oblegid ro'dd blaenwyr y gwŷr lleol wedi derbyn *crash course* o hyfforddiant gan Freddy Allen o Seland Newydd! Sgoriwyd chwe chais, tri i Dennis Hughes, dau gan John Taylor, gyda Maurice Richards yn sgorio'i seithfed ar y daith.

Cafwyd amser i synfyfyrio ac i drafod ar y ffordd yn ôl i Gymru. Cafodd nifer o chwaraewyr gyfle i ddisgleirio ar y daith a manteisiodd y mwyafrif ohonyn nhw ar y cyfleoedd hynny. O'm rhan i, yn bersonol, rwy'n difaru na roddais gyfle i Phil Bennett a 'Chico' Hopkins mewn un prawf; trueni fod Barry Llewelyn wedi'i anafu ar amser tyngedfennol, ond balchder aruthrol fy mod wedi dwyn perswâd ar Gerald i symud i'r asgell a'r bodlonrwydd a dda'th yn sgil 'i lwyddiant yno. Yn gyffredinol cafwyd taith weddol lwyddiannus gan ennill peder gêm a cholli'r ddwy gêm brawf yn erbyn Seland Newydd.

Gwyddwn fod y deunydd crai gyda ni i adeiladu arno ar gyfer y dyfodol, ond gwyddai'r chwaraewyr fod angen newid a chodi gêr os o'n nhw am orchfygu gwledydd fel Seland Newydd a De Affrica. Wrth ddweud hynny gwyddwn hefyd fod gyrfa nifer o sêr Seland Newydd yn tynnu at y terfyn, gwŷr amlwg fel McCormick, Dick, Davies, Kirton, Gray, Lochore a Muller ond, ar yr un pryd, sylweddolais fod hyn yn wir hefyd am dri chwaraewr a 'angorodd' flaenwyr Cymru yn nechre'r 'Ail Oes Aur' sef Norman Gale, Brian Thomas a Brian Price. Ac er nad oedden ni'n gwybod hynny ar y pryd ro'dd Cymru i golli dwy seren ddisglair arall gan fod Maurice Richards a Keith Jarrett i fynd i chware'r gêm dri ar ddeg cyn y gêm ryngwladol nesa.

YR OES AUR

Braf o'dd dychwelyd i Gwmtwrch eto ac at y teulu ar ôl y daith hir i ben arall y byd. Bu'r 'golomen' yn rhyfeddol o deyrngar tra bûm ar y daith ond do's dim yn cymharu â'r cyffyrddiad corfforol ac ro'dd antur arbennig yn ein hwynebu fel teulu hefyd oherwydd ym 1969 ro'n i wedi prynu dwy erw a hanner o dir yn y pentre; llain o'dd yn gyfarwydd iawn i ni blant yr 'Ysgol Sul' gan taw ar y maes hwn y cynhelid ein mabolgampe blynyddol. Daethpwyd i drefniant yn weddol o glou gyda'r perchennog, 'Gruff y ffarmwr' (Gruff Walters), ac ar ôl aros am gyfnod derbyniwyd caniatâd i godi byngalo yno.

Yn wir ro'dd y gwaith wedi dechre pan oeddwn i yn Seland Newydd gyda Margaret druan yn gorfod ysgwyddo baich 'gŵr' y tŷ o'dd yn cynnwys cario 'slate' (llechi) ac yn y bla'n. Dwy i ddim yn credu 'i bod hi'n rhy hapus ynglŷn â hyn ond chware teg iddi hi nath hi ddim achwyn yn ormodol! (Teg nodi imi dderbyn cymorth gwiw gan Cec Thomas, cyfell a chefnogwr o glwb rygbi Abertawe.)

Ar bapur mae'n ymddangos fod bywyd ar y pryd yn 'fêl i gyd' ond rwy'n dal i gofio'r profiade cymysglyd o'r wefr o deithio ac o ymweld â chlybie ar hyd a lled Cymru yn sgil fy mhenodiad yn hyfforddwr ar y garfan genedlaethol ond ar yr un pryd ro'dd rhaid aberthu, gan imi, yn sgil y galwade cynyddol, golli llawer o ddyddie dedwydd magwraeth ein plant. Yn wir, wrth imi ddychwel ar ôl un penwythnos o siarad mewn ciniawe da'th cri o ene Megan, 'Ma' Wncwl Clive wedi cyrra'dd 'nôl!'

O ran gwylie haf, Shir Benfro o'dd yr atyniad i ni fel teulu ar y pryd. Ymweld â Dinbych-y-pysgod am flynyddo'dd a thrwyddi draw cafwyd amser cofiadwy bob tro gyda Dewi'n disgleirio'n fwy llachar o lawer na'i dad ar y bwrdd snwcer!

Yn y cyfamser ro'dd rygbi, gydag 'R' fawr, yn parhau, gyda Cliff Jones yn cenhadu ymhob twll a chornel.Ymwelodd â chlybie mil fyrdd gan argymell penodi hyfforddwr swyddogol. Amhosibl yw dibrisio maint 'i gyfraniad na grym 'i gennad. Byrdwn 'i neges o'dd nad o'dd 'na bwrpas bod yn ddinesydd ail ddosbarth o Selandwr Newydd. Cymro dosbarth cynta o'dd y nod!

Er inni golli yn Seland Newydd ro'dd y gwelliant cyffredinol yn parhau a derbyniwyd awgrym yr *Advisory Coaching Committee* i newid yr agwedd o ran dewis a chware'r blaen-esgyll. Penderfynwyd canolbwyntio ar fabwysiadu'r agwedd o ddefnyddio blaenasgellwyr ochor chwith a de yn hytrach na *thywyll* ac *agored* ac yn hynny o beth ro'dd Dai Morris a John Taylor yn gweddu'n berffeth. Bellach ro'dd y rheng ôl yn gallu bod yn *bositif* ar bob achlysur gan gadw'r symudiad i fynd drwy: ennill y bêl; mynd ymla'n; cefnogi; sicrhau parhad. Hyd yn oed pan enillai'r gwrthwynebwyr feddiant ro'dd hi'n anodd iddyn nhw ddatblygu'r fantais honno'n sgôr o bedwar pwynt!

Serch hynny, teg dweud na chawsom lawer o gefnogeth gan nifer o'n prif glybie ac eithrio'r Cymry yn Llunden, Castell-nedd, Caerdydd, a chan Ieuan Evans o'dd wrthi'n hyfforddi tîm ieuenctid Cymru. Ond ro'n i'n bersonol yn argyhoeddedig taw dyma o'dd y ffordd ymla'n oblegid ro'dd yr un newidieth yn y sgrym yn golygu fod gofyn i bob blaenwr redeg gyda'r bêl yn awr; nid mater o'i hennill ar gyfer yr olwyr yn unig! Ro'dd Cymru'n meddu ar y chwaraewyr a alle chware'r gêm bymtheg dyn ac ro'n i'n benderfynol, fel dewiswr a hyfforddwr, ein bod yn derbyn y cyfle hwnnw.

Yn hyn o beth rwy'n credu fod dyfodiad cynghrair y llifoleuade, y *floodlight alliance,* wedi bod o gymorth ac ro'dd cyfraniad tîm y Cymry yn Llunden, dan gapteniaeth a hyfforddiant John Dawes, o gymorth amhrisiadwy. Ro'dd hi'n bleser gwirioneddol bod yn dyst i'w campweithie ar y maes a châi'r llwyddiant hwnnw 'i adlewyrchu yn y nifer a deithiai'n gyson i ymuno â'r garfan ymarfer yn Lido Afan.

Deuai dau gar yno. *Mini* bach oedd y cyntaf, a gariai J.P.R., John Dawes, Mervyn Davies a John Taylor, a'r ail gar yn fwy *swanc* o lawer. Teithiai Gerald, Mike Roberts, Tony Gray, Geoff Evans a'r Dr Keith Hughes yn hwnnw! Yr alltudion o'dd y cyntaf i gyrra'dd bob tro. Nhw a Dai Morris sy'n parhau i fod yn ymgnawdoliad o bob rhinwedd mewn Cymro i mi. Dai yn cyrradd yno 'rôl gweithio *shifft* dan ddaear gan fynd i mewn yn gynnar er mwyn diogelu y byddai'n ymuno â'r garfan mewn da bryd. Rhaid cofio nad o'dd yr un o'r chwaraewyr yn derbyn arian na chyflog am chware rygbi y dyddie hynny!

Y Springboks fu ar ymweliad y tymor hwnnw, gwŷr ifainc a dderbyniodd y ffugenw *The Unsmiling Giants*. Yn bersonol, ro'n i'n teimlo'n flin drostyn nhw gan iddyn nhw ddiodde ar y maes yn sgil penderfyniade 'u llywodraethwyr gwleidyddol oddi ar y cae. Chawson nhw mo'r daith fwya cofiadwy o ran canlyniade; yn wir, fe'u curwyd gan yr Alban a Lloegr a chwaraewyd gêm gyfartal yn erbyn Iwerddon. Mae'n amlwg fod y derbyniad a gawson nhw oddi ar y maes wedi cael effaith ar 'u chware a chawsant 'u curo ddwywaith yng Ngwent, eto gan Gasnewydd ac yna gan dîm Gwent 'i hunan gyda Robin Williams yn disgleirio fel ciciwr.

Ar 24 Ionor 1970 llwyddwyd i'w dal i gêm gyfartal gan Gymru, diolch i gais cofiadwy gan Gareth Edwards yn y funud ola! Gareth hefyd a sgoriodd y gôl gosb flaenorol ac fe sicrhaodd y canlyniad fod Cymru heb golli erio'd yn erbyn De Affrica, ond gobeithio na welir, fyth eto, geme rygbi'n cael 'u gwarchod gan blismyn, a phrotestiade hyll fel ag a brofwyd yn gynharach yn Abertawe. (Gyda llaw, penderfynodd John Taylor nad o'dd eisie cael 'i ystyried ar gyfer gêm Cymru fel 'i brotest unigol yn erbyn polisi *apartheid* De Affrica.)

Dim ond un o'r geme ym mhencampwriaeth y pum gwlad a gollwyd yn ystod y tymor ond, i mi, do'dd Cymru ddim ar 'u gore. Yn y gwynt lletchwith curwyd yr Alban yng Nghaerdydd 18-9; profwyd buddugolieth yn Twickenham pan dda'th Chico Hopkins i'r ca'n eilydd yn lle Gareth Edwards gan sgoro un o bedwar cais Cymru; teithiwyd i Ddulyn yn llawn hyder ond, yn gwbl annisgwyl, cawsom ein chwalu 14-0 a diflannodd ein gobeithion am Goron Driphlyg gyda Tom Kiernan, capten y Gwyddyl, yn dweud: 'Fe fanteision ni ar gamgymeriade'r Cymry'.

Er inni golli, teg dweud nad o'dd unrhyw un yn wangalon o hyd. Yn ystod y gêm creodd Barry a Gareth record, gan guro pymtheg ymddangosiad Dick Jones a Dicky Owen rhwng 1901 a 1910. Doedden nhw ddim ar 'u gore yn y gêm hon ond, wrth gydnabod hynny, rwy'n credu, o edrych yn ôl fod mwy o ddaioni nag o ddrwg wedi dod yn sgil y canlyniad. Daw nerth a grym mewn cyfyngder a chafodd hynny 'i adlewyrchu ar y maes cyn bo hir.

Yn wir, dair wythnos yn ddiweddarach llwyddwyd i goncro Ffrainc yng Nghaerdydd 11-6 gyda Phil Bennett yn ymddangos yn safle'r maswr o'r diwedd, yn absenoldeb Barry oherwydd anaf.

Asiodd Phil yn brydferth gyda Gareth mewn gêm pryd y penderfynwyd defnyddio grym i sicrhau goruchafiaeth. Rhannwyd y bencampwriaeth gyda gwŷr Ffrainc!

Dyma'r tymor pryd yr arbrofwyd gyda geme ar lefel 'B' gyda Chymru a Ffrainc yn wynebu 'i gilydd yn dymhorol. Er bod y gyfres o brofion rhwng y gwynion a'r cochion yn dal i ga'l 'u cynnal, ystyrid y geme 'B' yn gyfle gwych i greu argraff dan amode cystadleuol. Cydiodd sawl chwaraewr yn 'i gyfle'n awchus gyda gwŷr fel Arthur Lewis (11 cap, 1970-73) a John Bevan (10 cap, 1971-73), myfyriwr yng Ngholeg Addysg Caerdydd, yn disgleirio. Ro'dd 'u hymddangosiad nhw adeg ffarwelio Keith Jarrett a Maurice Richards yn amseriad perffaith.

Yn yr un modd datblygodd cyfraniad y gwŷr o'dd wedi bwrw'u prentisieth, fel John Lloyd (24 cap, 1966-73); Jeff Young (23 cap, 1968-73); Barry Llewelyn (13 cap, 1970-72); Geoff Evans (7 cap, 1970-72) ymysg llu o chwaraewyr erill sydd â'u henwe ar restr swyddogol capie llawn dros Gymru. Chwaraewyr fel Billy Raybould, Roy Mathias, Keith Hughes, Stuart Gallagher ac Ian Hall. Ro'dd y garfan yn gyffredinol yn gryf, do'dd dim dwywaith o gwbl ynglŷn â hynny, ac ro'dd yr edrych ymla'n at y tymor newydd yn enfawr.

Ar lefel bersonol cefais siom aruthrol gan imi ddeall fy mod, yn rhinwedd fy swydd fel hyfforddwr tîm Cymru, ar frig y ffefrynne i ga'l fy mhenodi'n hyfforddwr y Llewod o'dd i ymweld ag Awstralia a Seland Newydd ar ddiwedd y tymor. Ond, er i gwmni John Player roi sêl 'u bendith ar fy mhenodiad, gwrthodwyd talu fy nghyflog ac yn sgil hynny bu'n rhaid imi dynnu fy enw'n ôl gan fod yr aberth ariannol yn ormod o lawer i mi ar y pryd gyda choste cynnal teulu ac yn y blaen!

Cynhaliwyd cyfarfod arbennig o bwyllgor hyfforddi'r undeb a benderfynodd ysgrifennu at bob hyfforddwr er mwyn gweld pwy a fyddai â diddordeb. Do, derbyniodd pob un hyfforddwr y cyfle o gynnig ac ar ôl ystyried y ceisiade i gyd penderfynodd y pwyllgor anfon dou, Roy Bish a Carwyn James, ar gyfer y cyfweliad yn yr East India Club yn Llunden.

Yn dilyn yr holl drafod penodwyd Doug Smith, yr Albanwr, o'dd yn gyn-'Lew' 'i hunan, yn rheolwr a Carwyn yn llawn deilwng o swydd yr hyfforddwr; partneriaeth rymus, effeithiol gyda Rees

Stephens yn cynrychioli Cymru ar y pwyllgor dewis. Cefais sawl cyfarfod ffrwythlon gyda Doug a Carwyn yn ystod y tymor; yn wir, un tro gofynnodd Doug imi a gâi ddod i'm hystafell i wrando ar fy *team talk* cyn y gêm! Dywedodd wrtha i sawl tro wedyn 'i fod e wedi ca'l ofan er iddo fwynhau mas draw!

Gwawriodd tymor pencampwriaeth y pum gwlad ar 16 Ionor 1971, hynny ar ôl cyfnod o baratoi gofalus ac o edrych ymlaen angerddol. Bu'r sesiyne lu a gynhaliwyd yn Lido Afan yn fodd i fyw a phenderfynes ddefnyddio'r gefnogaeth frwd i'n sbarduno gan obeithio hefyd fod teyrngarwch y fintai o gefnogwyr i brofi'n weledol yn gyfraniad o'dd i ga'l 'i werthfawrogi mewn llwyddianne ar y ca'! Ro'dd hi bellach yn bryd derbyn y gwobrwyon am yr ymroddiad gan y cefnogwyr a'r chwaraewyr; yr ymdrechion diflino gan y gwthwyr yn y sgrym, y neidwyr yn y llinell a'r olwyr chwim, dawnus a deallus. O ran edrych arno dyw Lido Afan ddim yn fangre sy'n ysbrydoli ond, da chi, hyd yn oed ar eiliad wan, peidiwch meiddio awgrymu hynny wrth chwaraewyr a chefnogwyr 1971. Byrdwn fy mhregeth i o hyd o'dd ein bod i gyd yn rhan o deulu, ein bod i gyd o'r un tras a gwaed!

Cadeirydd y Dewiswyr, 1972:
Jack Young, Cliff Jones, fi, Harry Bowcott, Rees Stephens.

126

Ar 16 Ionor 1971, yng Nghaerdydd, curodd Cymru Lloegr 22-6. Am y tro cynta er 1912 ro'dd y cryse cochion ar y bla'n yn y gyfres rhwng y ddwy wlad. Dwy gôl adlam gan Barry. Dou gais gan Gerald. John Bevan yn croesi yn 'i gêm gynta!

Ro'dd John Dawes bellach wedi'i ymsefydlu'n gapten ac arweiniodd yn y modd mwya dramatig o syml drwy gyflawni'r hanfodion elfennol o baso, taclo a rhedeg, gan sicrhau fod y bêl yn 'gwneud y gwaith', ar yr adege cywir, a hynny yn y modd mwya disgybledig posibl gan ysbrydoli 'i gyd-chwaraewyr i ddilyn 'i esiampl.

I mi, ro'dd yr asgwrn cefen yn gadarn:

J.P.R.

Gerald   Dawes   Arthur   John B.

Barry   Gareth

Barry Llew   Jeff Young   Denzil

Delme   Mike Roberts

Dai Morris   Mervyn   John Taylor

Ro'dd J.P.R. yn 'gawr' yn y cefen. Gerald o'dd yr asgellwr gore'n y byd, Dawes y capten gore, Arthur yn gyfan gwbl ddiogel a rhedai John B. drwy wal frics! Barry a Gareth o'dd i reoli popeth. Ro'dd Denzil, fel hen win, yn ychwanegu elfen newydd i'w gêm bob tro, Barry Llew yn perthyn i'r oes fodern, Delme fel samwn, Mike Roberts fel craig ac yn neidiwr blaen lein effeithiol dros ben ac ro'dd y rheng ôl yn gyfuniad o unigolion o'dd wedi'u gweu'n drindod berffeth! Ac yn ôl 'i arfer ro'dd Jeff Young yn gwbl ddibynnol yn safle'r bachwr. Ro'dd fy nghyd-ddewiswyr, Cliff Jones, Jack Young, Rees Stephens a Harry Bowcott, wrth 'u bodd!

Ro'dd gwell i ddod yn erbyn yr Alban ym Murrayfield. Gorfodwyd un newidiad yn nhîm Cymru gydag Ian Hall yn cymryd lle Arthur Lewis o'dd wedi'i anafu. Cynhaliwyd cynhadledd i'r Wasg ar y dydd Gwener. Cawsai ein gwŷr broblem gyda'r cicie gosod ers i Jarrett symud i Ogledd Lloegr. Lloyd Lewis o'r *News of the World* yn gofyn pwy fyddai'n cymryd y cicie cosb gan ein bod ni wedi arbrofi gyda J.P.R. drwy'r canol, Barry o'r chwith a John T. o'r dde. Fy ateb cwrtais i o'dd, 'Dwy i ddim yn gwbod am y cicie cosb ond rwy i *yn* gwbod pwy fydd yn cymryd y cicie ar gyfer y trosi!' Tawelwyd y gynhadledd i'r Wasg, ond yn sicr do'n i ddim yn gwybod pa mor agos at y gwir yr o'n i ar y pryd!

A dweud y gwir, un o'r gofidie penna o'dd gen i o'dd y posibilrwydd fod yr uned yn or-hyderus. Môr o goch eto yng Nghaeredin, a môr o ganu. Dawes fel *cucumber*! Cyrra'dd Murrayfield. Cyfarfod hwn a'r llall. Astudio hwn a'r llall. Trafod, edrych, mwynhau. Petruso. Yna, *panic*. Gareth Ed wedi anghofio'i *gum-shield* yng ngwesty'r North British ac ymddiried yn *Clive* i'w nôl. Minne'n teithio fel oen swci ar gefen moto-beic plismon gan ddychwelyd mewn da bryd, a dechreuwyd ar un o'r geme mwyaf cofiadwy erio'd yn y bencampwriaeth!

Y chweched o'r mis bach, 1971. Y ddau dîm ar dân gyda'r Cymry a'r Albanwyr mor awyddus i chware'r gêm atyniadol, agored. Sgoriodd 'Sandy' Carmichael a Chris Rea geisie dros yr Alban gyda John Taylor, Gareth Edwards a Barry John yn croesi dros Gymru; trawodd ymdrech Barry i drosi 'i gais 'i hun yn erbyn y postyn. Ro'dd pum munud i fynd gyda'r Albanwyr ar y bla'n 18-14. Yna neidiodd Delme a gwyrodd y bêl yn lân 'nôl i Gareth, yna Barry, Dawes, Hall, J.P.R. a'r bas ola i Gerald gydag ynte'n gwibio am y lein. Cais. Ond ro'dd y gic i ddod. Da'th cyfle John Taylor i'w anfarwoli'i hun a chyda'i droed chwith diogelodd y fuddugolieth fythgofiadwy, o bwynt, 19-18.

Mae'n rhaid cyfadde na weles i'r trosiad gan fy mod wedi gadel y ca' yng nghwmni Edna fy chwaer – er mwyn prynu *champagne* gan fy mod i mor ffyddiog y bydde J.T.'n llwyddo i drosi! Ond stori sy'n gelwydd gole yw hon eto, mae'n rhaid imi gyfadde, er 'i bod hi'n derbyn croeso gwresog ymhob cinio rygbi! Serch hynny, mae'n rhaid cydnabod na weles i'r gic y prynhawn hwnnw a dim ond yn ddiweddar iawn y deuthum i'n ddigon dewr i edrych ar gic pan fo Cymro'n anelu at y pyst!

Derbynies groeso gwlyb gan y chwaraewyr yn yr ystafell wisgo ar ôl i'r gêm orffen gan iddyn nhw fy nhaflu i mewn i'r bàth gyda nhw er fy mod i wedi taclu'n drwsiadus, ond ro'dd fy record i yn erbyn yr Albanwyr yn un ro'n i'n ymfalchïo ynddi gan imi chware deirgwaith yn 'u herbyn yn gapten ac ennill bob tro a dyna hefyd o'dd fy record fel hyfforddwr!

Tîm Cymru 7 bob ochr yn yr Alban, 1974.
John Taylor, Gerald Davies, fi, Mervyn Davies, J.P.R. Williams, Gareth Edwards a Glyn Shaw.
J.J. Williams, Ian Lewis, Phil Bennett a Gerry Lewis.
Sweater i bawb oddi wrth Lyle a Scott. Ai dyma'r sponsorship cyntaf?

Felly Iwerddon yng Nghaerdydd amdani a hynny er mwyn selio'r Goron am y deuddegfed tro. Yn ystod y mis a mwy rhwng y ddwy gêm cafwyd sylw aruthrol a chlod derbyniol i'r perfformiade hyd yn hyn. Unwaith yn rhagor dychwelodd y 'teulu' clòs yn gyson i Lido Afan. Er iddo chware'n gaboledig ym Murrayfield ildiodd Ian Hall 'i le i Arthur Lewis.

Unwaith eto ysgwyddodd Ray Williams ran sylweddol o'r baich gan ganolbwyntio ar y blaenwyr o'dd wedi perfformio'n effeithiol dros ben hyd hynny. O fla'n torf o dros 50,000 yng Nghaerdydd ysgubwyd y Gwyddyl o'r neilltu gyda Chymru'n sgoro pedwar cais (bobo ddou i Gareth a Gerald) yn y fuddugoliaeth o 34-9.

Cyn y gêm yn erbyn Ffrainc ym Mharis cyhoeddwyd enwe carfan y Llewod. Pob un o olwyr Cymru ar yr awyren; dim ond Denzil Williams a Dai Morris na chafodd 'u dewis o blith y blaenwyr gan fod Jeff Young a Barry Llewelyn wedi dweud na fydden nhw ar ga'l! Dai druan! Denzil druan!

Wrth baratoi am Baris da'th yr atgofion poenus am yr hyn a ddigwyddodd ar ôl Coron 1965 i 'mhoenydio'n gyson. 'Gwyliwch y gor-hyder, cofiwch am effeithiolrwydd y Ffrancod yn y gwanwyn' o'dd y gri gyson. Yn ôl yr arfer ro'dd y gwrthwynebwyr yn meddu ar uned gref aruthrol o'dd yn cynnwys cewri megis Benoit Dauga a Walter Spanghero gyda Villepreux, Bertranne, Berot, a Lux ymysg yr olwyr. *Hon o'dd y gêm ore imi 'i gweld erio'd*, gan fod sgilie arbennig gan bob un chwaraewr ar y ca'. Taclodd Barry druan Dauga gan arbed cais sicr ar ôl hanner awr a chwaraeodd Cymru'n ysbrydoledig. Sgoriodd Gareth gais cofiadwy ar ôl i J.P.R. redeg 70 llath ac yna derbyn cefnogaeth Denzil, a chroesodd Barry am gais bythgofiadwy o effeithiol a syml gan 'i fod e'n athrylith! 'Peidiwch â 'nghanmol i,' medde Barry, 'canmolwch Jeff Young am iddo lwyddo i ennill y bêl yn erbyn y pen.'

Os taw fi, yn rhinwedd fy swydd, o'dd y penteulu yna'n sicr ro'dd y cwpan yn llawn! Cipiwyd y gamp lawn am y tro cynta er 1952 ac enillwyd ym Mharis am y tro cyntaf ers peder blynedd ar ddeg. A thrwyddo draw bu'n dymor i'w gofio oherwydd enillodd y tîm 'B' yn erbyn y Ffrancod, llwyddodd time'r Ysgolion Uwchradd o dan 15 ac o dan 18 i ennill pob gêm, yn ogystal â'r ieuenctid, ac yna'r tri aelod ar ddeg gafodd 'u dewis dros y Llewod, yn ogystal â 'Chico' gyda Geoff Evans yn ymuno'n eilydd.

Y gêm ym Mharis o'dd diwedd y daith i Denzil Williams a John Dawes fu'n aelode o'r un tîm â mi 'nôl ym 1965 – ar lefel ryngwladol mae hynny'n amser hir!

Eisoes cofnodwyd yn haeddiannol, mewn sawl lle, hanes llwyddiant Llewod 1971 a mentraf ddweud fod cyfraniad y Cymry wedi bod yn amhrisiadwy gan amrywio o ddawn John Taylor i arwain y canu i'r gwersi a ddysgwyd gan sawl Cymro yn ystod yr ysgol brofiad o'r ymweliad ym 1969!

Yn ôl 'i arfer ro'dd Carwyn wedi paratoi'n drwyadl, hyd yn oed ynglŷn â'r dyfarnwyr. Ar ôl gofyn fy marn cytunodd taw John Pring fyddai'r dewis derbyniol ar gyfer y profion a dyna a ddigwyddodd. Adlewyrchwyd llwyddiant y Cymry ym 1971 yn y ffaith fod 10 ohonyn nhw wedi 'u cynnwys yn y prawf cynta gyda 'Chico' yn dod i'r maes yn eilydd. Dyma'r adeg pryd y dyrchafwyd Barry i statws 'brenin' ac yn sicr ro'dd Gareth yn dywysog gyda John Bevan yn 'farchog' ac ynte'n sgorio dau gais ar bymtheg ar y daith i ddod yn gyfartal â record Tony O'Reilly! Ac yn gapten llwyddiannus unwaith yn rhagor yr o'dd John Dawes o'dd wedi bod gyda mi bob cam o'r ffordd: canolwr yn y tîm a gollodd yn erbyn De Affrica ym 1964, aelod o dîm y goron driphlyg ym 1965, y goron ym 1969, camp lawn 1971 ac yna'r llwyddiant yn y gyfres yn erbyn Seland Newydd.

Da'th gyrfa ddisglair Colin Meads i ben hefyd ar ôl cyfnod o fod yn gapten ar Seland Newydd. Fel o'dd i'w ddisgwyl gan bob capten ar y Kiwis llwyddodd i gyflawni 'i ddyletswydde'n daclus, gofalus ac yn lân, ond tybed a effeithiodd cyfrifoldeb y gapteniaeth ar rym 'i gyfraniad fel chwaraewr? Rhoddodd o'i ore trwy'i yrfa, do's dim dwywaith ynglŷn â hynny, ac er nad ydw i'n gallu gweld fy ffordd yn glir i gytuno â'r ffordd y deliodd gyda phob agwedd o'r gêm mae'n rhaid nodi fy ngwerthfawrogiad o'i sgilie cyffredinol a'i ddawn i drin a thrafod y bêl fel olwr effeithiol.

Wrth gyfarch a llongyfarch y Llewod llwyddiannus a ddychwelodd i faes awyr Heathrow, mae'n rhaid dweud fy mod yn cymharu'r profiad a dderbyniodd bechgyn Cymru yn 'u gwlad 'u hunen â'r balchder ro'n i yn 'i deimlo drostyn nhw adeg llwyddianne'r blynyddo'dd cynt!

Ac ro'dd bywyd o ran rygbi yng Nghymru'n parhau. Penodwyd athro ysgol arall yn olynydd i Dawes sef John Lloyd, o glwb Pen-y-bont, o'dd wedi bod mor flaengar gyda gêm fodern y blaenwr. Cafwyd newid o ran gwerth cais hefyd gan benderfynu bellach 'i fod yn teilyngu pedwar pwynt. Enillwyd pob un o'r geme dan gapteniaeth John yn y bencampwriaeth ond, yn anffodus, ni wynebwyd Iwerddon yn Nulyn yn sgil y 'trafferthion' yno ar y pryd. Serch hynny, cafwyd tymor disglair arall gyda Gareth a Barry'n mynd o nerth i nerth, Arthur Lewis bellach wedi derbyn cwmni Roy Bergiers yn y canol, Gerald a John B. yn parhau i ddisgleirio ac i danio ar yr esgyll a J.P.R. yn gastell nad o'dd modd 'i ddymchwel. Cymerodd Geoff Evans le Mike Roberts ymysg y blaenwyr. (A phwy all anghofio ymddangosiad cynta'r Llew Derek Quinnell pan dda'th i'r maes yn eilydd yn lle Mervyn Davies yn erbyn Ffrainc a minne'n sgrechen ar Nathan Rocyn Jones, y meddyg swyddogol, am y penderfyniad i ganiatáu i hynny ddigwydd!) Yn sicr nid fi o'dd yr unig gefnogwr o'dd yn argyhoeddedig y byddai Cymru wedi ennill y gamp lawn am yr eildro o'r bron pe bydden ni wedi wynebu Iwerddon y tymor hwnnw!

Cafodd Barry John dymor ardderchog gan chware rhan allweddol yn 'i gêm ola dros Gymru pryd y curwyd y Ffrancod 20-6. Cyn diwedd y tymor hyd yn oed ro'dd ein llygaid eisoes wedi troi i gyfeiriad y Cryse Duon. Yn ogystal â chyfraniade Barry yn ystod y tymor, un o'r uchafbwyntie, heb os nac oni bai, o'dd cais gwyrthiol Gareth Edwards yn erbyn yr Alban. Yn ystod y paratoi pwysais droeon ar Carwyn a John Dawes gan ofyn am farn y ddau ynglŷn â chryfdere a gwendide'r gwrthwynebwyr ac ro'dd pob aelod o garfan Cymru'n argyhoeddedig fod y cyfuniad o'n haneri dawnus yn mynd i fod yn ddraenen boenus yn ystlys y Cryse Duon ac y bydde'r Dreigiau Cochion yn 'u curo am y tro cynta er 1953.

Yn gyfan gwbl ddiarwybod imi cyhoeddodd Barry 'i ymddeoliad o'r gêm, gan chware am y tro olaf yng ngêm dathlu hanner canmlwyddiant Urdd Gobaith Cymru. Ro'dd dweud fod y penderfyniad yn destun syndod imi yn 'i fychanu ac ma'n rhaid ychwanegu imi ga'l fy nhristáu'n enfawr. Cydymdeimlais â chymhelliad y dewin o Gefneithin o'dd wedi ca'l llond bol ar yr holl eilunaddoli sy'n nodwedd o fywyd y campwr proffesiynol ac ma'n rhaid cofio o hyd taw amatur fu Barry yn ystod 'i holl ddyddie chware.Yn ystod tymor byr 1972 sgoriodd 35 o bwyntie gan guro record Jack Bancroft. Ymddeolodd pan o'dd e'n saith ar hugen mlwydd oed ac ynte'n parhau ar y brig!

Bu'n rhaid i fywyd fynd yn 'i flaen ac i Barc y Strade y teithiodd gwŷr Seland Newydd ar gyfer ail gêm y daith ar y prynhawn hanesyddol hwnnw ar ddiwrnod ola Hydre. Cofiaf brofi'r wefr ryfeddol wrth gerdded o westy'r Stepney. Ro'dd yr awyrgylch yn drydanol a'r maes 'i hunan dan 'i sang ymhell cyn y gic gynta. Unweth yn rhagor ro'dd Carwyn wedi cwblhau 'i waith cartref yn drwyadl gan dalu sylw cyfiawn i bob agwedd o batrwm chware'r gwrthwynebwyr gan bwyso ar brofiad gwŷr fel Norman Gale, hyfforddwr y blaenwyr, a Delme Thomas, y capten ysbrydoledig ar flaen y gad, gyda Phil Bennett yn disgleirio. Annheg braidd yw enwi unigolion gan i bob chwaraewr gyfrannu yn 'i ffordd 'i hun tuag at fuddugolieth chwedlonol a gyfrannodd tuag at noson fythgofiadwy yn y dre, yn wir drwy Gymru gyfan!

Ro'dd Cymru i'w cyfarfod ar yr ail o Ragfyr 1972. Dewiswyd Delme Thomas yn gapten yn absenoldeb Arthur Lewis a anafwyd; enillodd Glyn Shaw 'i gap cynta'n brop pen-rhydd gyda Barry Llywelyn, o'dd i orffen 'i yrfa ryngwladol yn gynnar, ar yr ochor dynn; Jim Shanklin o'dd yn y canol yn lle Arthur; fe'n bartner i Bergiers, gyda'r profiadol drindod, J.P.R., Gerald a John Bevan, yn weddill yr olwyr.

Er i Lanelli 'u curo ro'dd y gwŷr hyn o ben draw'r byd yn uned rymus yn ôl y disgwyl er nad o'dd pob aelod yn meddu ar ddisgyblaeth gwŷr y gorffennol. (Cafwyd enghraifft o hyn pan benderfynwyd anfon Keith Murdoch, y prop, adre am iddo gamymddwyn 'rôl y gêm yn erbyn Cymru.)

A'th y paratoade'n fwy na derbyniol yn Lido Afan eto a'r teimlad ymysg y cefnogwyr yn ogystal â'r chwaraewyr o'dd bod gobeithion Cymru o ennill yn gryf. Yn anffodus, yn ystod y gêm 'i hun ildiodd Cymru ddeg pwynt ar waetha ymdrech arwrol gan y blaenwyr a lwyddodd i wthio'r gwrthwynebwyr yn lled gyson, ond Seland Newydd dderbyniodd sêl bendith y dyfarnwr a benderfynodd fod Murdoch wedi croesi am gais dadleuol ac fe wrthododd ganiatáu ymdrech ddilys gan J.P.R. yn hwyr yn y gêm. Yn gynharach ro'dd John Bevan wedi croesi am gais cofiadwy ond troseddodd y Cryse Duon yn aml pan oedden nhw o dan bwyse gan daclo Gerald a John

B.'n benodol pan nad o'dd y bêl yn 'u meddiant! Do'dd Johnny Johnson ddim yn Sais poblogaidd pan chwythodd y chwib am y tro olaf gyda'r teithwyr yn fuddugol 19-16. Cymaint o drueni hefyd fod Phil Bennett wedi methu dod â'r sgôr yn gyfartal o drwch y blewyn gyda chic ola'r gêm bron!

Dechreuwyd adeiladu o'r newydd am y dyfodol a llwyddodd y tîm 'B' i sgorio 6 chais wrth drechu Ffrainc 35-6 ond tymor cymysglyd a gafwyd yn y bencampwriaeth yn gyffredinol gan ennill y ddwy gêm gartre yn erbyn Lloegr 25-9 (5 cais) ac Iwerddon 16-12 (2 gais) gan golli 10-9 ym Murrayfield ac yna 12-3 ym Mharis. Y gêm yn erbyn yr Alban o'dd y gynta ers deg inni 'i cholli yn y bencampwriaeth ac elfen dlawd arall o'dd inni fethu sgorio ceisie yn un o'r ddwy gêm.

Yn ystod yr haf teithiwyd i Ganada a manteisiwyd ar y cyfle i gyflwyno chwaraewyr newydd, gwŷr o'dd i ddatblygu'n 'enwe' cyfarwydd yn ystod y tymhore nesaf, fel Tommy David, Ian Lewis (Pen-y-bont), Phil Llewellyn (Abertawe), J.J. Williams (Llanelli), Clive Shell (Aberafan), Gerry Wallace (Caerdydd), Allan Martin (Aberafan) a'r anfarwol Bobby Windsor o'dd yn cynrychioli Cross Keys y dyddie hynny.

Dychwelyd adre eto gyda phawb yn llawn hyder ynglŷn â'r dyfodol a o'dd i brofi'n wahanol imi ar y diwedd gan taw hwn o'dd fy chweched tymor fel hyfforddwr, a'r ola. Penderfynodd y pwyllgor hyfforddi benodi John Dawes yn olynydd imi a thrwy'r tymor cadwodd John gwmni i Ray Williams a minne.

Gwyddwn fod y Llewod i ymgymryd â thaith i Dde Affrica ar ddiwedd y tymor, ond er imi ga'l fy nghyf-weld penodwyd Syd Miller o Iwerddon yn hyfforddwr gydag Alun Thomas yn rheolwr – penodiade penigamp. Cynrychioles Gymru ar y panel dewis.

Yn ystod mis Tachwedd sgoriodd Cymru dri chais wrth guro Awstralia 24-0 a manteisiwyd ar y cyfle i roi cap i Clive Shell a dda'th i'r ca'n eilydd i Gareth. Ro'dd Shell, fel Chico gynt, yn haeddu'r cyfle a bu'r ddau mor anffodus o orfod cydoesi â Gareth a chwaraeodd yn ddi-dor mewn 53 o geme.

Cafwyd tymor diddorol a gwahanol o ran canlyniade gan inni guro'r Alban gartre 6-0; gêm gyfartal 9-9 yn erbyn Iwerddon yn Nulyn, gyda Geoff Wheel yn ennill 'i gap cynta; cyfartal 16-16 gartre yn erbyn Ffrainc a chollwyd 16-12 yn erbyn Lloegr, neu dyna o'dd y

Cymru yng Nghanada, 1973. Rheolwr: Ken Gwilym. Capten: Gareth Edwards.

sgôr swyddogol ac mae'n rhaid derbyn hynny ond dyma'r gêm a ysbrydolodd Max Boyce i ganu am *'that blind Irish referee'*, John West, a wrthododd ganiatáu ymdrech ddilys J.J. Williams i gyrra'dd y bêl o flaen David Duckham!

Fy ngêm ola fel hyfforddwr, 1974; y siom o wrthod cais J.J. Williams – Cymru'n colli.

Felly, da'th fy nghyfnod fel hyfforddwr dros chwe thymor, rhwng 1968 a 1974, i ben gyda'r record ganlynol: ennill pob gêm ym mhencampwriaeth y pum gwlad heblaw colli unwaith yr un yn erbyn Lloegr, Ffrainc, Iwerddon a'r Alban; colli'r tair gêm yn erbyn Seland Newydd; curo Awstralia ddwywaith a gêm gyfartal yn erbyn De Affrica. A fydden i wedi setlo am y record honno ar ddechre'r chwe blynedd? Ar y cyfan, bydden, ond nid da lle gellir gwell!

Bu pwyllgor dewis gŵyr y Llewod yn cyfarfod yn gyson yn ystod y tymor ac ro'n i mor falch fod llwyddiant Alun Thomas, rheolwr Cymru yn Ne Affrica ym 1964, wedi cael 'i wobrwyo. Yn wir, yn fy marn i, ro'dd gweledigaeth Alun yn ystod ac ar ôl y daith honno wedi chware rhan allweddol yn llwyddiant Cymru ers hynny.

Dewisiad na chafodd sêl bendith pawb o'dd penodiad Willie John McBride yn gapten ond profodd y drindod o Willie, Syd ac Alun yn aruthrol o effeithiol. Cafodd naw Cymro 'u cynnwys, sef J.P.R., Roy Bergiers, Clive Rees, J.J., Gareth a Phil o blith yr olwyr ond dim ond tri blaenwr, sef Tommy David, Mervyn a Bobby Windsor a chwaraeodd chwe Chymro ymhob prawf.

Adeg ymweliad y Llewod derbynies wahoddiad i aros yn Natal gan hyfforddi ystod eang o'dd yn cynnwys plant o dan ddeuddeg, yr ieunectid, y tîm dan 21 a thîm llawn Natal dan gapteniaeth Tom Bedford. Pan dderbynies y gwahoddiad gwreiddiol gofynnais a gawn y cyfle i hyfforddi'r bobol ddu 'u croen yn ogystal â'r gwyn. Cawsom gyfle i ymgartrefu yn Natal a derbyniodd Margaret, Megan, Dewi a minne groeso tywysogaidd gan Lywydd Natal, Basil Medway, cynrychiolydd De Affrica ar y Bwrdd Rhyngwladol; Nick Labuschagne, cyn-fachwr Lloegr; Brian Irvine, un o ddewiswyr De Affrica, a Robbie Savage.

Ro'dd yr amrywiaeth o waith yn bleserus dros ben, er yn ddwys, gan fy mod yn cynnal tair sesiwn y dydd neu'n trafod gyda'r hyfforddwyr yn ystod y nos. Profiad hyfryd hefyd o'dd rhannu cwmni a storïe gyda Tom Bedford o'dd wedi chware yn erbyn Cymru ym 1964. Dyw hyn ddim yn gŵyn, ond ychydig amser o'dd 'na'n rhydd i dreulio gyda'r teulu a fwrai bob dydd ar y traeth ar y *front* yn Durban. Iddyn nhw ro'dd y môr yn gynnes braf ond ar y pryd ro'dd y bobol leol o'r farn 'i bod hi braidd yn oer! Ro'dd gwraig J.P.R., Psilla, yn gweithio mewn ysbyty yn Durban ac yn treulio cyfnod sylweddol o amser gyda Margaret a'r plant.

Atyniad mawr i'r ysgolion cynradd o'dd y ffilm *Mini Rugby* a gynhyrchwyd gan Ray Williams, ffilm addysgiadol ond ar yr un pryd yn llawn cyffro gan gyfleu'r wefr o symlrwydd effeithiol y gêm.

Manteisiwyd ar y cyfle i ymweld â Natal a chefais gwmni sawl aelod enwog o orffennol ac o bresennol y gêm, sef gwŷr fel prif hyfforddwr coleg Maritzburg College yn Pitermaritzburg, Sconk Nicholson, cyfaill mynwesol i Isaac van Herden, awdur sawl llyfr ar y gêm, a Dr Danie Craven, yr enwocaf o uwch-weithredwyr rygbi yn y wlad.

Yn naturiol, rhaid o'dd gwylio'r prawf cynta. Unwaith eto cafwyd tamed i aros pryd pan gynhaliwyd y gêm rhwng time dan 21 Natal a Western Province a gwyliais y gêm yng nghwmni Danie Craven. Cafwyd perfformiad disglair gan faswr tîm Western Province, y gŵr o'dd i ddatblygu'n gricedwr enwog, Peter Kirsten. Ro'dd Dr Craven o'r farn 'i fod yn rhy ifanc i gynrychioli'r Springboks ond dywedais wrtho fod tri o'r chwaraewyr o'dd yn mynd i gynrychioli'r Llewod ymhen awr wedi ymddangos dros Gymru pan oeddynt yr un oedran â Kirsten, sef Gareth, Phil a J.P.R. Rwy'n ymfalchïo iddyn nhw fod yn 'rhy ifanc'!

Ar daith ma'r perfformiade yn ystod y prawf cynta yn allweddol a'r tro hwn ro'dd yr uned o flaenwyr dan ysbrydoliaeth Willie John yn wirioneddol gofiadwy a chafwyd cefnogaeth o'r radd flaenaf gan yr olwyr hefyd ac asiodd y chwe Chymro o'dd yn y tîm, sef Bobby Windsor a Mervyn, a Gareth, Phil, J.J. a J.P.R., yn berffaith â'r chwaraewyr o wledydd eraill Pryden. Chwalwyd y gwrthwynebwyr ac enillwyd y prawf 12-3.

Syndod o'r iawn ryw o'dd clywed cerydd cyhoeddus Danie Craven, wrth gyflwyno *blazers* i'r Springboks newydd, am 'u bod nhw wedi colli! Y gred yw na wnaeth hynny helpu hyder gwŷr De Affrica ac efalle fod hynny wedi ca'l 'i adlewyrchu yn 'u perfformiad yn ystod y gyfres. Efallai hefyd taw dyna o'dd un o'r prif resyme dros y ffaith fod y Springboks wedi defnyddio 33 o chwaraewyr yn y peder gêm, gydag un ar hugen o'r rheiny'n gapie newydd, o'i gymharu â'r ddau chwaraewr ar bymtheg a ddefnyddiwyd gan y Llewod!

Y noson honno derbynies wahoddiad gan Willie John i ymuno ag e a'i dîm yn 'i ystafell i ymuno yn y dathlu. O gau fy llyged gallaf 'i weld yn awr yn cerdded i mewn i'r ystafell, y wên ddireidus ar draws 'i wyneb, a'i bibell yn llawn baco! Dyn a hanner, ys dywed gwŷr Cwmtwrch!

Dychwelwyd i Durban ac achub ar y cyfle i hyfforddi chwaraewyr ifainc croenddu o'dd yn frodorion o bentre bach ar y cyrion. Dangoswyd y ffilm yn neuadd y pentre ac ro'n nhw'n synnu at y ffaith – a mi'n ymfalchïo – taw un o'r sêr ynddi o'dd crwt du 'i groen o Gaerdydd; ro'dd yn dipyn o agoriad llygad i blant y pentre penodol hwn. Yna cynhaliwyd sesiwn o holi ac ateb cyn symud i ymarfer. Rwy'n cofio dwlu ar gyfraniad un crwtyn bach dawnus aruthrol. Gwisgai'r dillad gore gan gynnwys yr *Adidas trainers* ond yn anffodus do'dd dim llawer o obeth gydag e i arddangos 'i ddawn ar lwyfan y dyn gwyn yn Ne Affrica ym 1974 er rwy'n siŵr iddo dderbyn cyngor a chymorth gan Basil Medway a Brian Irvine o hynny ymla'n! Yn yr un modd ro'dd Tom Bedford yn benderfynol o ddinistrio perthi *apartheid*. Uchafbwynt fy nghyfnod yn hyfforddi yno o'dd gwylio Natal yn curo Northern Transvaal.

Yn y cyfamser, ar y tra'th, ro'dd Dewi a Megan wrth 'u bodd, er mae'n rhaid dweud taw profiad doniol iawn o'dd ceisio gwrando ar Dewi'n ceisio dal pen rheswm gyda'r cryts erill seithblwydd oed gyda nhw'n cynnal 'u sgwrs yn *Afrikaans* a Dewi'n whilia yn Gymra'g!

Yna gadawsom Durban a'i throi hi am adre, ond galw ar y ffordd yn Pretoria ar gyfer yr ail brawf a mwynhau lletygarwch o ran lleoliad sedde (y drws nesa i Mike Gibson, y Gwyddel dawnus o'dd newydd gyrra'dd yno'n eilydd). Mewn stadiwm ysblennydd gwelwyd perfformiad caboledig dros ben gan y Llewod a enillodd 28-9. Gwelsom, fel teulu, geisie J.J. a Phil Bennett ond bu'n rhaid gadael cyn y diwedd er mwyn dal yr awyren yn ôl i Lunden gan fanteisio ar garedigrwydd dau berson a hanai o Gaerdydd i'n cludo o'r Loftus Versfeld. Gwrandawyd ar weddill y gêm ar y radio wrth deithio yn 'u car. Dyna beth o'dd profiad i blant 7 a 10 mlwydd oed!

I mi, Llewod '74 o'dd yr uned rymusa erio'd i gynrychioli gwŷr rygbi gwledydd Pryden er mae'n deg cydnabod nad o'dd Llewod '71 lawer ar 'u hôl, ond eiddo gwŷr '74 o'dd y pac cryfa, yr haneri ysbrydoledig, yr olwyr gwyrthiol a'r cefnwr nerthol, J.P.R. Ro'dd hi'n anodd derbyn taw dim ond dau o olwyr '71, sef J.P.R. a Gareth, o'dd yn Ne Affrica, gyda dyfodiad Mike Gibson yn drydydd, a thaw dim ond chwech aelod o'r blaenwyr a o'dd wedi teithio i Seland Newydd o'dd yn bresennol yn Ne Affrica, sef Willie John, Gordon Brown, Fergus Slattery, Sandy Carmichael, Mervyn ac Ian McLauchlan.

Erbyn hyn ro'n i'n 36 mlwydd oed ac ro'dd fy ngwaith fel chwaraewr a hyfforddwr wedi dod i ben. Gwaith caled, diddiwedd, do'dd dim dwywaith ynglŷn â hynny, ond gwaith pleserus aruthrol hefyd o gael y fraint o weithio gyda'r chwaraewyr gore'n y byd o'dd wedi bodloni labro er mwyn cyrra'dd hyd eitha 'u gallu. Ro'dd un elfen yn fy siomi, ac mae'n ystyriaeth sydd wedi diflannu i bob pwrpas y dyddie hyn gyda'r cynnydd yn yr eilyddio, sef bod rhaid siomi shwd gymint o chwaraewyr o'dd yn teilyngu'r cap llawn, fel

139

Roy Thomas, y bachwr, Hefin Jenkins, yr wythwr, Robin Williams, y cefnwr, Dennis Thomas y mewnwr, Andy Hill yr asgellwr ac yn y blaen!

Pan ddechreuais ar y gwaith ym 1968 do'dd llawer ddim yn argyhoeddedig fod 'na le i hyfforddi, ac nad o'dd dyfodol iddo, ond erbyn diwedd y cyfnod ar ôl y gwaith cenhadol gan wŷr fel Cliff Jones a Ray Williams ro'dd dyfodol yr hyfforddwr yn sicr ac ro'dd safon y chware yn y clybie'n gwella'n weledol, yn ddyddiol.

1974: Newid Cyfeiriad

Dyma'r adeg y penderfynes ddatblygu'n ŵr busnes gan werthu offer chwaraeon o siop yn Nhreforus a agorwyd yn swyddogol gan John Taylor, Mervyn a Gareth ynghyd â Hywel Bennett yr actor o'r Garnant. Wedi treulio dros ddeng mlynedd ar hugen mewn cryse chwaraeon o bob lliw a llun, a gwisgo canno'dd o drac-wisgie, teimlwn fy mod yn weddol o hyddysg yn y maes a phenderfynodd Margaret 'i bod hithe eisie newid cyfeiriad a'i bod angen cwmni 'i gŵr yn amlach nag a gafodd yn y gorffennol! Rhoddodd y gore i nyrso ac yng nghwmni merch ifanc o'r Cwm, Lyn Williams, a Janice, gwraig Terry Nicholas, hyfforddwr newydd clwb rygbi Cwmtwrch, cawsom lawer o sbri! Ro'dd cwmni'r merched erill – Trish, Kate, Jean a Mary'n gynnes hefyd.

1972. Agor siop yn Nhreforus gyda Gareth Edwards, John Taylor, Mervyn Davies a Hywel Bennett yr actor enwog.

Bu'r siop yn ganolfan gymdeithasol i radde helaeth iawn; yn wir dywedodd rhywun bod mwy o goffi'n cael 'i yfed yno nag yng nghaffi *Pompas*! Serch hynny, do'dd dim digon o gynhaliaeth yn y siop i gynnal gwryw yn ogystal â thair gwraig! Felly, penderfynes dderbyn cynnig cwmni cyffurie meddygol Sandoz a roddai gyfle imi ennill jam ar ben y bara a menyn. Bu'r rheolwr, Ken Mathews, o gymorth amhrisiadwy pan fyddai angen cyngor ac arweiniad ond ches i erioed drafferth i lacio 'nhafod! Cyn bo hir sefydlais siop arall, yn Ystalyfera erbyn hyn. Unwaith yn rhagor da'th Mervyn i'w hagor ynghyd â J.J. – ac yno y treuliodd Margaret lawer o'i hamser yn tra-arglwyddiaethu ar bawb a phopeth gan gynnwys Brenda, Andrea a Linda ac, yn bennaf oll, y coffi!

Agor siop yn Ystalyfera gyda Merv a J.J., 1979.

Erbyn hyn ro'dd dyddie'r hyfforddi swyddogol ar ben, ac eithrio cynorthwyo Terry gydag ambell sesiwn. Mwynhad pur o'dd yr orie ychwanegol a dreuliwn gartre ond eto do'dd dim modd cefnu ar y gêm yn gyfan gwbl gan fy mod yn parhau'n ddewiswr, felly i radde helaeth ro'dd elfenne o'r ymroddiad a fu yn parhau ond bellach heb yr ymroddiad corfforol. Pleser o'r radd flaena o'dd rhannu profiade a chyfnewid syniade ynglŷn â'r gêm yn gyffredinol ac yn enwedig gyda chwaraewyr fel John Dawes, Keith Rowlands, Terry Cobner, John Bevan (Aberafan), John Lloyd, R.H. Williams, Rod Morgan, Derek Quinnell a Tony Gray.

Profodd Dawes 'i werth fel hyfforddwr yn 'i gêm gynta ym mhencampwriaeth y pum gwlad pan benderfynodd fod 'i gysylltiad clòs â Mervyn Davies yn teilyngu dyrchafiad i'r cawr o wythwr. Gareth Edwards o'dd fy newis personol fel capten ond ar gyfer y gêm yn erbyn Ffrainc ym 1975 penododd yr hyfforddwr newydd Mervyn i gydio yn yr awene, penderfyniad a dalodd ar 'i ganfed yn syth oherwydd enillwyd y gêm 25-10 ac o bum cais i un. Ro'dd chwe chap newydd yn nhîm Cymru'r diwrnod hwnnw sef Graham Price, Tony Faulkner, Trevor Evans, John Bevan (maswr), Ray Gravel a Steve Fenwick. Clod aruthrol i'r capie newydd, ond do'dd wiw anwybyddu cyfraniad y chwaraewyr a ddisgleiriodd ar daith y Llewod, fel J.P.R., Gerald, J.J., Gareth, Bobby, a Mervyn 'i hun yn efelychu cyfraniad Brian Price, Brian Thomas a Norman Gale ym 1969. Dyma'r adeg y da'th grym aelode pac Pont-y-pŵl dan arweiniad Terry Cobner i'r amlwg hefyd.

Yn ddiweddarach curwyd Lloegr 20-4 ond yn anffodus collwyd 12-10 yn erbyn yr Alban cyn gorffen y tymor mewn steil gan greu record 32-4 yn erbyn Iwerddon, sgôr o'dd yn cynnwys pum cais.

Ddechre'r tymor canlynol glynodd Dawes at 'i bolisi o ddewis chwaraewyr a fedrai ddefnyddio'r bêl ar bob achlysur a dechreuwyd ar gyfnod bythgofiadwy na welwyd 'i debyg o'r blaen. Curwyd Awstralia 28-3 gyda J.J. yn sgorio tri chais o'r asgell dde. Ro'dd yr hyder yn elfen amlwg gyda phob un chwaraewr yn 'i dro'n disgleirio. Erbyn hyn ro'dd Gareth wedi datblygu arf ychwanegol a brofodd yn effeithiol yn ystod fy ngyrfa i hefyd, sef y gic isel hir i'r corneli o'dd yn torri calon y gwrthwynebwyr. Curwyd Lloegr 21-9, Yr Alban 28-6, Iwerddon 34-9 a Ffrainc 19-13, gan gipio'r goron a'r gamp lawn unwaith yn rhagor gan sgorio 11 cais.

Da'th un cwmwl enfawr dros y cyfan, serch hynny, pan ddigwyddodd yr anffawd i Mervyn Davies tra o'dd e'n cynrychioli Abertawe yn y cwpan; yn gyfan gwbl annisgwyl a diseremoni dioddefodd o waedlif i'w ymennydd. Bu'n ymladd am 'i fywyd am wythnose a da'th diwedd ar 'i yrfa ac ynte yn 'i anterth. Trychineb personol iddo, oherwydd nid oes amheuaeth y byddai wedi cael 'i benodi'n gapten ar Lewod 1977 oni bai am 'i anffawd.

Yn ystod yr haf teithiwyd i Siapan o dan hyfforddiant John Dawes gyda Les Spence, fu'n garcharor rhyfel yno, yn rheoli. Manteisiwyd ar y cyfle i arbrofi gyda'r cyfuniad o chwaraewyr profiadol a dawnus gan bwysleisio'r gêm agored, atyniadol. Erbyn hyn ro'dd Phil Bennett wedi'i benodi'n gapten a llwyddodd y dewin o Lanelli i brofi unwaith ac am byth 'i fod yn olynydd teilwng dros ben i Barry John yn safle'r maswr gan ddangos ar fwy nag un achlysur hefyd 'i fod yn gapten o'r iawn ryw, hyn ar waetha cyfres o feirniadaethe a dderbyniodd yn ystod 'i ddyddie cynnar ar y maes rhyngwladol.

Collwyd ail gêm tymor y bencampwriaeth yn erbyn Ffrainc (16-9) ond curwyd Iwerddon (25-9), Lloegr (14-9) yng Nghaerdydd, a'r Alban ym Murrayfield (18-9); felly enillwyd y goron driphlyg am yr ail dymor o'r bron.

Cafodd Phil a John 'u gwobrwyo'n haeddiannol am 'u hymdrechion gan gael 'u penodi'n gapten ac yn hyfforddwr ar y Llewod a ymwelodd â Seland Newydd. Er i'r daith yn gyffredinol brofi'n aflwyddiannus yn rhinwedd y ffaith iddyn nhw golli'r pedair gêm brawf, teg nodi hefyd 'u bod wedi ennill 21 o'r chwe gêm ar hugen. Dewiswyd cyfanrif o ddeunaw Cymro ar gyfer y daith gan gynnwys Elgan Rees, Brynmor Williams ac Alun Lewis o glwb y Cymry yn Llunden nad o'dd wedi chware'r un gêm dros Gymru! A theg nodi hefyd fod y Llewod wedi gorfod teithio heb J.P.R., Gerald a Gareth o'dd wedi penderfynu nad oedden nhw am ymuno â'r garfan y tro hwn.

Yn dilyn yr hyn a ddigwyddodd yn Seland Newydd profodd tymor 1977-78 yn y bencampwriaeth yn un anodd i ryfeddu, ond unwaith yn rhagor profwyd llwyddiant drwy ennill y Goron am y trydydd tro o'r bron a'r gamp lawn unwaith eto. Cafwyd cyfraniade clodwiw gan y Cymry fu ar daith y Llewod, yn enwedig gan flaenwyr Pont-y-pŵl; Trefor Evans, Abertawe; Phil, Derek, J.J. a Ray Gravel o Lanelli; Allan Martin o Aberafan; Steve Fenwick o Ben-y-bont ac, wrth gwrs, Gareth, Gerald a J.P.R. o'dd wedi mwynhau'r seibiant meddyliol a chorfforol.

Da'th buddugoliaethe clòs yn y ddwy gêm oddi cartre, o 9-6 yn Twickenham, ac o 20-16 yn Iwerddon a choncrwyd yr Alban 22-14 a

Ffrainc 17-7 yng Nghaerdydd. Ro'dd ein cwpan yn llawn ar fwy nag un ystyr ac rwy'n credu 'i bod hi'n deg nodi taw Cliff Jones (Cadeirydd), Keith Rowlands, Rod Morgan a minne o'dd yno'n cynorthwyo Dawes ar y pwyllgor dewis. Ro'dd y teulu'n gytûn unwaith eto ond eto ro'dd cymyle'n ymgasglu ar y gorwel.

Gwyddwn y bydde'r garfan genedlaethol yn ymweld ag Awstralia ar ddiwedd y tymor a derbyniais y gwahoddiad i fod yn rheolwr. Gwyddwn hefyd na fyddai Phil Bennett yn aelod o'r garfan gan iddo ofyn am gyfnod o seibiant yn dilyn 'i ymdrechion diflino dros Gymru a'r Llewod. Yn wir cafwyd cyfraniad o'r safon uchaf gan Phil yn 'i gêm ola dros 'i wlad pan sgoriodd ddau gais yn erbyn Ffrainc, a hyn yn golygu iddo sgorio cyfanswm o 166 o bwyntie dros Gymru mewn naw gêm ar hugain.

Serch hynny, ro'n i'n gyfan gwbl argyhoeddedig fy mod wedi dwyn perswâd ar Gareth Edwards i gymryd rhan yn 'i daith ola ar faes y gad ond, yn ddisymwth, gyda'r tîm wedi'i ddewis ac ar fin ca'l 'i gyhoeddi, dywedodd Gareth wrtha i nad o'dd am fynd. Gan fod ganddo ynte wraig a dau o blant ro'n i'n gallu uniaethu â'i ofidie teuluol a phersonol ond, ar yr un pryd, mae'n rhaid dweud taw dyma un o siomedigaethe mwya fy mywyd! Mewn fflach ro'n i wedi colli haneri gore'r byd ac ro'dd wynebu Awstralia heb Gareth yn ymdebygu i'r profiad o golli cymorth a chwmni brawd bach. Hyd y dydd heddiw mae Gareth yn ymwybodol o 'nheimlade!

Penodwyd Terry Cobner yn gapten ar garfan dda dros ben gyda John Dawes yn parhau'n hyfforddwr a T. Rowley Jones, o'dd gyda ni yn Ne Affrica gyda'r ysgolion ym 1956, yn teithio yn rhinwedd 'i swydd fel Llywydd yr Undeb! Er fod y geme'n galed cafwyd amser lletchwith yn gyffredinol yn y naw gêm gan gynnwys y ddwy gêm brawf, yn bennaf yn sgil dadansoddiad y dyfarnwyr o'r rheole! Erbyn yr amser hynny yng Nghymru do'dd dim hawl gan yr un chwaraewr i redeg o flaen ciciwr cyn i'r ciciwr hynny gyrra'dd, ond yn Awstralia caniateid i bob chwaraewr aros o fewn deng metr o'dd yn golygu fod taclo'n weddol o hawdd gan fod y gwrthwynebwyr eisoes o fewn deng metr. Ar ben hyn ro'dd hi'n anodd newid y 'ffordd Gymreig o fyw' ar y pryd i batrwm ymosodol o'n patrwm gwrth-ymosod arferol!

Rhan amla mae Awstralia'n wlad arbennig i ymweld â hi o ran tywydd ond ro'dd Mehefein 1978 yn eithriad gan inni ddiodde glaw

Cymru yn Awstralia, 1978.

di-baid. Ma'r cof yn fyw o hyd am yr hedfaniad i Cobar i wynebu New South Wales Country pan agorodd y nen a chafwyd llif, y glaw cynta ers saith mis! Er hynny profwyd croeso cynnes gan y trigolion hawddgar ac rwy'n cofio argymell ar y pryd y dylse Undeb Rygbi Cymru hefyd gynnal geme y tu fas i Gaerdydd mewn llefydd fel Shir Benfro a'r Gogledd. Profodd llwyddiant gêm Cymru yn erbyn Romania ar y Cae Ras yn Wrecsam yn ddiweddar fod modd llwyddo i lwyfannu ar feysydd sydd, ar bapur, yn anghysbell, a diddorol fydd nodi faint o gefnogaeth a gaiff y gêm rhwng Samoa a Siapan yn Wrecsam, yng ngystadleuaeth Cwpan y Byd ym mis Hydre 'leni, 1999.

Trwyddi draw cafwyd amser caled yn ystod Mehefin 1978. Cynhaliwyd dwy gêm brawf ac ro'dd y gêm yn erbyn taleithiau Queensland, New South Wales, a'r A.C.T. yn brofion ychwanegol. Collwyd 21-20 yn erbyn yr A.C.T. er i Gymru sgorio pedwar cais yn erbyn un. Llwyddwyd i guro New South Wales 18-0, gyda Dick Byers, y dyfarnwr gore ar y daith. Curwyd talaith Queensland hefyd 31-24 ond y tro hwn mae'n deg dweud na wnaeth y dyfarnwr, Mr Burnett, ein plesio.

Yn dilyn y gêm clywais gan y Llywydd, o'dd yn gyfaill imi, taw Mr Burnett o'dd i ddyfarnu'r prawf cynta ond lleisiais fy ngwrthwynebiad gan ddweud ar yr un pryd fod y penderfyniad yn gwbl groes i'r trefniade cyn i'r daith ddechre, sef y byddai'r awdurdode'n trafod gyda mi cyn penodi dyfarnwr! Ac onid annhegwch o'dd penodi dyfarnwr o'dd yn byw yn Queensland i ddyfarnu gêm rhwng y dalaith honno a Chymru yn ogystal â gêm ryngwladol rhwng y ddwy wlad; yr un modd gyda Dick Byers o'dd yn byw yn New South Wales – dyfarnu'r gêm rhwng Cymru a'r dalaith ac ynte'n byw yno! Fe hefyd ddyfarnodd yr ail brawf wedyn.

Anfonais ddatganiad at Undeb Awstralia yn nodi fy nghwynion ac yn ymbil am gyfarfod. Yn ystod y cyfarfod hwnnw nodais fy ngwrthwynebiad gan grefu am ddyfarnwr diduedd, ond er i aelode'r Undeb gytuno i gyfarfod John a minne ro'dd hi'n amlwg nad o'dd llawer o ddiddordeb ganddyn nhw yn fy mhrotestiade ac nad o'dd 'na fawr o wahaniaeth ganddyn nhw a gynhelid y gêm o gwbl. Daethom o fewn y dim at ddychwel adre ond penderfynodd John a minne lyncu'n balchder, a gwaetha'r modd gwireddwyd ein hofne yn ystod y gêm 'i hunan. Gallaf ddweud, heb flewyn ar fy nhafod, taw dyma'r dyfarnu gwaetha a welais erio'd ac er i Gymru sgorio dau gais yn erbyn un Awstralia, y gwŷr lleol enillodd y gêm yn Brisbane 18-8. Unwaith yn ystod y gêm trodd Burnett at Brynmor Williams gan ddweud '*It is not your ball, Williams. It's ours!*' Brynmor a Gerald a sgoriodd geisie Cymru.

Penodwyd Dick Byers yn ddyfarnwr ar gyfer yr ail brawf a phroblem enfawr arall o'dd yn wynebu Cymru erbyn hyn o'dd nifer yr anafiade. Yn absenoldeb Terry Cobner, Derek Quinnell a Jeff Squire, penderfynwyd cynnwys J.P.R. yn flaenasgellwr, ynghyd â Stuart Lane a Clive Davies, gydag Alun Donovan yn gefnwr a Terry Holmes yn sgorio cais yn 'i gêm gyntaf yn safle'r mewnwr. Derbyniodd Gerald Davies yr anrhydedd o fod yn gapten yn 'i gêm olaf dros 'i wlad a sgoriodd gais i ddod yn gyfartal â Gareth Edwards gyda'r ddau'n croesi llinell gais y gwrthwynebwyr ar ugen achlysur.

Er nad o'dd Mr Byers yn unllygeidiog ac yn rhagfarnllyd do'dd dim disgyblaeth ganddo ac anafwyd llawer o chwaraewyr Cymru. Trawyd Graham Price yn 'i ên a'i thorri gan Steve Finnane mewn ffordd giaidd dros ben gyda John Richardson yn camu i'r cae'n eilydd i Price. Derbyniodd Alun Donovan anaf gas i'w ben-glin ac o fewn dim dyna a ddigwyddodd i'w eilydd e, Gareth Evans, ar ôl dwy funud, ond penderfynodd aros ar y cae.

Trodd J.J. ar 'i bigwrn ond arhosodd ar y maes oherwydd yr adeg hynny dim ond dau eilydd a ganiateid a bu'n rhaid i J.P.R. symud o'r pac i gynorthwyo'r olwyr ac yn sgil hynny chwaraewyd yr hanner awr ola gyda saith blaenwr yn y pac ac yn y diwedd collwyd y gêm o ddau bwynt – 19-17.

Nid y Cymry'n unig o'dd yn benwan gandryll yn y cinio y noson honno pryd y condemniais weithred Finnane yn hallt gan 'i galw'n *act of thuggery*, barn a gefnogwyd gan y mwyafrif fu'n dystion o'dd yn cynnwys Llywydd Awstralia, Bill McLaughlin. Diolchais yn bersonol i bob unigolyn a gynrychiolodd Cymru'r prynhawn hwnnw yn Sydney, sef ar yr un cae â'r un lle cynhaliwyd y geme criced *bodyline* yn ystod y gyfres rhwng Awstralia a Lloegr ym 1932-33. Denwyd torf o 41,632 i wylio'r gêm, a hynny'n gymorth ariannol amhrisiadwy i Undeb y wlad, ond collwyd sawl cyfeillgarwch drwy 'u hagwedd annerbyniol o frwnt. Diolch i'r mawredd nad yw'r mochyndra'n nodwedd o'u chware'r dyddie hyn!

Bore trannoeth, a ninne'n gadel Sydney a'i throi am adre, ymddangosodd erthygl onest iawn gan y gohebydd rygbi Bill Casey yn y papur boreol yn ymddiheuro am yr hyn o'dd wedi digwydd ac yn ymbil ar y Cymry i beidio beio Awstralia na brodorion y wlad am yr hyn o'dd wedi digwydd ar y maes 'i hunan.

Ar ôl imi gyrra'dd gartre fe wnes i hyd yn oed sylweddoli fy mod wedi ca'l digon a'i bod hi'n bryd cymryd seibiant er mwyn treulio mwy o amser gyda Margaret a'r plant! Etifeddodd Megan a Dewi enynne Margaret a minne o ran 'u hagwedd a'u hawydd i ddisgleirio ym myd y campe. Ro'dd Dewi'n bêl-droediwr digon galluog a hoci a'th â bryd penna Megan, ond rhoddwyd cynnig ar bob math o gampe rhwng y ddau gan gynnwys rygbi, tennis, criced, tennis bwrdd, golff yng nghlwb cartrefol Palleg, a snwcer. Ar y dechre y tad enillai ran amla ond dros y blynyddo'dd anfynych y llwyddes i guro Dewi ar y bwrdd snwcer! Hyfryd hefyd o'dd dilyn geme pêl-droed dan 12 Cwmtwrch pan o'dd e'n ymddangos drostyn nhw, a hoff glybie'r ddou blentyn o'dd Abertawe a Manchester City!

Cefais amser nawr i ystyried o'r newydd yr hyn yr o'dd rygbi yn parhau i'w olygu imi. Cafwyd shwd gymint o ddatblygiad yn ystod y cyfnod ers imi fod ar yr Undeb. Bu Ray Williams a'i ddirprwy Malcolm Lewis yn arloeswyr yn 'u cyfnod yn hyfforddi'r hyfforddwyr a bu'r Undeb 'i hunan mor flaengar drwy gyflwyno, ym 1971, y gêm *mini-rugby* i'r ysgolion. Dewiswyd time 9 bob ochor gyda'r bwriad o greu gêm syml i blant gan ddysgu'r sgilie wrth chware. Yn y gêm hon ro'dd y maes 'i hunan yn llai o lawer a defnyddid pedwar blaenwr a phum olwr sef mewnwr, maswr, canolwr, asgellwr a chefnwr. Dau aelod yn unig o'dd yn y rheng flaen a do'dd dim leinie! Babi Ray o'dd hon a phrofodd yn faban llwyddiannus dros ben.

Dros y blynyddo'dd cyfrannodd Cymru fwy nag unrhyw wlad arall yn fy nhyb i tuag at ddatblygiad y gêm drwy greu cysylltiade gyda gwledydd fel Ffiji, Tonga, Gorllewin Samoa, Ariannin, Canada, America, Romania a Sbaen. Yn ogystal, mae tîm rhanbarthe Cymru, rwy i'n digwydd bod yn *patron* ohono ers ugen mlynedd a mwy, wedi cadw cysylltiad clòs â gwledydd mwy ymylol fyth fel Sweden a

Sri Lanka. Cafwyd cyfraniade gwerthfawr gan weinyddwyr fel Hermas Evans a Ken Harries, a chan y gwŷr fu'n ein cynrychioli ar y bwrdd rhyngwladol. Yn flaengar iawn yn y maes hwnnw bu Keith Rowlands, cyn-glo Caerdydd, Cymru a'r Llewod a benodwyd yn ysgrifennydd proffesiynol cyntaf y Bwrdd Rhyngwladol ym 1988. Gyda thwf ym mhoblogrwydd y gêm yn ystod y saithdege a'r wythdege ro'dd hi'n anhepgorol penodi dyn o ddaliade ac o bendantrwydd cadarn.

Bu De Affrica ac agwedd y dyn gwyn at y duon yno yn destun trafod ar hyd fy ngyrfa. Yr ymwybyddiaeth wreiddiol o'r probleme yn ystod taith 1956, yna'r drafferth i ga'l fy nhalu gan Sir Fynwy ym 1964. Ym 1967 cododd y mater i'r berw pan roddodd clybie Brynaman a Llangennech gynnig gerbron yr Undeb fyddai'n golygu torri cysylltiad yn llwyr hyd nes 'u bod yn gwaredu'u polisi ynglŷn ag *apartheid* – cynnig a gurwyd o 192 i 120. Ysgrifennodd John Taylor 'i lythyr hanesyddol ym 1969 a gwrthododd y broblem ddiflannu. Ceisiwyd adeiladu pont ym 1979 pan wahoddwyd tîm cymysg 'u lliw yma dan enw Barbariaid De Affrica, ond er i'r daith brofi'n weddol o lwyddiannus gyda'r Undeb yn mynnu nad o'dd hawl gwahaniaethu o ran 'lliw' croen bu'n boen bol cyson. Yn wir, ym 1982, rhoddodd Cymru'r gore i'r bwriad o deithio yno.

Ystyriaeth bellach yn ystod y cyfnod hwn fu'r datblygiade a gafwyd ac a welwyd ar faes y 'Cardiff Arms', y maes a ddatblygodd yn 'Barc yr Arfe' yn Gymra'g! Dechreuwyd ar y gwaith o adnewyddu ac o ailadeiladu ym 1969 gan gwblhau ym 1984. Yn ogystal â'r gwelliant amlwg yng nghyflwr yr adeilade a wyneb y maes datblygwyd adnodde campus hefyd gyda'r modd bellach i ymarfer o dan y llifoleuade, rhedeg ar y trac *tartan* ac ystafello'dd dan do i ymarfer sgrymio. Ac ro'dd y cyfleustere hyn ar ga'l i'r clybie yn ogystal â'r garfan genedlaethol.

Astudiwyd rheole'r gêm yn fanwl hefyd, dan gadeiryddiaeth Hermas Evans. Penododd bwyllgor deallus dan gadeiryddiaeth Ieuan Evans a chyflawnodd Terry Cobner, John MacLean, Ivor Morgan a Sam Williams waith ardderchog wrth chwilio'n gyson am ffyrdd gwahanol a newydd i farchnata a hybu.

Fy niddordeb personol penna i o'dd astudio ffyrdd i wella'r perfformiad ar y ca' gan barhau'n symbylwr, gobeithio, i'r 23 aelod

150

o'r pwyllgor hyfforddi ac ymfalchïo yn y cysylltiad o chwarter canrif ers imi gynrychioli Cymru am y tro cynta. Treuliais ddeuddeng mlynedd yn gadeirydd a hynny yng nghwmni cymaint o'dd wedi cyfrannu at y maes yn wreiddiol ac yna oddi ar y cae. Gwŷr sy'n rhan o ddatblygiad annatod y gêm yng Nghymru fel John Dawes, Norman Gale, Brian Price, Ieuan Evans, John Ryan, John Taylor, Ray Gravel ac, wrth gwrs, y pennaf yn 'u mysg o ran syniade gwreiddiol, Ray Williams.

Cafodd Ray 'weledigaeth', do's dim dwywaith o gwbl ynglŷn â hynny, yn fy nhyb i, ac yn ogystal â materion ymarferol cynhyrchodd ddogfenne o'dd i ddangos y ffordd ymlaen, fel 'i argymhellion ar gyfraniad y rheng ôl ym 1967; 'y lein', 1975; chware'r olwyr, 1976; y 'pwyse' ar chwaraewyr, 1981 ac yn y blaen.

Yng nghanol yr wythdege argymhellwyd geme dan 20 oed, ac yna o dan 21 gan ein bod ar y pryd yn tueddu i golli chwaraewyr nad o'dd yn ddigon aeddfed i ddisgleirio'n gynnar yn 'u gyrfaoedd gyda'r prif glybie. Arbrofwyd yn gyson, fel yr untro y chwaraeodd tîm dan 20 oed Cymru yn erbyn tîm dan 23 Sir Benfro. Cafwyd cnwd o chwaraewyr ifainc disglair fel David Bryant, Pen-y-bont; John Callard (Lloegr); Dai Evans, Caerdydd; Mike Hall, John Wakeford, Richard Webster, Dai Young ac Anthony Clement.

Penododd yr Undeb dri hyfforddwr datblygu ym 1989 a'r ffigwr hwn yn cynyddu i 26 erbyn 1997. Erbyn 2000 bydd y nifer wedi cynyddu eto, i 50!

Cefais fy ngwahodd yn ddewiswr unwaith eto yn ystod blwyddyn y canmlwyddiant – 1980-81 – gyda Keith Rowlands, R.H. Williams, Rod Morgan a John Lloyd. Erbyn hyn ro'dd yr arloeswr Cliff Jones wedi'i ddyrchafu'n Llywydd a'i benodi'n aelod am oes. Diolch i Cliff, Rees Stephens, Harry Bowcott a'u cyfoedion am yr addysg 'bore oes' o ran gweinyddu.

Record a sefydlwyd yn ystod y cyfnod hwn yw'r un a erys o'r oes aur. Pan gurwyd Ffrainc ar y Maes Cenedlaethol ym 1980 cafwyd buddugoliaeth mewn 23 gêm yn olynol ar y Maes Cenedlaethol, un yn well na'r record a sefydlwyd yn nechre'r ganrif. Da'th enwe newydd yn gyfarwydd, rhy niferus i'w rhestru, ond maent yno o hyd ymysg enwe cewri'r gorffennol. Cafwyd sawl hyfforddwr campus yn ogystal, gyda thri ohonyn nhw'n disgleirio sef John Lloyd, John

Y 'Big 5', 1981-82: Rod Morgan, John Lloyd, R.H. Williams, D.C.T., Tony Gray.

Bevan, y maswr, a Terry Cobner. Colled aruthrol i'r gêm yng Nghymru o'dd marwolaeth John Bevan, cyn-gapten Cymru a fu'n aelod amlwg o dîm Llewod 1977. Chwaraewr dawnus, o'dd yn meddu ar feddylfryd praff, bywiog. Dioddefodd o ganser a bu farw'n ŵr rhy ifanc o lawer gan adel dau blentyn.

Bu Cymru'n hynod ffodus fod Tony Gray yno i gydio yn yr awene. Cydweithiodd mor effeithiol gyda Derek Quinnell. Teithiodd carfan Cymru i Ffiji, Tonga a Gorllewin Samoa ym 1986 gyda David Pickering yn gapten. Dioddefodd Dai 'Pick' druan anaf gas ond mewn ffordd trodd 'i anlwc yn gaffaeliad i Gymru gyda'i gyfraniad diweddar.

Profodd ail hanner yr wythdege'n gyfnod bodlon dros ben imi'n bersonol. Ar ddechre tymor 1986-87 cefais fy newis yn rheolwr ar dîm y Llewod mewn gêm i wynebu goreuon Gweddill y Byd i ddathlu canmlwyddiant y Bwrdd Rygbi Rhyngwladol ar 16 Ebrill 1986. Mick Doyle, Iwerddon, o'dd yr hyfforddwr gyda Colin Deans, bachwr yr Alban, yn gapten. Yr hyn sy'n unigryw am y gêm hon yw i dîm y Llewod ga'l 'i ddewis yn y modd traddodiadol gyda Mike Weston (Lloegr), Arthur Lewis (Cymru), Ian MacGregor (Yr Alban) a Willie John McBride (Iwerddon) yn ddewiswyr swyddogol.

Tîm Llewod 1986, Parc yr Arfau: Capten Colin Deans (Yr Alban).
Rhes gefn: R. Underwood, I.G. Milne, A.G. Hastings, T.M. Ringland, J.A. Devereux, M.J. Kiernan, B.J. Mullin.
Rhes ganol: N.J. Carr, S.E. Brain, D.C. Fitzgerald, I.A.M. Paxton, J.R. Beattie, W.A. Dooley, D.G. Lenihan, J. Jeffrey, J. Whitefoot.
Yn eistedd: M. Dacey, R.N. Jones, M. Doyle, C.T. Deans, D.C.T. Rowlands, R.J. Hill, J. Y. Rutherford.

Digwyddiad hanesyddol yn wir o'dd y cyfarfod yn yr East India Club pan ddewiswyd, am y tro cynta erio'd, dîm i gynrychioli'r Llewod nad o'dd i fynd ar daith! Ac i gario'r elfen swyddogol hyd yr eitha cyflwynwyd y *kit* cyflawn hefyd gan gynnwys teis a *blazers*.

Cafwyd gêm ardderchog yng Nghaerdydd er i'r Llewod golli 15-7. Chwaraeodd pedwar Cymro, John Devereux, Robert Jones, Jeff Whitefoot a Malcolm Dacey a dda'th i'r cae'n eilydd yn lle John Rutherford. Ymunodd y Ffrancod â ni ar gyfer y gêm yn erbyn yr un gwrthwynebwyr yn Twickenham ar y dydd Sadwrn gyda Jacques Fouroux a Mick Doyle yn gyd-hyfforddwyr. Rhwng Saesneg unigryw'r Gwyddel, iaith ei hun gan Fouroux a 'Nghymra'g i, llwyddwyd yn rhyfeddol i ymdopi gyda phob sefyllfa! Ai fi yw'r unig Gymro a lwyddodd i fynnu fod Fouroux yn ufuddhau i'm gorchymyn? Yn eironig, dim ond dau aelod o'r uned o'dd yn ysmygu ar y pryd, sef y ddou chwaraewr disgleiria yn 'u safleo'dd yn y byd ar y pryd yn fy nhyb i, sef Phillipe Sella a Serge Blanco! Ymdrechais i wneud y ddou'n gartrefol gan 'u cyfarch mewn Ffrangeg unsillafog. Gan bwyntio at fy nghalon nodais bwysigrwydd *la tête* ond fe'm cywirwyd gan y ddou ddireidus yn syth gan nodi taw 'pen' yw *la tête* a taw *le coeur* yw calon. Dim mwy o Ffrangeg imi rhag imi siarad *dybl Dutch* unwaith eto!

Ro'dd gwell i ddod imi'n bersonol oherwydd yn ystod mis Awst cefais fy nerbyn i'r Wisg Werdd gyda Gorsedd Beirdd Ynys Prydain yn yr Eisteddfod Genedlaethol yn Aber-gwaun. Braint yn wir o'dd hynny yn enwedig gan fod enillydd *Grand National* 1985, Hywel Davies, hefyd yn ca'l 'i anrhydeddu.

Yr Orsedd yn Abergwaun, 1986.

154

Ac yna'n goron ar bopeth da'th y newyddion fy mod wedi ca'l fy ethol yn rheolwr ar dîm Cymru o'dd i ymddangos am y tro cynta erio'd yng nghystadleuaeth Cwpan y Byd o'dd i'w chynnal yn Awstralia a Seland Newydd. Rwy'n cofio derbyn y gwahoddiad i ymweld â Seland Newydd yng nghwmni'r rheolwyr eraill gan archwilio'r meysydd, yr adnodde chware a'r llefydd i aros ynddyn nhw. Manteisio ar y cyfle i ddechre ar gyfeillgarwch gyda Peter Wild a Les Hall, swyddogion ar ran Undeb Seland Newydd, deuddyn o'dd i'n cynorthwyo'n enfawr pan ddeuai'r gystadleuaeth 'i hunan oherwydd er taw tymor siomedig a gafodd Cymru yn y bencampwriaeth gwyddwn fod Tony a Derek yn creu o'r newydd ac unwaith yn rhagor ro'dd y teulu'n dechre dod yn gytûn.

Ond ar yr un pryd cefais golled bersonol drom yn ystod y tymor. R.H. Williams, y cawr mwyn, yn dod i'm hystafell ar drothwy'r gêm yn erbyn yr Alban. 'Dwy i ddim yn gwbod shwd ma' gweud hyn, Clive, ond ma' dy fam wedi marw.' Ro'dd hi'n wyth deg ac wyth mlwydd oed a bu'n rhannu aelwyd gydag Edna a minne ers blynyddo'dd. Cafodd amser caled dychrynllyd yn ystod blode'i dyddie ond hi fyddai'r gynta i gydnabod iddi hi fwynhau plesere bywyd yn ystod 'i blynyddo'dd ola! Cafwyd angladd syml ond cyfoethog iddi gan 'i chario o'i phentre i orffwys ym mynwent y teulu yng Nghwmllynfell.

Gwaetha'r modd, dilynodd Edna ôl 'i thraed yn 1997; yn eironig, yn ildio i'r salwch a'm trawodd i, sef canser.

CWPAN Y BYD 1987

Fel y crybwyllwyd eisoes, tymor digon cyffredin a gafwyd o ran canlyniade ym mhencampwriaeth y pum gwlad gan guro'r Alban yn unig ond gwyddwn fod Tony Gray a Derek Quinnell wedi gweithio'n eithriadol o galed gyda'r bechgyn a bod ysbryd positif yn y garfan. Ymunodd Ray Williams â'r uned hefyd yn ogystal â Tudor Jones, y ffisiotherapydd, a Harold Richards, y meddyg galluog. Teithiodd Des Barnett gyda ni yn rhinwedd 'i swydd yn Llywydd yr Undeb. Dewiswyd Richard Moriarty'n gapten a threuliodd sawl penwythnos yn ein cwmni yn holi a thrafod. O bryd i'w gilydd deuai'r pencampwr Olympaidd Lyn Davies i gyfarch y chwaraewyr ac i gynnig cynghorion ar ffitrwydd cyffredinol ac arbenigol.

Penderfynais deithio i St Anne's Gate i gyfarfod Bobby Robson gan holi am 'i gynghorion a'i brofiade e pan fu'n paratoi gwŷr pêl-droed Lloegr ar gyfer Cwpan y Byd oherwydd yn anffodus do'dd yr un Cymro wedi rheoli tîm pêl-droed yn y gystadleuaeth honno'n ddiweddar!

Treuliwyd un penwythnos yng nghwmni'r gwragedd a'r cariadon yn Saundersfoot gan fanteisio ar gyfleustere clwb rygbi Dinbych-y-pysgod. Sicrhawyd fod y *kit* o'r safon ucha; mewn gair, trowyd pob carreg yn ystod ein paratoade. Er nad o'dd gwŷr y Wasg a'r cyfrynge'n rhoi llawer o obeth inni yn y gystadleuaeth, siaradai Tony a Derek yn ffyddiog am ymddangos mewn chwe gêm!

Arhoswyd mewn gwesty yn Wellington yn yr wythnos cyn wynebu Iwerddon. Ar daith, gall wythnos ymddangos yn oes ac yn hyn o beth roedden ni'n hynod ddiolchgar i Glenn Webbe a Mark Ring am drefnu pob math o weithgaredde cymdeithasol. Cystadleuaeth *pool* fawreddog o'dd yr uchafbwynt gyda Glenn a Mark yn hyrwyddwyr, *bookies* a chwaraewyr. Yn rhyfeddol, cynhaliwyd rownd derfynol rhwng Davies a Thorburn (Phil a Paul yn hytrach na Steve a Cliff!) gyda Mark a Glenn yn dyfarnu ar y cyd yn 'u menig gwynion. Hysbysebwyd y gêm ymhob twll a chornel a gwyliwyd hi gan y chwaraewyr i gyd yn ogystal â nifer o'r cefnogwyr.

Tîm Cymru, Cwpan y Byd cyntaf, 1987.

Rhes gefn: M.G. Ring, M. Dacey, I.C. Evans, K. Hopkins, A. Buchanan, J. Whitefoot, P. Thorburn, G.M.C. Webbe, J. Davies.
Rhes ganol: B. Bowen, J.A. Devereux, G. Roberts, P.T. Davies, S. Sutton, R.L. Norster, H. Richards, W.P. Moriarty, R.G. Collins,
A. Hadley, S. Evans, W. James.
Yn eistedd: R.N. Jones, Tudor Jones, H.J. Richards, Ray Williams, Desmond Barnett, R.D. Moriarty, D.C.T. Rowlands, A.J. Gray,
D.L. Quinnell, K. Phillips, R. Giles.
Llun gwaelod: A.J. Phillips, J. Rawlins, R. Webster, D. Young, M.H. Titley.

Cwpan y Byd, 1987; Do'n i ddim yn gallu cysgu'r nos yn becso beth o'dd y ddou hyn (Anthony Buchanan a Kevin Phillips) yn mynd i wneud nesaf.

Trwyddi draw ro'dd y garfan yn un hapus dros ben a chawsom ein cynorthwyo o sawl cyfeiriad annisgwyl, fel cyfraniad Vi, gwraig Bleddyn Williams, a helpodd gyda'r smwddio a gwnïo ambell fotwm a ddeuai'n rhydd!

Ymwelwyd ag ysgolion lleol a defnyddiwyd 'u hadnodde; arf dactegol bwysig ar daith dramor pan fo pob llais o gymorth. Yn anffodus i Billy James, anafodd 'i ben-glin wrth ymarfer a da'th Alan Phillips i gymryd 'i le. Penderfynais gyda sêl bendith Derek a Tony gyflwyno crys i bob unigolyn a fyddai'n 'i wisgo trannoeth y noson *cyn* y gêm fawr gyda'r rhyddid i'r aelod hwnnw gysgu ynddo os taw dyna o'dd 'i ddymuniad. Ro'dd un amod, sef os o'dd rhai o'r chwaraewyr am gwtogi 'u llewys yna byddai gofyn iddyn nhw wneud hynny mewn modd taclus, a fyddai'n sicrhau fod y pwythe yn 'u lle priodol oherwydd pwysleisiais pa mor anghyfrifol fyddai cynrychioli Cymru gan wisgo crys anniben! Ufuddhaodd pob chwaraewr yn ddirwgnach.

Llwyddwyd i guro Iwerddon 13-6 gyda Mark Ring yn sgoro cais, dwy gôl adlam gan Jonathan a gôl gosb gan Paul Thorburn, perfformiad calonogol dros ben yn erbyn gwlad o'dd wastad yn rhoi trafferth i Gymru.

Symudwyd i Palmerston North i wynebu Tonga mewn gêm galed a ffyrnig gyda'r taclo uchel yn rhy amlwg o lawer. Do'dd Cymru ddim ar 'u gore ond naddwyd buddugoliaeth gyffyrddus 29-16 gyda Glenn yn sgoro tri chais, Adrian Hadley'r llall, Jonathan Davies â gôl adlam arall a Paul â gôl gosb. Derbyniwyd ergyd greulon gan fod Glenn a Stuart Evans wedi gorfod hedfan adre ar ôl ca'l 'u hanafu.

Newidiwyd safle eto ar gyfer y drydedd gêm ar ôl siwrne a barodd am ddeg awr bron mewn awyren a bws. Y tro hwn Invercargill, lawr ar waelod Ynys y De, o'dd y cyrchfan. Ymgartrefwyd mewn dim o dro oherwydd derbyniwyd croeso tywysogaidd gan y trigolion a mwynhad pur i'r bechgyn ar ôl ymarfer o'dd saethu a chware golff.

Canada o'dd y gwrthwynebwyr nesa, gwlad arall a wisgai gryse cochion; felly, am yr eildro o'r bron, bu'n rhaid i Gymru wisgo cryse gwyrdd. Unwaith yn rhagor ro'dd y gwrthwynebwyr yn ffyrnig ac yn gorfforol ond chwaraeodd Cymru mewn modd effeithiol dros ben gyda Ieuan Evans yn disgleirio wrth sgorio pedwar cais ar yr asgell. Yn gyfan gwbl sgoriwyd wyth cais ac enillwyd y gêm ,40-9.

Yn sgil y tair buddugoliaeth ro'dd Cymru wedi gorffen ar frig y grŵp ond nawr ro'dd angen symud i Awstralia i wynebu Lloegr yn Brisbane. Ro'dd y Saeson wedi gorffen yn ail yn 'u grŵp nhw, ond yn ôl llawer o wŷr y Wasg roedden nhw wedi bod yn hynod anffodus i golli yn erbyn Awstralia. Yn ffodus iddyn nhw cawsant y cyfle i chware 'u tair gêm yn Awstralia, o'dd o fantais amlwg.

Yn sgil anafiade galwyd ar Dai Young, o'dd yn digwydd bod yn chware rygbi yn Canberra ar y pryd, i ymuno â'r garfan; gŵr ifanc o'dd wedi cynrychioli ieuenctid Cymru yng Nghanada y tymor blaenorol. Yn ystod fy anerchiad cyn y gêm rwy'n cofio atgoffa'r chwaraewyr nad o'dd Lloegr wedi'n curo mewn gêm oddi cartre er 1963 a taw oddi cartre o'dd y gêm hon!

Cafwyd perfformiad caboledig dros ben gan Gymru gyda Robert Norster yn rheoli meddiant yn y lein a Dai Young fel craig o gadarn yn y rheng flaen. Yn ein buddugoliaeth o 16-3 sgoriodd Robert Jones, Gareth Roberts a John Devereux bobo gais, gyda Paul yn trosi dau.

Enillwyd y gêm, do, ond ar gost enfawr oherwydd anafwyd Norster a bu'n rhaid i Jeff Whitefoot ddychwelyd adre yn sgil salwch 'i fam-yng-nghyfraith. (Cymerodd John Rawlins o Gasnewydd 'i le ond anafwyd e wrth ymarfer; anlwcus iawn.)

Bellach ro'dd Cymru wedi cyrra'dd y rownd gyn-derfynol ac i wynebu'r tîm cryfaf yn y gystadleuaeth, sef Seland Newydd. Yn y cyfamser derbyniwyd llu o gardie, o deligrame, ac o alwade ffôn yn dilyn y fuddugolieth yn erbyn Lloegr. Gallech dyngu ein bod wedi ennill Cwpan y Byd yn barod!

Aeth y paratoad yn fwy na derbyniol er gwyddem fel tîm taw sicrhau meddiant fyddai'r broblem fwya. Ro'dd gwŷr y Cryse Duon yn eithriadol o ddawnus, grymus a nerthol gan osod pwyse cynyddol ar y gwrthwynebwyr i gyd drwy ddefnyddio'r blaenwyr i ennill y bêl ac i groesi'r llinell fantais cyn rhyddhau'r bêl i'w holwyr dawnus. Teg nodi i olwyr Cymru fylchu ar fwy nag un achlysur, ond ro'dd amddiffyn y Cryse Duon yn gadarn hefyd yn enwedig yr un dacl ar Ieuan ar ôl i'r haneri greu'r cyfle. Yn anffodus anfonwyd Huw Richards o'r ca' gan iddo ddyrnu Gary Whetton; digon teg, ond ar yr un pryd arhosodd Wayne Shelford ar y maes er iddo ynte droseddu yn 'i dro!

Profiad diflas o'dd bod yn rheolwr ar Gymru gydag aelod o'r garfan i fod y chwaraewr cynta i gael 'i anfon o'r ca' yn y gystadleuaeth am Gwpan y Byd, ond ro'dd yn rhaid cynnal y pwyllgor chware teg a phenderfynwyd na châi Richards chware am wythnos.

Cwpan y Byd 1987, Brisbane, Awstralia.
Pwyllgor disgybleth cyntaf Cwpan y Byd, pan ga'th Huw Richards ei anfon o'r cae yn erbyn Seland Newydd: Norbert Byrne, Joe French, fi a John Dedrick.

Dioddefwyd coten ar y maes gan golli'r gêm 49-6 ac o wyth cais i un. Du yn wir o'dd y prynhawn penodol hwnnw ond tybed a fyddai'r goten cyn waethed pe byddai Robert Norster, Stuart Evans a Jeff Whitefoot yno i gymryd 'u lle!

Do'dd hi ddim yn hawdd cyfarfod y Wasg ar ôl y gêm chwaith ond codais rywfaint o hwyl pan ofynnwyd y cwestiwn imi, '*Where does Welsh rugby go from here?*' Wel, mae'n rhaid dychwelyd at guro Lloegr eto!

Er y siom ceisiwyd peidio gwangalonni oherwydd gwyddwn nad o'dd yr antur drosodd eto. Ro'dd Bryan Robson, seren Manchester United a Lloegr, yn aros yn yr un gwesty â ni a chware teg iddo bu'n gwmni hwyliog ac yn ysbrydolieth pan ddeuai ambell eiliad wan.

Aethpwyd ymlaen eto, i wynebu Awstralia'r tro hwn, a hynny am y trydydd safle. Gwyddwn fod 'u hyfforddwr, Alan Jones, yn ddiflas tost ar ôl colli yn erbyn Ffrainc a mawr o'dd 'u hawydd i sgorio hanner cant o bwyntie yn erbyn Cymru. Cafwyd cefnogaeth gampus gan y gwŷr lleol. Yn wir rwy'n fodlon tystio fod 32,980 o'r 33,000 o'dd yno yn cefnogi'r ddraig goch! Cafodd David Codey 'i anfon o'r ca' ar ôl chwe munud am 'sgathru mewn sgarmes, ond yn y gêm a ddatblygodd yn frwydr ore'r gystadleuaeth cafwyd perfformiad gwirioneddol ddewr gan bedwar dyn ar ddeg Awstralia, o'dd yn f'atgoffa am ymdrech pedwar dyn ar ddeg Abertawe yn erbyn yr un gwrthwynebwyr ym 1968. Rheolodd Robert a Jonathan bopeth, rhuthrodd John Devereux fel tanc drwy'r canol, gwibiodd Ieuan ac Adrian ar y ddwy asgell ac ro'dd Paul yn gwbl gadarn yn y cefn. Llwyddwyd i sicrhau meddiant sylweddol ymysg y blaenwyr gyda Gareth Roberts a Paul Moriarty'n disgleirio, ynghyd â chwaraewyr ifainc fel Richard Webster a Dai Young na chwaraeodd yn y gêm benodol honno. Ro'dd sawl cefnogwr yn ame fy noethineb i'n troi at y chwaraewyr ifainc hyn, ond gwyddwn yn iawn am 'u talente oherwydd flwyddyn ynghynt ro'n nhw wedi chware dros dîm ieuenctid Cymru, tîm o'dd yn gyfarwydd iawn imi gan fod Dewi, fy mab, wedi chware tair gêm dros 'i wlad yr un adeg â nhw, Anthony Clement, ac eraill. Bu Dewi'n eilydd ym 1985 a chwaraeodd dair gêm y tymor canlynol gan ennill y ddwy yn erbyn yr Eidal a Lloegr a cholli yng Nghanada pryd y disgleiriodd Gareth Rees. Er imi chware dros fy ngwlad fy hunan a chyflawni pob swydd sy'n gysylltiedig â'r gêm bron mae'n rhaid dweud taw gweld Dewi'n rhedeg i'r ca'n gwisgo'r crys coch a roddodd y pleser penna imi.

Cais arbennig gan Adrian a throsiad gwych o'r ystlys gan Paul a seliodd y fuddugolieth i Gymru a sicrhaodd y trydydd safle yn y gystadleueth gynta erio'd. Synnwyd llawer gan lwyddiant y Cymry ac efallai na thalwyd digon o glod gan nad o'dd llawer wedi rhoi unrhyw obeth cyn i'r gystadleueth ddechre ond, chware teg, dywedodd y ddou hyfforddwr ar ddechre'r daith taw'r nod o'dd chware chwe gêm a dyna a ddigwyddodd gan ennill pump.

Fel llygad-dyst hoffwn ddatgan fy ngwerthfawrogiad o ymdrechion diflino Derek a Tony gyda'u hymroddiad llawn gweledigaeth yn ogystal â'r modd y llwyddodd Dick Moriarty i gyfleu 'u syniadaeth i'r chwaraewyr ar y maes. Canwyd clodydd y bechgyn ar ôl dychwelyd adre, ond syndod mawr imi o'dd nad anrhydeddwyd yr uned fel tîm gore'r flwyddyn yng nghystadleueth flynyddol y BBC.

Anrhydeddwyd Robert gan gwmni Rank Xerox fel chwaraewr gore hemisffêr y gogledd gan ennill y bleidlais o flaen Laurent Rodriguez, wythwr Ffrainc, ac ro'dd llwyddiant y mewnwr bach yn mynd i gynyddu'n deuluol hefyd gan fy mod wedi penderfynu bellach roi'r gore i ddyletswydde'r dewiswr yn sgil priodas Megan, ein merch, â Robert yng nghapel Ebeneser, Cwmtwrch, gyda nifer o dîm Cymru'n bresennol yn y briodas. Ond gan 'i fod e bellach yn fab-yng-nghyfraith imi ro'dd hi'n annheg arno fe ac arna i fy mod i'n parhau'n ddewiswr.

Yn ystod y tymor rhyngwladol enillodd Cymru'r goron driphlyg am y tro cynta yn ystod

Priodas Megan, 1987.

162

Tîm y Byd, 1988. (Do'dd dim Cymry yn y tîm, am eu bod nhw yn Seland Newydd.)
Rhes gefn: C. Norling. S. Lidbury, G. Lambert, G. Whetton, D. Lenihan, I. Paxton, W. Shelford.
Ail res: P. Ivory, J.P. Garuet, F. Gomez, P. Crigg, M. Kiernan, J. Schuster, P. Palmer, S. Dengra, S. McDowell, D. Hart.
Yn eistedd: M. Wyatt, R. Underwood, H. Reid, B. Lochore, H. Porta, C. Rowlands, T. Mitchell, A. Crowley, C.Y. Duk.

yr wythdege ac i radde helaeth iawn ro'n nhw'n anffodus i beidio cipio'r gamp lawn gyda Bleddyn Bowen yn gapten ysbrydoledig. Dyma'r adeg y derbynies wahoddiad i reoli Tîm y Byd o'dd i gymryd rhan yn nathliade dau ganmlwyddiant sefydlu Awstralia. Cefais gwmni cynnes y cawr o Seland Newydd, Brian Lochore, o'dd wedi 'i benodi'n hyfforddwr, a'r capten o Ariannin, Hugo Porta. Chware gêm gofiadwy dros ben gyda Clive Norling yn gadel iddi hi lifo gydag Awstralia, o'dd wedi gwobrwyo'u chwaraewyr drwy roi cap iddyn nhw, yn 'i hennill 42-38.

Y teulu bach yn Buckingham Palace yn cael fy O.B.E. oddi wrth y Frenhines, 1988.

Ar ôl dychwel adre cefais fy anrhydeddu gyda'r O.B.E. gan y Frenhines a chyrhaeddwyd Buckingham Palace mewn ffordd grand dros ben gan fod fy hen gyfaill Cliff Morgan wedi trefnu car arbennig i gludo Margaret, Dewi, Megan, Robert a minne yno. Ystyriaf yr anrhydedd yn wobr i'r teulu, i Gwmtwrch ac i rygbi'n gyffredinol. Ar ôl y parti yn y palas dychwelwyd i'r car eto a'r tro hwn cawsom ein cludo, yn gwbl annisgwyl, i'r *Rugby Club* yn Llundain. Ro'dd Cliff wedi trefnu parti arall yno a chefais gyfle i adnewyddu hen gyfeillgarwch gyda gwŷr fel Jeff Butterfield, cyn-ganolwr dawnus y Llewod a Lloegr, ac Ian Robertson, prif sylwebydd rygbi Radio 5, ymysg eraill. Bu Cliff yn gyfaill mynwesol erio'd ac ro'n i'n gwerthfawrogi'n fawr 'i ymdrech gynnes i goroni'r dydd. Y cyn-faswr a agorodd glwb Cwmtwrch ym 1970 ac adroddodd y stori iddo unwaith gael menthyg pâr o esgidie gen i a'i fod e'n awyddus i redeg gyda'r bêl ond fod y sgidie wedi gwrthwynebu a mynnu cicio!

Ar ôl dychwel i Gwmtwrch dywedodd Arthur James, Cadeirydd y clwb, wrtha i taw fi o'dd y cynta o'r pentre i ga'l 'i anrhydeddu gan y Frenhines ac yn hynny o beth rwy'n falch fy mod wedi dod â rhywbeth heblaw cryse rygbi yn ôl yno!

Dewi y mab. Ro'dd y balchder yn enfawr wrth 'i weld yn rhedeg ar y cae yn Hendy-gwyn ar Daf, a Chymru yn ennill yn erbyn Lloegr. (Ieuenctid dan 18, 1986.)

165

TAITH LLEWOD '89

Ar ddechre tymor 1988-89 cefais fy mhenodi'n rheolwr y Llewod o'dd i deithio i Awstralia ar ddiwedd y tymor. Ro'dd y cyfweliad yn yr East India Club yn Llundain gyda phwyllgor y pedair gwlad o dan gadeiryddiaeth Ronnie Dawson, cyn-fachwr a chapten Iwerddon a'r Llewod. Gyda balchder mawr y derbynies y gwahoddiad, a phan ofynnwyd imi pwy ro'n i eisie'n hyfforddwr ar y daith do'dd dim amheuaeth o gwbl yn fy meddwl taw Ian McGeechan, cyn-olwr a chanolwr yr Alban, fyddai'r dewis delfrydol. Cytunwyd yn gyfan gwbl ddiseremoni a phenodwyd Roger Uttley i gynorthwyo gyda'r blaenwyr. Y dewiswyr o'dd Mike Weston o Loegr; Robin Charters, yr Alban; Noel Murphy, Iwerddon, a Derek Quinnell i gynrychioli Cymru er fod rhai'n awyddus i benodi swyddog o'r dwyrain.

Tymor siomedig gafodd Cymru yn y bencampwriaeth ond ar y pryd ro'dd Lloegr a'r Alban yn aruthrol o gryf. Dewiswyd saith Cymro i fynd ar y daith sef John Devereux, Ieuan Evans, Mike Hall, Robert Jones, Mike Griffiths, Dai Young a Robert Norster, deg o Loegr, naw Albanwr a phedwar Gwyddel gyda Finlay Calder yn gapten. (Defnyddiwyd dou eilydd hefyd, sef Rob Andrew yn lle Paul Dean, ac Anthony Clement yn cymryd lle Chris Oti.) Cwblhawyd y tîm gyda'r meddyg, Dr Ben Gilfeather, a'r ffisiotherapydd, a weithiodd ddydd a nos, Kevin Murphy.

Trefnwyd dwy sesiwn ymarfer yng nghlwb y Gwyddelod yn Llundain o'dd o gymorth aruthrol i bawb i ymgynefino â'i gilydd a threfnu dillad a chyfarpar ar gyfer y daith. Manteisiwyd ar y cyfle hefyd i dynnu llun swyddogol y garfan a fyddai o fudd wrth ymweld ag ysgolion ac yn y blaen. Cawsom gymorth a chyngor parod gan Bob Weighill a John Lawrence a ganolbwyntiodd ar y pethe bychain a allasai fod wedi profi'n boen ar y daith pe na fydden ni'n ymwybodol ohonyn nhw. Cyflwynwyd llyfryn i bob unigolyn gyda holl fanylion y daith ynddo, gan restru hyd yn oed dyletswydde dyddiol y *duty boy*, ac ro'n i fel rheolwr fwy neu lai'n gwbod y

Rheolwr y Llewod, 1989.

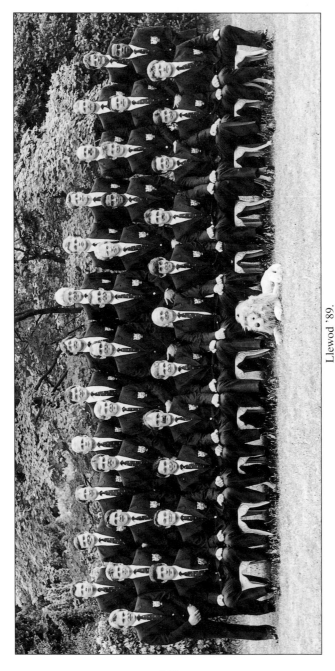

Llewod '89.

Rhes gefn: I.C. Evans, Dr L.B.C. Gilfeather, P.W. Dods, R.A. Robinson, S.J. Smith, M.C. Teague, J. Jeffrey, M.R. Hall, B.J. Mullin, G.J. Chilcott, P.M. Dean, K. Murphy.

Rhes ganol: C.M. Chalmers, D.M.B. Sole, D.G. Lenihan, D. Richards, P.J. Ackford, W.A. Dooley, D.B. White, J.S. Guscott, J.A. Devereux, M. Griffiths, C.C. Oti.

Rhes flaen: B.C. Moore, R. Underwood, R.M. Uttley, F. Calder, D.C.T. Rowlands O.B.E., I.R. McGeechan, R.L. Norster, S. Hastings, R.N. Jones, D. Young.

168

trefniade a baratowyd ar gyfer pob dydd a threfniade ar gyfer ymweliade â phob ysgol, clwb neu gymdeithas ar y daith.

Profodd yn antur lwyddiannus o'r eiliad y cyrhaeddon ni Perth i aros mewn gwesty moethus, anferth o'dd yn meddu ar adnoddau chware golff yn ystod ein hamser rhydd. O'r dechre ro'dd hi'n amlwg fod pawb yn fodlon, yn wir yn mwynhau, cyd-dynnu. Penodwyd Rory Underwood yn swyddog llety gan sicrhau nad o'dd yr un ddau yn rhannu'r un stafell drwy'r daith ac eithrio'r nosweithie cyn y prawf, cyfraniad pwysig ar daith pan yw'n hawdd ffurfio *cliques*.

Cafwyd cydweithio effeithiol rhwng Ian a Roger o'r eiliad gynta a phenderfynwyd yn weddol o sydyn ar yr elfen o ychwanegu cyflymdra at ddawn a grym corfforol blaenwyr cyhyrog Lloegr. Pob gyda'r nos cynhaliwyd cyfarfod rhwng Ian, Roger a minne i drafod yr hyn o'dd yn ein hwynebu drannoeth gan bwysleisio yn ystod ein sesiyne ymarfer yr angen am gyflymdra, amddiffyn ac ymosod corfforol o dan reolaeth. Yn hynny o beth ro'dd Ian yn berffeithydd.

Gofynnwyd imi ar sawl achlysur i ganolbwyntio ar yr elfen gicio gyda Robert a Gary Armstrong ynghyd â'r ddau faswr. Un tro a minne, am unwaith, wedi cicio'r bêl yn berffeth am yr ystlys clywyd llais Albanaidd Ian yn bloeddio, *'That's a good kick. There's only another 110 to go!'* Cyfeiriad uniongyrchol wrth gwrs at gêm y cicie ym 1963!

Collwyd y prawf cyntaf yn y *Sydney Football Stadium*, a hynny ar ôl ennill y chwe gêm flaenorol. Yn y prawf 'i hun ro'dd hi'n ymddangos fod y gwŷr lleol yn fwy heini na'r Llewod ac yn fwy chwim o gwmpas y maes, gyda'r blaenwyr yn disgleirio ac, yn sgil hynny, yr haneri Nick Farr Jones a Michael Lynagh yn rheoli rhediad y chware. O edrych yn ôl efallai inni fod yn or-hyderus ond yn sicr dysgasom ein gwers wrth golli 30-12. Ar waetha'r sgôr terfynol ro'n i'n bersonol yn credu ein bod yn well tîm na nhw, sy'n sylw braidd yn unllygeidiog efalle!

Ein perfformiad yn y gêm nesaf, yn erbyn yr A.C.T., brofodd yn ddrobwynt y daith imi. Llwyddwyd i'w hennill 41-25 a derbyniodd pob un aelod o dîm Donal gymeradwyaeth pob aelod unigol arall o garfan y Llewod a'u tywysodd i'r ystafell newid.

Newidiwyd pum chwaraewr ar gyfer yr ail brawf gyda Wade Dooley a Mike Teague yn dod i mewn yn lle Bob Norster a Derek

Llewod '89, Harbour Bridge, Sydney.

Mae'r garfan bellach yn cynnwys Anthony Clement a Rob Andrew yn lle Chris Oti a Paul Dean.

Rhes gefn: I.C. Evans, C.M. Chalmers, P.W. Dodds, G.J. Chilcott, R.A. Robinson, M.R. Hall, J. Jeffrey, B.B. White, J.S. Guscott, S.J. Smith, R. Andrew.

Rhes ganol: Dr L.B.C. Gilfeather, G. Armstrong, A. Clement, D. Young, M.C. Teague, P.J. Ackford, W.A. Dooley, R.L. Norster, S. Hastings, M. Griffiths, B.J. Mullin, A.G. Hastings, K. Murphy.

Yn eistedd: B.C. Moore, R. Underwood, D.M.B. Sole, R.M. Uttley, D.G. Lenihan, D.C.T. Rowlands O.B.E., F. Calder, I.R. McGeechan, D. Richards, R.N. Jones, J.A. Devereux.

White; cymerodd Rob Andrew le Craig Chalmers a disodlwyd Mike Hall a Brendan Mullin gan Jeremy Guscott a Scott Hastings. Synnwyd yr Awstraliaid gan rym a ffyrnigrwydd y gwrthwynebiad a chafwyd brwydr gorfforol a dweud y lleia!

Yn sicr dangosodd y Llewod 'u dannedd. Unwaith, ar ôl i Nick Farr Jones droseddu yn 'i erbyn, damsgynodd Robert ar droed y gwrthwynebydd a do'dd 'na fawr o Gymra'g rhwng y ddou hyn nac aelode'r ddou bac am sbel go lew. Tynnwyd mwy na blew o drwyne'i gilydd ond profodd y Llewod, unwaith ac am byth, nad oedden nhw'n barod i ildio'n ddiseremoni! Serch hynny, Awstralia o'dd ar y blaen tan yn hwyr yn y gêm cyn i geisie gan Gavin Hastings a Jeremy Guscott selio'r fuddugoliaeth i'r Llewod. Ro'dd y gyfres yn gyfartal unwaith eto gyda'r sgôr terfynol yn 19-12 a'r frwydr seicolegol wedi'i hennill!

Siarad â'r wasg a'r teledu ar ôl y fuddugoliaeth yn yr ail brawf.

171

Yn ddoeth cafwyd cyfnod o seibiant, cyfle i ymlacio ar lan y môr, cyn y trydydd prawf, eto yn Sydney ac ro'dd y tocynne mor brin â holl aur Periw. Drwy'r wythnos manteisiais ar bob cyfle i atgoffa pwysigrwydd bathodyn y peder gwlad i'r chwaraewyr.

Yn ddyddiol, cyrhaeddai llythyron a chardie; derbyniwyd negeseuon a brys-negeseuon yn ein llongyfarch ar ein llwyddiant yn yr ail brawf a dymuno'n dda inni ar gyfer y trydydd prawf. Ro'dd y sylw a gafodd y gêm yn y Wasg yn cynyddu'n ddyddiol hefyd, ac ar y nos Wener cefais gwmni pleserus dros ben pan gyrhaeddodd pum bachan o Gwmtwrch y gwesty gan gynnwys Dewi, fy mab.

Roger Uttley, Ian McGeechan, a fi yn ystod yr anthem cyn y trydydd prawf yn Sydney. Y gêm hon fyddai'n penderfynu tynged y gyfres; y tensiwn yn dangos.

Dewiswyd yr un uned gan y Llewod ac Awstralia ar gyfer y trydydd prawf a diolch i'r drefn dychwelodd synnwyr cyffredin i'r gêm. Cafwyd cyfraniad nodedig, unwaith eto, gan flaenwyr y Llewod a chofir y gêm yn bennaf efallai am gamgymeriad erchyll gan Campese a daflodd bêl wyllt o'i linell gais 'i hunan i gyfeiriad Greg Martin. Ro'dd Ieuan yno fel milgi i gwympo ar y bêl a sgorio cais. Cafodd Campese 'i feirniadu'n hallt am 'i gamgymeriad, ond sawl gwaith yn ystod 'i yrfa athrylithgar y creodd ac y croesodd am geisie pan o'dd y sefyllfa'n ymddangos yn anobeithiol? Annheg o'dd beio

Campese am y golled pan gurwyd 'u pac yn rhacs a roddodd gyfle i Robert a Rob lywio popeth. Llwyddwyd i ennill 19-18. Cymaint o wahanieth ma' pwynt yn 'i wneud!

Buddugoliaeth i'r Llewod.

Cafwyd noson fythgofiadwy o ddathlu, gyda'r chwaraewyr a'r cefnogwyr yn cymysgu drwy'r trwch, ac yn bersonol ro'n i mor falch o sylweddoli fod Derek Quinnell a'i wraig Madora wedi cyrra'dd erbyn hynny.

Ond do'dd y daith ddim drosodd eto oblegid ro'dd dwy gêm i fynd, y gynta yn erbyn tîm gwledig talaith New South Wales. Enillwyd honno'n hawdd gan dîm Donal 72-13. Ro'dd y Gwyddel wedi arwen 'i dîm i fuddugolieth ymhob gêm, felly ro'dd *Donal's Donuts* yn llawn deilwng o ga'l 'i anrhydeddu!

Defnyddiwyd y dacteg o geisio sicrhau fod y blaenwyr yn ffrwyno effeithiolrwydd y gwrthwynebwyr yn ystod gêm ola'r daith yn erbyn tîm cyfun yr ANZAC, gyda thri o chwaraewyr Seland Newydd – Fran Botica, Kieron Crowley a Steve McDowell – yn ca'l 'u cynnwys o dan gapteniaeth Nick Farr Jones. Llwyddodd y Llewod eto 19-15 er i'r daith orffen yn ddiflas i Ieuan ac i Brendan Mullin gan i'r ddau ddatgymalu pont 'u hysgwydd.

173

Gwahoddwyd tri cyn-ANZAC o'dd wedi ennill V.C. yn yr Ail Ryfel Byd i'r cinio yn y nos. Yn ystod 'i araith cwympodd y siaradwr Sir Edward Dunlop oddi ar y llwyfan a thorri 'i drwyn. Gyda'i grys yn diferu o waed ymbiliodd am ddwy lwy. Gosododd un bob ochor i'w drwyn, gwasgodd yn galed ac o fewn chwinc ro'dd yr asgwrn yn ôl yn ei le! Roedd Sir Edward ymhell dros 'i bedwar ugen!

Cafwyd hwyl a phleser oddi ar y maes yn ystod y daith gyda'r uned yn profi llwyddiant yn y profion. Y Llewod hyn o'dd y rhai cynta i ennill cyfres yn yr wythdege a'r gwŷr cynta ers pymtheg mlynedd i gyflawni hynny. Collwyd un gêm yn unig, sef y prawf cyntaf, ond trawyd yn ôl i ennill y ddwy nesa, a'r gyfres. Bu'r llu cefnogwyr yn hwb sylweddol i'r tîm hyfforddi, y capten hynaws a phob aelod o'r uned a dweud y gwir. Yn ogystal â Finlay defnyddiwyd tri chapten arall ar y daith, sef Dean Richards a David Sole a chafwyd cyfraniad godidog gan Donal Lenihan a arweiniodd y tîm ganol wythnos a elwid yn 'Donal's Donuts' erbyn diwedd y daith pryd y cyflwynwyd cryse arbennig iddyn nhw'n nodi 'u llwyddiant!

Pedwar o dîm 'Donal's Donuts': Derek White, John Jeffrey a Peter Dods, Yr Alban, a John Devereux, Cymru.

Mae gan dîm rygbi Cymru'r cefnogwyr gorau yn y byd. Dyma enghraifft dda –
Bois Jeddah, Saudi Arabia, sy'n teithio'n bell i gefnogi ar bob cyfle!

Dyma gefnogwr
ffyddlon arall – yr
enwog Tom Jones,
gydag Anthony
Buchanan a D.C.T.
ym maes awyr
Los Angeles wrth
ddychwel o
gystadleuaeth
Cwpan y Byd, '87.

175

Trwyddi draw cydasiodd chwaraewyr pedair cenedl yn un ac ro'dd pob aelod yn llawn deilyngu'r clod a dda'th i'w ran ar y diwedd. Rwy'n cofio, ar ôl inni ennill y trydydd prawf, i Ian droi ata i gan yngan, '*It's a long time since August 1988!*' Gwir, ond ffurfiwyd sawl cyfeillgarwch o'dd i bara am oes yn ystod y cyfnod hwn, ac wrth dalu clod i'r tîm hyfforddi teg nodi ar yr un pryd na chlywes yr un gŵyn gan unrhyw aelod o'r garfan o ddeuddeg chwaraewr ar hugen a weithiodd mor ddyfal.

Gwyddwn o'r dechre na fyddai Awstralia'n chware'r gêm ro'n ni'n dymuno iddyn nhw 'i wneud, ffaith sy'n wynebu pob uned deithiol, ac ystyriaeth ychwanegol yw bod dehongliad y dyfarnwyr o'r rheole'n gallu amrywio hefyd. Yn ogystal, elfen bwysig yw bod yr uned yn chware i'w chryfder yn hytrach na dilyn cynghorion a dyheade cefnogwyr a gwŷr y wasg.

Cawsom hwyl arbennig oddi ar y maes gan gymysgu'r gweithgaredde'n gyson rhwng nofio a chriced (dim siâp ar rai, ond Rob Andrew'n wych), ymweld â thŷ opera Sydney a'r *Great Barrier Reef*. Llwyddwyd i oresgyn unrhyw siom ar y maes ac ro'dd ymroddiad y chwaraewyr i'r ysgolion a'r clybie'n arbennig. Un adeg rwy'n cofio teithio mewn car gan wrando ar y radio a chlywed dynes yn adrodd hanes Finlay Calder yn ymweld ag ysbyty plant. Galwodd ar y nyrsys gan gyflwyno swm sylweddol o arian er mwyn diogelu y byddai'r plant o'dd yn diodde yn derbyn anrhegion o gysur. Gŵr tawel, caredig a diymhongar yw Finlay.

Ma'n rhaid cyfadde fy mod ar un adeg yn ame gwerth a chymhelliad bodolaeth y Llewod, ond newidiais fy meddwl ar ôl y daith hon. Onid oes 'na ddyfodol iddyn nhw wrth ledu enw da'r gêm o gwmpas y byd a phrofi'n genhadon? Ma' nhw hefyd yn fodd o sicrhau undeb am gyfnod rhwng y peder gwlad sy'n bodoli yng ngwledydd Prydain. Elfen arall yw'r modd y mae unigolion yn tyfu'n gewri ar daith; yn sicr dyna a ddigwyddodd y tro hwn i wŷr megis Finlay, Donal, Gavin Hastings a Mike Teague a ddewiswyd yn chwaraewr gore'r daith. Ychwanegodd Rory a Ieuan dricie newydd i'w harfe; Jeremy Guscott o'dd darganfyddiad y daith a llwyddodd Rob Andrew a Robert i sicrhau na wastraffwyd meddiant. Ac ar ben popeth ro'dd y blaenwyr yn gestyll cadarn nad o'dd modd 'u dymchwel. Ro'dd Sole, Young a Moore yn gryf yn y sgrym a chwim o amgylch y ca' a chafwyd cyfraniade o safon uchel yn gyson gan Dooley, Ackford, Norster a Donal Lenihan, gyda'r rheng ôl o Richards, Finlay, Teague a David White fel anifeiliaid rheibus o dan reolaeth.

Chwaraeodd Llewod 1989 12 gêm gan golli un ac ennill un ar ddeg. Sgoriwyd 360 o bwyntiau gan ildio 182!

Cydsyniodd Llywydd Undeb Rygbi Awstralia, Joe French, â barn y mwyafrif o ohebyddion y wasg, y swyddogion a'r cefnogwyr taw dyma'r uned ail ore a gynrychiolodd y Llewod erio'd. Dychwelyd i Lunden i dderbyn canmoliaeth a llew o'dd yn gwmws o'r un gwneuthuriad â'r *mascot* a deithiodd o gwmpas Awstralia gyda ni. Yng Nghwmtwrch y tro hwn teithiwyd mewn car agored a does dim gwahanieth gen i gyfadde'n gyhoeddus fod y dagre wedi llifo i lawr fy ngruddie.

Cyrra'dd gartre mewn car agored.

'Nôl yng Nghwmtwrch gyda'r llew llwyddiannus. Croeso arbennig gan Nia Morris a'r pentre.

177

Llywydd Undeb Rygbi Cymru, 1989-90. (Llun: David Williams)

Erbyn dychwelyd i Gymru roeddwn wedi etifeddu mantell Llywydd yr Undeb oddi wrth fy nghyfaill Myrddin Jones o Gasllwchwr. Penderfyniad braidd yn annoeth efalle o ystyried fy mlinder. Ac ro'dd problem fawr yn fy wynebu. Yn ystod yr ymwelaid ag Awstralia cefais gyfle i ofyn i ambell chwaraewr a fyddai diddordeb ganddo mewn teithio i Dde Affrica i ddathlu canmlwyddiant yr Undeb yno, hyn ar ran Ronnie Dawson a John Kendall-Carpenter, y gweinyddwyr effeithiol o'dd wedi derbyn y cyfrifoldeb am gyfraniad gwledydd Prydain tuag at y dathliadau. (Teg nodi nad o'dd 'da fi unrhyw ddyletswydd swyddogol yn y gwaith.)

O fewn ychydig wythnose da'th hi'n amlwg fod y probleme'n pentyrru oherwydd fod anghyd-weld yn y rhengoedd. Ro'dd nifer o

178

aelode'r Undeb, a'u gwragedd, am fanteisio ar y cyfle ond cafodd David East, ein Hysgrifennydd ar y pryd, glywed fod chwe chwaraewr wedi gwrthod y gwahoddiad. Derbyniodd Margaret a minne wahoddiad ond penderfynwyd 'i wrthod oherwydd nifer o ystyriaethe fel blinder, galwade'r siop a hefyd teyrngarwch i'r chwaraewyr o'dd wedi penderfynu yn erbyn.

Fy agwedd bersonol wastad o'dd gadel i'r chwaraewyr ifainc benderfynu drostyn nhw 'u hunain oherwydd byddwn wedi teimlo'n rhagrithiwr pur petawn wedi argymell y naill ffordd neu'r llall a minne wedi bod ar shwd gymint o deithie yno yn ystod fy ngyrfa. Yn fy marn i fy nyletswydd o'dd codi pontydd nid 'u dymchwel. Rhydd i bawb 'i farn 'i hun!

Yn anffodus, aethpwyd y tu cefn i David East wrth geisio sicrhau fod cynrychiolwyr o Gymry yn cymryd rhan yn y dathlu drwy ddefnyddio peiriant ffacs pwyllgorddyn o Went, Terry Vaux – ffordd anonest ac annheg o drin y mater.

Yn y diwedd ymwelodd deg chwaraewr o Gymru â'r wlad yn ogystal â Terry Vaux a Gwilym Treharne, yn rhinwedd 'u cyfrifoldeb fel aelode o'r Bwrdd Rhyngwladol, a hynny'n ddigon teg. Ro'dd Robert, mab-yng-nghyfraith y Llywydd, yn un o'r chwaraewyr, a derbynies wawd a sen yn sgil y ffaith fod hynny wedi digwydd, ond y gwir amdani yw na wyddwn 'i fod wedi newid 'i feddwl ar y funud ola!

Yng nghanol yr Awst hwnnw teithies i Aberystwyth i wylio sesiwn ymarfer y garfan genedlaethol dan hyfforddiant John Ryan. Yno clywais gan rai chwaraewyr – nad o'dd yn ymarfer oherwydd anaf – am hanes nifer o'r aelode o'r garfan genedlaethol o'dd wedi penderfynu derbyn y gwahoddiad. Gofynnes i'r chwaraewyr penodol hynny am beidio mynd er mwyn canolbwyntio ar 'u ffitrwydd ar gyfer y gêm yn erbyn Seland Newydd yn yr Hydre, ond yr ateb a dda'th o'dd 'u bod wedi derbyn addewid y byddent yn derbyn trinieth o'r radd flaena yn Ne Affrica. Ar y nos Sadwrn arhosodd Margaret a minne a Myrddin a'i wraig mewn gwesty yn Aberystwyth ar ôl gwylio cystadleuaeth saith bob ochor Aberaeron.

Ro'dd y bechgyn i deithio i Dde Affrica ar y Sul, ac ar y nos Sadwrn newidiodd Robert ac Anthony Clement 'u meddylie ar ôl derbyn perswâd gan yr wyth arall. Dywedodd Megan, fy merch, a

179

Robert sawl gwaith wrtha i na phenderfynon nhw tan brynhawn Sadwrn y byddent yn ymuno â'r fintai drannoeth a hynny ar ôl i Robert dderbyn caniatâd munud ola gan 'i bennaeth, David Richards. Do'dd dim problem gan Megan gan 'i bod ar 'i gwylie ysgol, ond gwnaeth y ddou 'u gore i gysylltu â mi ond am y tro cynta eriod do'n nhw ddim yn gwbod ble ro'n i'n aros yn Aberystwyth!

Bu'r teleffon yn grasboeth drwy'r wythnos gyda David East a minne'n benodol o dan bwyse aruthrol. Cawson ni'n bersonol a'r Undeb yn gyffredinol ein beirniadu o bob cyfeiriad – gan lywodraethwyr, cynghorwyr, cymdeithase, pawb bron. Galwodd y ddau ohonom gynhadledd i'r wasg gan ddatgan fod y pontydd yng Nghymru yn cwympo o flaen ein llygaid. Digon yw digon! Da'th yr amser i leisio barn ynglŷn â sawl digwyddiad. Yn raddol, arafodd y galwade ffôn a thawelodd y dyfroedd. Yn sicr do'dd rygbi ddim yn mynd i hollti'n teulu, a phan ddychwelodd Megan a Robert i Heathrow Margaret a minne o'dd yno i'w cyfarch. Ond nid dyna o'dd diwedd y stori o bell, bell ffordd.

DIWEDD CYFNOD, DECHRE GOFIDIE

Ar y seithfed o Fedi 1989 cynhaliwyd cyfarfod arbennig o'r Pwyllgor Cyffredinol i drafod cysylltiad yr Undeb â chanmlwyddiant Undeb Rygbi De Affrica, ac mae'n rhaid tystio taw cyfarfod diflas ar y naw a gafwyd oherwydd nad o'dd modd osgoi'r ffaith fod problem fawr wedi codi. Shwd o'dd 'i datrys?

Teimlad rhai aelode'r pwyllgor o'dd bod y ffaith na ddeliwyd â phopeth drwy ddwylo David East yn gyfiawn a derbyniol ond, yn fy marn i, nonsens pur o'dd hynny oherwydd mae'n rhaid defnyddio prif lefarydd unrhyw gymdeithas neu undeb wrth ymdrin â materion gwleidyddol o'r math yma. Penderfynodd y ddau ohonom godi ar ein traed a chefnu ar y cyfarfod! Rwy'n fodlon cyfadde fy mod wedi ca'l fy nghynddeiriogi a fy mod mewn tymer ddrwg a dweud y lleiaf.

O edrych yn ôl ro'dd y penderfyniad tanllyd hwnnw 'da fi'n gwbl annerbyniol ac anghywir. Wedi'r cyfan, fi o'dd y cadeirydd ac ar ôl imi ymddiswyddo'n ffurfiol cyflwynais fy ymddiheuriad i'r pwyllgor am fy ymddygiad a 'mhenderfyniad byrbwyll! Ar ôl dweud hynny, y digwyddiad hwnnw o'dd isafbwynt fy ngyrfa o ran rygbi – er imi dderbyn cefnogaeth o bob cwr o Gymru a chan fwyafrif aelode'r pwyllgor.

Bu'r wythnos ganlynol yn brysur aruthrol, ac yn anodd a diflas a bu'n amhosibl osgoi'r pwnc gan ein bod yn ca'l ein trafod ymhob papur yn ogystal ag ar yr holl raglenni radio a theledu. Ro'dd y teulu'n gefnogol dros ben yn ogystal â Ken Harris a David East, gŵr o foese cadarn o'dd o'r farn iddo ga'l 'i fradychu.

Trwyddi draw ro'dd y drinieth dderbynies i gan y cyfrynge'n ffafriol dros ben. Galwodd sawl aelod o'r Undeb heibio i'r tŷ gan gynnwys Rees Stephens, cyn-gapten ac un o ddewiswyr Cymru. Bu Clive Norling yn ffyddlon i'r eitha hefyd ond pwysleisiodd Cliff Jones a Rees arwyddocâd fy mhenderfyniad, gan ddweud yn blwmp ac yn blaen y dylse bod cywilydd arna i am fy ymddygiad a fy mod wedi siomi mwyafrif y cefnogwyr rygbi yng Nghymru. Dylid nodi hefyd nad o'dd yr Undeb wedi derbyn fy ymddiswyddiad yn swyddogol.

Llywydd Undeb Rygbi Cymru, 1989-90.

Methais gysgu am nosweithie, ond ar ôl cyfnod maith o bendroni penderfynes dderbyn cyngor Ken Harris a Glanmor Griffiths i barhau i eistedd yn sedd Llywydd yr Undeb. Gwaetha'r modd do'dd David East ddim moyn dychwelyd, a hynny'n drueni mawr gan i'r Undeb golli gwasanaeth gwas cyflog gwirioneddol ddawnus.

Cynhaliwyd Cyfarfod Cyffredinol arbennig o holl swyddogion yr Undeb a'r cynrychiolwyr i gyd yn Hydre 1989; 395 o gynrychiolwyr a 31 aelod o'r Undeb. Yn rhinwedd fy swydd fel cadeirydd y cyfarfod, dyma'r cynnig a roddwyd o flaen yr aelode, yn yr iaith fain!

For so long as any rugby player living in the Republic of South Africa is the victim of racial discrimination under the laws of that country neither the Welsh Rugby Union nor any of its member clubs will become involved in any matches organised under the authority of the South African Rugby Board. Nor will the union, nor any of its members, permit teams under the jurisdiction of the South African Rugby Union to play in Wales.

Y canlyniad? Dros y cynnig: 306; yn erbyn: 62. Penderfynodd chwe aelod beidio bwrw pleidlais.

Yn dilyn cyhoeddi'r canlyniad apeliais yn daer ar i bawb gyddynnu o'r newydd er lles dyfodol y gêm yng Nghymru, gan gyfeirio at y ffaith fod Seland Newydd hefyd wedi profi'r un probleme â Chymru ac roedden nhw wedi goresgyn yr anawstere a'r anghydweld mewnol.

Ffurfiwyd pwyllgor dan gadeiryddiaeth y bar-gyfreithiwr Vernon Pugh, gyda John R. Evans, Desmond Barnett a Glyn Morgan yn 'i gynorthwyo, i gynnal ymchwiliad i'r hyn a ddigwyddodd adeg canmlwyddiant De Affrica. Gwahoddwyd nifer o'r unigolion fu'n rhan o'r dathliade i gynnig 'u tystiolaeth, ond gwrthododd y mwyafrif a do'dd dim awdurdod gan y pwyllgor i fynnu presenoldeb unigolion. Profiad rhyfedd imi o'dd ymddangos fy hun fel petawn ar brawf. Rhoddais fy nhystiolaeth yn onest gan ddweud yn fy meddwl i taw'r broblem benna o'dd nad o'dd y gweinyddu wedi digwydd yn swyddogol drwy ddwylo David East.

Parodd y pwyllgor yn rhy hir a phrofodd yn gostus: £20,000 ac, yn y diwedd, ar waetha ymroddiad gwiw'r pedwar, dwy i ddim yn credu i'r Undeb ddod o hyd i'r gwirionedd o bell ffordd. Yn bersonol, byddaf yn gwadu hyd fy medd y ddwy elfen y cefais i fy nghyhuddo yn 'u cylch, sef fy mod yn gwybod yn gwmws natur cymhelliad y chwaraewyr i fynd, gyda'r ensyniad fy mod yn gwybod iddyn nhw dderbyn rhoddion ariannol sylweddol. Yn ail, dywedwyd fy mod yn gwybod yr holl amser fod Robert yn golygu mynd. Do'n i ddim yn gwybod, fel yr eglurwyd eisoes.

Bu'n brofiad poenus ar sawl ystyr, ond cariodd rygbi yn 'i flaen. Dychwelais i Gwmtwrch yn flinedig gan benderfynu treulio penwythnos yn Sir Benfro unwaith yn rhagor. Tra oeddwn yno cwrddais â Mike James, cadeirydd clwb rygbi Abertawe ac un o berchenogion cwmni B.J.Group plc. Cynigiodd waith imi fel ymgynghorydd cysylltiade cyhoeddus ac er imi dderbyn cynnig swydd gyda John Ebsworth, chwaraewr o'dd ar yr un daith â mi ym 1956, cytunais i ymuno â chwmni Mike. Wedi'r cyfan do'dd siarad â phobol, cymysgu a chymdeithasu wrth drafod busnes ddim yn broblem a gwyddwn fy mod yn ennill mwy na'm siâr o 'nghyflog drwy hysbysu pawb ro'n i'n siarad â nhw fy mod mor falch o fod yn gweithio dros gwmni o Gymru!

A Merry Christmas
Nadolig Llawen

Fy ngharden Nadolig fel Llywydd yr Undeb 1989. Cartŵn gan Gren yn dangos Parc yr Arfau, a Clive yn cicio fel arfer! Mae Gren wedi rhoi shwd gymaint i rygbi Cymru dros y blynydde. Cawr o ddyn.

Yn ein hwynebu ar y meysydd rygbi ro'dd gwŷr Seland Newydd a brofodd yn uned rymus unwaith yn rhagor gan guro Caerdydd, Castell-nedd – a roddodd gêm galed iddyn nhw – Llanelli ac Abertawe a berfformiodd yn ddewr. Cawsant lwyddiant yn erbyn Cymru hefyd, 34-9, gyda'r gwŷr cartre'n methu ennill digon o'r bêl o'r lein; honno o'dd gêm gynta Robert yn gapten.

Ro'dd yr awydd i newid ac i gryfhau'r gêm yn parhau. Cynhaliwyd sesiyne lu o drafod a siarad ynglŷn â chreu cynghrair gyda'r clybie gore'n wynebu 'i gilydd ac ar yr un pryd ymestyn y cyfle i glybie llai ddwysáu 'u hymdrechion i ymuno â'r mawrion. Lansiwyd cynllun 'Rygbi'r Ddraig' i'r plant lleia.

Ddiwedd y tymor ymddiswyddodd John Ryan a phenodwyd Ron Waldron, hyfforddwr gwŷr llwyddiannus Castell-nedd, yn hyfforddwr ar y tîm cenedlaethol, gyda Dai Richards a Tony Gray yn gyd-ddewiswyr. Penododd Ron sawl cynghorwr ychwanegol, gan gynnwys Clive Rowlands! Yn rhyfeddol, Waldron o'dd y trydydd aelod o dîm y goron ym 1965 i gael 'i benodi'n hyfforddwr cenedlaethol, yn dilyn John Dawes a minne!

Hefyd, ddiwedd y tymor, teithiwyd i Namibia gyda Glyn Cook o Sir Benfro'n profi'n rheolwr effeithiol, diymhongar a dawnus aruthrol. Yn wir, dyma un o'r cynrychiolwyr gore y gweithiais i gydag e erio'd. Penodwyd Kevin Phillips yn gapten gan fod Robert wedi anafu 'i bigwrn tra o'dd e'n cynrychioli Abertawe wythnos cyn i'r daith ddechre. Cefais deithio yno yn rhinwedd fy swydd fel Llywydd yr Undeb a phenderfynes fanteisio ar y gwahoddiad i fynd â Margaret gyda mi, er taw fi fy hunan dalodd 'i choste hi! Cafwyd taith lwyddiannus ac enillwyd y ddwy gêm brawf, 34-30 a 38-23.

Yn ystod y tymor ymwelwyd â chystadleuaeth saith bob ochr unigryw Hong Kong a chafwyd amser llwyddiannus dros ben gan gyrra'dd y rownd gyn-derfynol pan gurwyd un o'r ffefrynne i ennill y gystadleuaeth, Awstralia, 16-10 gydag Arthur Emyr yn sgorio tri chais. Anafwyd sawl chwaraewr allweddol a bu'n rhaid i'r Albanwr, John Jeffrey, ymddangos dros Gymru yn y rownd gyn-derfynol pan daniodd Ffiji, y buddugwyr yn y diwedd, yn ein herbyn gan ennill 34-6 cyn mynd yn 'u blaen i drechu Seland Newydd 22-10.

Ro'dd bywyd yn fêl i gyd unwaith eto ond yn sydyn glaniodd cwmwl arall pan ddaethpwyd o hyd i lwmp ym mron Margaret yn ystod Rhagfyr 1990. Profodd y lwmp yn ganser. Da'th y geirie o ene'r meddyg fel petai wedi tanio gwn ond ymateb Margaret o'dd, *'Dere â chwtsh bach imi, Clive!'* Cafodd gwtsh mawr! Penderfynodd fabwysiadu'r elfen *bositif* a pheidio celu'r gwirionedd oddi wrth unrhyw un.

Derbyniodd driniaeth am *lumpectomy* yn ysbyty Santa Maria ar ddydd Gwener 18 Ionor 1991. Mae'r dyddiad wedi'i serio ar fy nghof gan iddi hi fynnu fy mod yn mynd, brynhawn drannoeth, i weld Cymru'n colli yn erbyn Lloegr yng Nghaerdydd am y tro cynta ers fy nghap cynta ym 1963!

Cafodd ofal ardderchog yn yr ysbyty ond ro'dd canlyniad y llawdriniaeth i ddod ddydd Llun. Cyrhaeddais fy swyddfa yn y bore a derbyniais alwad i gyfarfod Terry Francis, un o gyfarwyddwyr y cwmni, a dywedodd wrtha i fy mod yn ca'l fy ngwneud yn ddi-waith – ar 25 Ionor! Ro'dd hi'n anodd credu'r newyddion gan fy mod yn gwybod fy mod wedi cynorthwyo'r cwmni, ond ro'dd gwaeth pethe na cholli gwaith yn bosib. Ro'dd canlyniade'r llawdriniaeth yn bwysicach o lawer.

Newyddion da o lawenydd mawr a gafwyd gan y meddyg a ddywedodd 'u bod o'r farn iddyn nhw ddal y canser mewn pryd ond byddai angen sawl ymweliad ac archwiliad arall er mwyn bod yn siwr o hynny. Yna, dywedais wrth Margaret y newyddion a ges yn fy swyddfa'r bore hwnnw. Cafodd hithe sioc enfawr ond ro'n i mor falch fy mod wedi ca'l amser i ddweud hynny wrthi hi fy hunan yn hytrach na'i bod wedi'i ddarllen yn y *South Wales Evening Post* y prynhawn hwnnw, o'dd yn cario'r pennawd bras *MR RUGBY LOSES JOB*. Bu'n gyfnod o gwtsho cyson!

Dyw colli gwaith byth yn brofiad braf, a bu bron imi dorri 'nghalon, ond rwy'n argyhoeddedig fod y ffaith fod Margaret yn dechre gwella wedi bod o gymorth amhrisiadwy yn fy awr o gyfyngder. Er hynny, effeithiodd ar fy hyder, elfen sy'n parhau hyd heddi. Ar y pryd gelwais gwmni BJ yn bob enw dan haul, ond un bywyd sydd gyda ni ac erbyn hyn rwy'n gallu rhannu cwmni'n gyffyrddus gyda Mike James a Robert Davies, cyfarwyddwr arall y cwmni.

Parhaodd agwedd bositif Margaret, bu'r teulu'n graig, a derbyniwyd cefnogaeth o bob cyfeiriad ac, wrth gwrs, ro'dd rygbi'n dal i fynd yn 'i flaen. Gwaetha'r modd, collwyd pob gêm yn y bencampwriaeth ac yna gofynnodd Ron Waldron a fyddai diddordeb gen i fod yn rheolwr ar y tîm o'dd i ymweld ag Awstralia. Ar ôl hir bendroni derbynies 'i gynnig gyda Ron 'i hunan yn hyfforddwr, Tony Gray a Dai Richards yn 'i gynorthwyo a Paul Thorburn yn gapten. Ar y daith hefyd yr a'th Ieuan Evans, a fu'n chwarae gyda mi yn y chwedegau, fel Llywydd, y cyn-Lywydd Gwilym Treharne, Tudor Jones yn ffisiotherapydd a Malcolm Downes – fu'n gymaint o gymorth i nifer sylweddol o chwaraewyr dros y blynyddoedd – yn gyfarwyddwr orthopedig.

Pan ddechreuodd y daith eglurwyd imi nad o'dd unrhyw ddyletswydd 'da fi o ran dewis y tîm; trueni, gan fy mod o'r farn fod llawer gen i i'w gynnig yn y cyfeiriad hwnnw yn dilyn fy mhrofiade yn Awstralia ym 1987, 1988 a 1989. Yn wir, petawn yn gwybod hynny yn y lle cynta, byddwn wedi gwrthod y gwahoddiad.

Gweithiodd Ron yn aruthrol o galed oherwydd ro'dd safon y gêm yn Awstralia erbyn hynny'n uchel dros ben, o safon uwch na'r hyn a wynebodd y Llewod ym 1989. Curwyd talaith Queensland 35-24 gyda Chymru'n sgorio 4 cais, ac enillwyd yn erbyn yr A.C.T. ble collodd Cymru ym 1978. Ond dioddefwyd coten 71-8 gan dîm enfawr, galluog a chyflym talaith New South Wales o'dd yn cynnwys chwaraewyr gwirioneddol gampus fel Nick Farr Jones a David Campese. Y prynhawn hwnnw ro'dd teulu Cymru'n uned ar chwâl!

Llwyddwyd i ennill y gêm nesa 35-7 gan sgorio 6 chais yn erbyn tîm gwledig talaith Queensland. Aethpwyd ymlaen felly at gêm ola'r daith, y prawf yn Brisbane. Dyma'r uned a ddewiswyd:

Paul Thorburn (Capten)

Ieuan Evans   Scott Gibbs   Mike Hall   Steve Ford

Adrian Davies

Chris Bridges

Mark Davies   Kevin Phillips   Huw Williams-Jones

Glyn Llewelyn   Paul Arnold

Emyr Lewis   Phil Davies   Richie Collins

Unwaith eto dioddefwyd coten, 63-6, yn erbyn tîm disglair tu hwnt gyda John Eales yn cynrychioli 'i wlad am y tro cynta.

Yn wahanol i'r arfer, traddodwyd yr areithie a chyflwynwyd yr anrhegion cyn y cinio gan fod Nick Farr-Jones, capten y tîm buddugol, am hedfan i Sydney'n syth er mwyn bod gyda'i wraig ar gyfer genedigaeth 'u babi. Diolchodd Joe French, Llywydd Undeb Awstralia, i deithwyr Cymru am ein gwaith gyda'r ysgolion ac am ein cyfraniad yn gyffredinol oddi ar y ca' gan ategu 'i fod ynte'n siomedig am ein canlyniade ar y meysydd chware.

Tua awr a hanner ar ôl i'r siarad orffen, gyda phawb erbyn hyn wedi ymgolli yn yr hwyl, da'th hi'n amlwg fod carfan fechan o chwaraewyr Cymru wedi ymgynnull mewn cornel yn coethan ynglŷn â rhywbeth. Yn ôl yr hyn rwy i'n 'i ddeall cafwyd dadle ffyrnig rhwng dau o chwaraewyr Castell-nedd ac aelode erill o'r garfan o'dd yn anfodlon fod cynifer o wŷr y Gnoll wedi ca'l 'u cynnwys a hwythe wedi tan-gyflawni. Clywyd rhegi gyda'r lleisie'n codi'n uwch ac yn uwch. Ni thaflwyd dyrne, ond dioddefodd un chwaraewr gwt ar 'i law ar ôl bod mewn gwrthdrawiad â gwydr peint! A bod yn deg, do'dd dim syniad gan y mwyafrif o'r chwaraewyr beth o'dd wedi digwydd ond do'dd y coethan ddim o gymorth i ddelwedd gyhoeddus rygbi Cymru a bu'n rhaid pwysleisio hynny wrth y pump ar y pryd gan ddewis geirie priodol a pherthnasol. Ro'dd cynrychioli'ch gwlad yn golygu bod yn genhadon oddi ar y ca' yn ogystal ag arno! Dysgwyd y wers. Tawelwyd y dyfroedd a derbyniwyd ein hymddiheuriad gan Dick Hart ar ran Joe French o'dd wedi hen adel y cinio erbyn hynnny!

Dysgodd pawb 'u gwers ar y ca' hefyd. Erbyn hyn Awstralia o'dd y tîm gore'n y byd ac yn wir o fewn pedwar mis profwyd hynny wrth iddyn nhw guro Lloegr yn rownd derfynol Cwpan y Byd yn Twickenham.

Yn y cyfamser ro'dd D.C.T. wedi dychwelyd eto i Gwmtwrch a phrofi gwledd arall oherwydd unwyd Dewi, ein mab, â Mels, nyrs yn Nhreforus, mewn glân briodas, yn ystod haf 1993.

Dyma'r haf pryd y da'th fy nghysylltiad swyddogol â'r Undeb i ben a hynny ar ôl cyfnod o dair blynedd ar hugen yn ddi-dor, er 1968. Mwynhad pur fu bron pob eiliad ar wahân i flwyddyn fy llywyddiaeth a thaith ola Awstralia. Bu'r flwyddyn o lywyddiaeth yn drom aruthrol gydag ymweliade ag ysgolion a chymdeithase lu o leia ddwywaith yr wythnos ar ben gofynion arferol y llywydd a phrobleme De Affrica, ac annoeth yn sicr o'dd mynnu bod y llywydd ar y pryd yn gadeirydd yr undeb hefyd. Diolch i synnwyr cyffredin, newidiwyd y drefn honno erbyn hyn.

Un o ddyletswydde llywydd undeb yw croesawu pwysigion a boneddigion gan gynnwys aelode o'r teulu brenhinol fel ag a ddigwyddodd yn ystod y gêm yn erbyn yr Alban ym 1990. Ymwelodd y Dywysgoes Anne â'r gêm yn rhinwedd 'i phenodiad yn *patron* yr Alban. Cymerais fy lle wrth 'i hochor ac ar ôl ugain munud trodd ataf gan ofyn 'O ba ran o Gaerdydd rych chi'n dod, Clive?' 'Dwy i ddim o Gaerdydd,' meddwn i, 'ond o Gwmtwrch.' A medde hi, '*Is that Upper or Lower Cwmtwrch?*' Naddo, nath y sgwrs honno ddim digwydd, ond mae'n stori sydd wastad yn ca'l 'i gwerthfawrogi mewn ciniawe!

Robert yn cyflwyno'r Dywysoges Anne (Patron Undeb Rygbi'r Alban) i dîm Cymru; finne'n Llywydd Undeb Cymru.

(Llun: David Williams)

Ddiwedd fy nghyfnod yn llywydd yr undeb etifeddais lywyddiaeth arall, sef y clwb lleol yng Nghwmtwrch o'dd yn dathlu canmlwyddiant ynghyd â chlwb Ystradgynlais. Cynhaliwyd digwyddiade lu gan gynnwys geme yn erbyn Abertawe, Caerdydd, y *Welsh Academicals* a gêm rhwng time cyfun y ddau glwb yn erbyn XV rhyngwladol gyda Finlay Calder (Yr Alban) yn gapten a Dewi

Canmlwyddiant Clwb Cwmtwrch, 1990.

Llywydd: D.C.T. Cadeirydd: Arthur James. Capten: Rislwyn Kinsey. Is-gapten: Dewi Rowlands. Patron: Wynford Thomas.

Morris, y Cymro a chwaraeodd yn fewnwr dros Loegr, yn ddirprwy iddo. Yn anffodus, agorodd llifddore'r nen a chafwyd glaw diddiwedd. Cyfrannodd Mark Ring at yr adloniant yn 'i ffordd unigryw 'i hunan drwy redeg i'r ca' yn gwisgo *wet suit* a *snorkel* ar gyfer *scuba diving*!

Tri pherson a siaradodd yng nghinio'r canmlwyddiant y noson honno, sef Cliff Morgan, Keith Rowlands a minne. Adroddwyd sawl stori ond, yn anffodus, gan fod hwn yn ymgais at fod yn llyfr parchus mae'n rhaid cadw'r rheiny ar gyfer sgwrs breifat!

Do, cefais gymorth ar hyd y daith a phriodol fy mod yn talu teyrnged i'r gwŷr a brofodd mor deyrngar imi, fel W.H. (Bill) Clement, ysgrifennydd gore'r undeb erio'd yn fy marn i; gweinyddwr o'dd yn adnabod ysgrifennydd pob clwb wrth 'u henwe cyntaf. Gŵr galluog, dewr, llon ac yn gyfaill y gallwn ddibynnu arno.

Yn yr un modd profodd Ray Williams yn olynydd teilwng. Gweithiwr diwyd a gŵr â gweledigaeth, o'dd ar bob achlysur yn drefnus. Cliff Jones ynte, yr unigolyn a fu yn fy nhyb i fwya blaenllaw yn lledu'r efengyl ac iddo fe, yn benna, ma'r diolch fod gan bob clwb erbyn hyn hyfforddwr.

Yna'r chwaraewyr dawnus y ces i'r fraint o bori ar yr un maes â nhw: gwŷr fel Dai Watkins, fy nghymar ymhob un o'm geme rhyngwladol, Brian Price, Norman Gale, Alun Pask ac, wrth gwrs, Dewi Bebb. Heb anghofio Onllwyn am fy nysgu shwd i gico, na phob un aelod o'r teulu arbennig y cefais y fraint o'u hyfforddi!

Ro'dd un bennod arall i ddod yn fy ngyrfa fel hyfforddwr. Ymwelodd tri aelod o bwyllgor clwb Aberafan â'r tŷ gan ofyn imi a fyddai diddordeb 'da fi mewn cydio yn yr awene yno ar faes y Talbot Athletig! Cytunais, ond dyna'r penderfyniad gwaetha wnes i erio'd! Ro'dd y chwaraewyr a'r cefnogwyr (yn enwedig yr anfarwol Mrs E. Mainwaring), a'r merched o'dd yn darparu'r bwyd, yn ardderchog. Ond, ynglŷn ag ystyriaethe erill, wel! Gwell tewi, ar wahân i nodi 'u bod nhw wedi colli hyfforddwr blaengar pan adawodd y Gwyddel, Ian Bremner o Belfast, y clwb. Profodd 'i werth ers hynny gyda chlwb proffesiynol Caerwysg.

Yn ystod 1994 cynyddodd y probleme gyda 'nghefen. Saethai poen i lawr fy nghoes dde ac o hynny ymlaen dioddefais anesmwythyd ar y gore! Derbynies driniaeth yn yr ysbyty ar y pedwerydd a'r pumed *lumbar* o dan ofalaeth Mr Redfern o Ysbyty Treforus. Cam ceiliog o wellhad a gafwyd gan gerdded yn boenus o araf. Teimlwn yn flin drosof fy hun a dyma'r pryd y derbynies gyngor y meddyg i dderbyn cynnig i gyfrannu i'r rhaglen *Chwaraeon* ar BBC Radio Cymru gan ychwanegu fy sylwade ar geme i sylwebaeth a chyflwyniad gan fechgyn fel Alun Wyn Bevan, Gareth Charles, Huw Llywelyn Davies, John Evans, Wyn Gruffydd ac Alun Jenkins. Cefais fodd i fyw unwaith eto, oherwydd gwyddwn fy mod yn gallu cyfrannu ar bwnc ro'dd gen i ddiddordeb aruthrol ynddo a gwybodaeth eang amdano. Bu'r gwaith o gymorth amhrisiadwy i adennill fy hunanhyder.

Profodd Margaret yn yrrwraig tacsi o'r iawn ryw yn ystod y cyfnod hwn a phrofiad hyfryd o'dd adnewyddu cysylltiade gyda chyfeillion lu heb yr ystyriaeth ychwanegol, barhaol, o fod yn gynrychiolydd swyddogol yr undeb. Yna da'th ergyd annisgwyl a chreulon yn 1995.

Ie, teimlo'n rhyfeddol o hwyliog ac yn arbennig o gryf wrth fynd i mewn i Ysbyty Castell-nedd i dderbyn llawdriniaeth am ganser o'r bowel. Y nyrsys yn eithriadol o garedig yn fy mugeilio . . . derbyn y llawdriniaeth ac yn teimlo'n ofnadw o wael am gyfnod. Mynd i mewn i'r ysbyty yn y cyflwr y ces i 'ngeni ynddo ond ymhen tipyn yn gadael a 'chwdyn' bach ar fy mol. Dilyn cyngor ar shwd o'dd 'i ddefnyddio'n gywir.

Do'dd derbyn fod 'cwdyn' yn rhan o 'nghorff, dros dro, yn fawr o broblem. Yn wir, datblygodd yr hyder i drin a thrafod yr ychwanegiad yn weddol ddidrafferth ac yn glou. Yn hyn o beth ro'dd cyngor a chwmni Margaret yn amhrisiadwy. Cofio cryfhau'n ddyddiol ac yna chwe wythnos yn ddiweddarach derbyn triniaeth eto ond y tro hwn triniaeth wrth-droi, sef *reversal*. Penderfynwyd gwaredu'r cwdyn colostomi ar ôl hir drafod ac ystyried dwys. Digwyddodd hyn yn ystod mis Hydre 1995 pan o'n i'n 57 mlwydd oed.

Dau ddigwyddiad o'dd yn gyfrifol am y penderfyniad i geisio troi'r cloc yn ôl. Yn gynta, yn ystod y daith i Wembley gyda'm cyfaill Keith Rowlands i wylio Scott Gibbs yn chware dros St Helens yn rownd derfynol Cwpan y Cynghrair, cofio diodde 'damwain' annisgwyl yn y car pan dda'th y 'cwdyn' yn rhydd. (Ro'dd dillad sbâr yn teithio i bob man 'da fi y dyddie hynny – mater o raid ond embaras llwyr o'dd y profiad!) Digwyddodd 'damwain' debyg ar y ffordd i Gaerdydd a minne'n teithio yno i ddathlu cinio yng nghwmni Capteniaid Rygbi Cymru yn Neuadd y Ddinas i lawnsio Cwpan y Byd yn y brifddinas! Do'dd gorfod gwisgo'r cwdyn ddim yn fy mhoeni, ond ro'dd 'damweinie' yn gwbl annerbyniol. Yr unig ateb o'dd dychwel i Gastell-nedd i dderbyn y driniaeth wrth-droi.

A dweud y gwir ro'n i'n fodlon iawn yn yr ysbyty ac yn ca'l fy nghysuro a'm gwarchod yn ofalus gan y nyrsys, er taw araf o'dd y gwellhad. Ca'l fy rhyddhau i fynd adre ond do'n i ddim yn teimlo'n fodlon 'da 'nghyflwr corfforol. Yn raddol dechreues ddiodde llawer o boen yn fy stumog ac ro'dd y 'gwynt' yn peri gofid ac anhwylder imi. Galwyd y doctor lleol mas ddwywaith i fy ngweld yn ystod y nos.

Penderfynu dychwel eto i Ysbyty Castell-nedd ac erbyn hyn yn dechre teimlo'n flin drosof fy hunan . . . ddim yn gweld hyd yn oed cam ceiliog o wellhad. Yn wir, i'r gwrthwyneb, ro'dd hi'n amlwg i Margaret a minne fy mod yn gwaethygu! Erbyn hyn ro'dd hi'n gofidio'n ofnadw. Derbyn llawdriniaeth frys unwaith yn rhagor ond yn ofer. Yn y diwedd dywedodd y meddyg wrth Margaret nad o'dd e'n gallu gwneud unrhyw beth arall drosta i. Ymateb chwyrn fy ngwraig i'r newyddion hyn o'dd mynnu dod o hyd i ddoctor a *alle* wneud rhywbeth.

Daethpwyd i'r casglaid taw'r penderfyniad doetha fydde symud i Ysbyty Singleton yn Abertawe i ddod o dan ofal John Beynon. Hunllef o daith yn yr ambiwlans gydag un o'r nyrsys gyda mi bob cam o'r ffordd yn fugeiliol, ofalus. Cyrra'dd, a mynediad ar unwaith i'r ystafell lawfeddygol. Llawdriniaeth eto am amser hir dychrynllyd gan gywiro unrhyw geibo nad o'dd wedi llwyddo yn y gorffennol. Y tro hwn derbynies drinieth fwy dwys hyd yn oed na'r hyn gefais i o'r bla'n. Gan ddefnyddio iaith Cwmtwrch, cywirwyd cawlach. Da'th gair newydd sbon yn gyfarwydd imi sef *ileostomy*!

Cofio dihuno yn yr Uned Gofal Dwys . . . gan orwedd am oesoedd, a rhwng cwsg ac effro'n sylweddoli fod 'na gleifion eraill dychrynllyd o wael yno hefyd. Diolchgar fy mod yn fyw ond yr un mor ymwybodol o ba mor wan a pha mor dost y teimlwn. Cofio dychmygu edrych ar fy mola a gweld map o Gymru yno o gofio'r

193

cannoedd o bwythe a wniwyd yn fy nghnawd yn ystod y misoedd blaenorol! A'r atgo penna un . . . y gwendid corfforol a'r iselder meddyliol ar ôl y cyfnod maith o lawdriniaethe di-ben-draw, didostur. Do'dd anobaith ddim yn bell!

Ond yn sydyn gweddnewidiwyd y cyfan. Yn ddiarwybod bron clywes law gynnes yn cydio yn fy llaw i. Agores fy llyged yn ofnus ac fe weles i'r wên fwya llydan a weles i erio'd. Yno, wrth ochor fy ngwely, y gweles i Bleddyn Bowen, cyn-gapten Cymru, yn wên o glust i glust a'i gyfarchiad cynnes, direidus o'dd, 'Dere mla'n, Clive . . . siapa hi i wella a chodi ar dy dra'd 'to!' O ddyfnder fy anobeth rwy'n argyhoeddedig fod y digwyddiad hwnnw wedi profi'n ysbrydolieth imi ac yn drobwynt yn fy hanes.

Pedwar capten ar dîm Cymru o Gwmtawe: Bleddyn Bowen, Gareth Edwards, Robert Jones a finne. Oni bai am Bleddyn, pwy a ŵyr a fyddwn i yma nawr?

Mewn dim o dro ro'n i wedi gadel yr Uned Gofal Dwys ac ymgartrefu mewn ystafell ar y ward o'dd â golygfa hyfryd dros Fae Abertawe tuag at y Mwmbwls. Gyda chymorth diflino'r nyrsys a gofal cydwybodol Mr John Beynon a'i gydweithwyr, ddydd a nos, fe ddechreues i deimlo cynnydd. Dychwelodd fy hyder yn raddol ond teg nodi er taw profiad diflas, a dweud y lleia, i'r unigolyn yw bod yn dost a di-hwyl mewn ysbyty mae'n brofiad gwaeth i'r teulu!

194

Drwy'r cyfan i gyd bu Margaret yn 'angor' ac yn 'graig' – hynny am bedair awr ar hugen y dydd. Yn aml dros ben meddylies am yr hyn yr o'dd hi wedi'i ddiodde dair blynedd ynghynt . . . y profiad ysgytwol, cymharol gyffredin gwaetha'r modd, o ddiodde o ganser 'i hunan gan godi lwmp o'i bron cyn gwella 'rôl cwrs o radiotherapi. Er fy mod i'n ymwybodol o'i gofidie drosta i, llwyddodd i gwato'i theimlade oddi wrtha i a bu'n eithriadol o gadarn a dewr, a'r plant, Megan a Dewi, yn ogystal. Yn yr un modd bu'r plant-yng-nghyfraith, Melanie a Robert, yn asgwrn cefen i Margaret. Ac, wrth gwrs, yn goron ar bopeth ro'dd bodoleth fy wyres, Emily. Ro'dd 'i hymweliade mynych hi yng nghwmni 'i mam a'i thad, Dewi a Melanie, ac wrth gwrs Mam-gu, yn foddion digymar. Pleser pur o'dd gweld 'i gwên a gwrando ar 'i storïe'n ca'l 'u hadrodd o waelod fy ngwely!

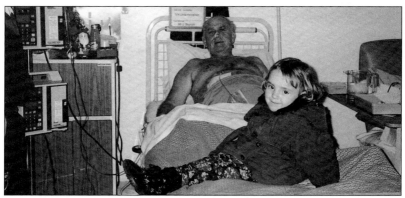

Yn yr ysbyty yn Abertawe, 1995. Emily yn help mawr yr amser hynny.

Fe ges i fy symud i ward 4 dros y Nadolig. Mae'n anodd bod yn siriol wrth dreulio'r Ŵyl mewn ysbyty, yn enwedig pan nad yw'r claf yn teimlo'n ddigon cryf a iach i fwyta. Er hynny cododd y llu cardie, cyfarchion a llythyron gan gyfeillion rygbi o bob cwr o'r byd fy nghalon. Bu'r teulu'n hynod o ffyddlon hefyd: Edna, fy chwaer, a'i gŵr, Ken; pum brawd Margaret a'u gwragedd; dau gyfaill rygbi mynwesol, Keith Rowlands a Derek Quinnell, yn ogystal â dau hen bartner arall a alwai, fel llawer o bobol Abertawe, yn ystod y dydd sef cyn-gapten Cymru, y newyddiadurwr Clem (R.C.C.) Thomas a Ken Pugh. Gwên, llyfre, sgwrs, jôcs – yr amser yn diflannu yn 'u cwmni nhw. (Gwaetha'r modd, ffarweliodd y ddau ohonyn nhw â ni erbyn hyn.)

Y teulu bach yn cynyddu: Emily, Robert, Dewi, Megan, Melanie.

Da'th yr amser i ddychwelyd adre unwaith eto. (Wedi colli llawer o bwyse; yn anffodus enilles i'r cyfan, a mwy, yn ôl erbyn hyn!) Ro'dd cwdyn gyda fi unwaith eto ond bag ileostomi o'dd hwn ac fe gafodd gartre ar ochor dde fy mola i y tro 'ma! Ar ôl cryfhau penderfynwyd mynd ati i dderbyn triniaeth gemotherapi dan law Dr Sharkawi.

Ro'dd y driniaeth yn hollol wahanol i'r hyn a ges i hyd yn hyn. Ro'dd e'n golygu mynychu Singleton am dridie bob pythefnos i dderbyn y cyffurie drwy gymorth 'drip' gan rannu ystafell gyda thri chlaf arall. Da'th hi'n amlwg o'r dechre fod rhai ohonon ni'n gallu ymdopi'n well nag erill. Ro'n i'n lwcus gan nad effeithiodd y driniaeth arna i ond ro'dd un neu ddau'n wan iawn. 'Rôl sylweddoli nad o'n i'n diodde yn sgil y cyffurie penderfynes i'n ddigon naturiol taw dyletswydd o'dd helpu cyd-gleifion o'dd yn diodde.

Unwaith yn rhagor ro'dd ymroddiad y nyrsys yn dwymgalon ac ro'n i'n teimlo rheidrwydd ambell dro i geisio codi gwên ar y ward. Yn aml fe ddefnyddies i'r stand cario'r 'drip', o'dd yn briod â'r corff, fel partner dawnsio! Fe hoffwn i nodi hefyd fod ymweliade caplan yr ysbyty wastad yn hwb i'r galon.

Pwysodd Margaret ar 'i phrofiad fel nyrs gan ddewis dogni ymweliade – penderfyniad doeth o edrych yn ôl, achos rwy'n siwr fod hynny wedi cyflymu'r broses wella. O'r diwedd, teimles fy mod yn cryfhau'n ddyddiol a phan dda'th y dewis gan Mr Beynon cytunes, ar ôl hir bendroni a phoeni, y byddwn yn fodlon derbyn triniaeth wrth-droi unwaith yn rhagor. Wynebu cyfnod pellach yn Singleton, a hynny am ddeg diwrnod. O'r mawredd!

Yn anffodus, nid dyna a ddigwyddodd. Yn wreiddiol ro'dd y llawdriniaeth yn llwyddiannus ac, am y tro cynta, wrth edrych mas ar y Mwmbwls a mwynhau tywydd godidog mis Mehefin, dechreues ga'l blas ar fwyd unwaith eto (y rhan fwya ohono wedi'i gario o gartre!). Ond yn ddisymwth dychwelodd y tostrwydd a'r salwch. Ro'dd yr holl driniaeth wedi gwanhau fy nghorff a gwrthododd y pwythe gau. Talwyd sawl ymweliad pellach â'r ystafell drin a throdd y deg diwrnod yn gyfnod o dri mis!

Ac o'r diwedd cyrhaeddodd yr eiliad fowr – awdurdode'r ysbyty yn fy rhyddhau! Anodd disgrifio'r boddhad! Derbyniais ofal tyner gartre dan lygaid gwyliadwrus y nyrsys lleol o'dd mor gyfarwydd imi. Serch hynny, do'dd pethe ddim yn hawdd ar y dechre gan fod cerdded yn boenus o ara, a bwyd yn dal yn ddiflas, ond o leia ro'n i 'nôl yng Nghwmtwrch, yn fy nghartre.

Brwydro 'Mlaen

Ar ôl gwella derbyniais wahoddiad eto gan gynhyrchwyr ifainc fel Richard Owen, Gwyn Derfel, Llion Iwan a Rhodri Jones. Cefais flas ar baratoi'n fanwl gan ddysgu'r enwe dieithr a meddwl ymlaen llaw ac ar y pryd am yr hyn fyddai'n digwydd ac o'dd yn digwydd ar y maes. Serch hynny, ro'dd y probleme corfforol yn parhau. Ro'dd angen trefnu gofalus i gyrra'dd pob man. Rhaid o'dd bwyta pryd ar yr adeg gywir a diogelu fod toilede o fewn cyrra'dd. A fyddai lifft ar ga'l? Faint o risie fyddai angen 'u dringo? Pethe bychain dibwys i'r holliach ond ystyriaeth bwysig i'r unigolyn nad yw *cweit* yn gant y cant! Yn hynny o beth bu 'nghydweithwyr o help aruthrol gan fy nghynorthwyo'n gorfforol weithie!

Bu'r teimlad o berthyn i deulu eto'n allweddol bwysig, o gymorth i'r meddwl yn ogystal â'r corff. Rwy'n ca'l cymaint o sbri yng

Nigel Starmer-Smith (cyn-fewnwr Lloegr) ac Ian Robertson (cyn-faswr yr Alban).

198

nghwmni'r gwŷr sydd bellach yn aelode cyson o floc y Wasg a'r blyche darlledu, bechgyn fel Brian Price a J.J., Gareth, Jonathan, Eddie Butler, Nick Farr-Jones, Ian Robertson, Alistair Hignell, John Jeffrey a Gavin, Stuart Barnes, Frank Mesnel a Pierre Albaladejo, David Parry Jones ac Onllwyn, ac ymhlith y to ifanc, Gwyn Jones, Emyr Lewis a'r anfarwol Grav.

Cyflwynwyd rhifyn arbennig o *Chwaraeon* ar Sadwrn 26 Mehefin 1999 ar achlysur agoriad swyddogol Stadiwm y Mileniwm. Cyfansoddodd y prifardd Emyr Lewis englyn i nodi'r achlysur:

> Lle mae Taf yn arafu, tua'r Bae
> Mae tir balch y Cymry.
> A hen faes gorchestion fu
> Yn farus am yfory.

A gŵr balch oeddwn i hefyd o fod yn llygad-dyst i weld y stadiwm ogoneddus hon nad o'dd ond traean llawn ar y dydd yn cael 'i hagor yn swyddogol. Profiad bythgofiadwy, 'rôl dringo'r grisie diddiwedd, o'dd gweld y ca' ysblennydd am y tro cynta. Nid prinder pwff yn unig a sicrhaodd fy mod mas o anadl! Profiad cynnes a gwych ac ro'dd gwell, gwell o lawer i ddod.

Cefais gwmni fy nghyn-gyd-chwaraewr Brian Davies i ychwanegu fy sylwade at sylwebaeth Alun Wyn Bevan ac Aled ap Dafydd. Cafwyd perfformiad arwrol gan fechgyn Cymru'r prynhawn hwnnw a chrewyd hanes. Y ffaith foel yw bod Cymru wedi curo De Affrica, pencampwyr y byd, am y tro cynta erio'd. Mae'n rhaid bod yn onest a dweud fy mod wedi gweld Cymru'n chware'n well, rwy i hefyd wedi gweld gwell gêm, ond weles i erio'd well sgôr na Cymru 29, De Affrica 19. Dechreuodd fy nghysylltiad â'r wlad ym 1956 ond bu'n rhaid aros tan 1999 cyn y cawn fy mhlesio'n llwyr gyda'r canlyniad.

Ro'dd hi'n anodd gadael y stadiwm y noson honno a sylweddolais unwaith eto pa mor bwysig yr o'dd llwyddiant ar y maes rygbi i'n cenedl. Ro'dd gwên ar wyneb pawb, gan gynnwys gwŷr De Affrica. Yn sicr mae'n haws cynnig sylwade pan yw tîm yn fuddugol. A ninne bellach wedi ca'l ein senedd ein hunen, pwy all rwystro Cymru rhag perfformio'n gaboledig yn y gystadleuaeth am Gwpan y Byd!

Cwmni da yn Nhŷ'r Cyffredin, 1999: Dafydd Iwan, D.C.T., Huw Ceredig, Philip Madoc, Alun Ffred a Huw Llywelyn Davies.

Siarad yng nghinio Dafydd Wigley yn Nhŷ'r Cyffredin, 1999.

Bu newid syfrdanol yn y gêm yn ystod y blynyddoedd diwethaf, ers iddi droi'n broffesiynol, neu fel mae'n well gen i ddweud, ers i'r gêm fynd yn *agored*. Bellach does neb yn cefnu ac yn troi i gyfeiriad y gêm dri ar ddeg, yn wir i'r gwrthwyneb. Dychwelodd cewri megis Scott Quinnell, Scott Gibbs, Dai Young, Alan Bateman ac eraill. Llwyddwyd i gadw chwaraewyr fel Neil Jenkins, Rob Howley, Mark Taylor, Dafydd James, Gareth Thomas a'r lleill i gyd ac ychwanegwyd elfen anhepgorol arall, sef y tramorwyr o dras Cymreig fel Shane Howarth, Brett Sinkinson a Peter Rogers, arfer fu'n gyffredin i wledydd fel Seland Newydd ac Awstralia ers blynyddoedd lawer.

Profwyd colledion enfawr yn y gorffennol gan i chwaraewyr fel Jonathan, Adrian Hadley, John Devereux, Dai Young, Stuart Evans, Paul Moriarty a Richard Webster o Gwpan y Byd 1987 yn unig 'i throi hi am Ogledd Lloegr, i'w dilyn gan Scott Gibbs, Scott Quinnell, Alan Bateman, Mark Jones a'r holl chwaraewyr a ymfudodd yno heb ennill cap. Diolch i'r drefen da'th y dyddiau du hynny i ben.

Cafodd y gwŷr sy'n llywodraethu'r gêm yng Nghymru 'u barnu'n hallt yn ystod y tymhore diwethaf am nifer o benderfyniade, ond teg talu clod hefyd a heb os nac oni bai un o'r penderfyniade gore a wnaethpwyd erioed o'dd sylweddoli, cyn i'w gydwladwyr 'i hun wneud hynny, fod Graham Henry'n glamp o bersonoliaeth; mae e bellach wedi chware rhan ysbrydoledig o allweddol yn llwyddiant diweddar y tîm cenedlaethol. Gŵr â'r weledigaeth i sefyll o'r tu fas fel petai ac yna brofi'n gwbl ddi-dostur a digyfaddawd yn 'i benderfyniad i fynnu 'i ffordd 'i hun. Penododd Dai Pickering, cyn-gapten Cymru, yn rheolwr gyda Lyn Howells ac Allan Lewis i'w gynorthwyo. Cam ysbrydoledig o'dd penodi Steve Black yn drefnydd ffitrwydd, oherwydd llwyddodd mewn dim o dro i ennyn hyder a pharch y chwaraewyr. Glynodd Henry at yr elfenne syml ac ma'r garfan bresennol a'r undod sy'n deillio ohoni yn f'atgoffa i am Gymry llwyddiannus y saithdege. Creodd deulu dedwydd, clòs, yr elfen allweddol bwysig imi drwy gydol fy ngyrfa, ac rwy'n sicr fod y 27,500 o'dd yn bresennol yn Stadiwm y Mileniwm adeg y fuddugolieth yn erbyn De Affrica'n teimlo'n rhan o'r teulu gan ychwanegu miliwn neu ddwy arall o Gymry gwlatgar sydd erbyn hyn yn dymuno y bydden nhw wedi bod yno hefyd.

Côr Meibion y Gyrlais.

Mae'r gymdeithas glòs yng Nghwmtwrch yn parhau'n rhan allweddol o 'mywyd ac ma'r defnydd o'm llais yn parhau – ond ar drywydd gwahanol i floedd y capten a'r hyfforddwr. Ymunais â Chôr Meibion y Gyrlais; uned o hanner cant o ddynion sy'n ymarfer ddwywaith yr wythnos yn neuadd y glowyr yn y pentre o dan arweinyddieth Meirwyn Thomas a'r gyfeilyddes, Gwenda Phillips. Dyma gyfle i ganu nerth ein pen, cael sbri, clonc a pheint ar ôl hynny! Gwych iawn. Bariton ydw i, nid y gore yn y byd o bell ffordd, ond ma' nhw'n dweud fy mod yn canu mewn tiwn rhan amlaf a dylsen nodi taw yn y rheng ôl yr ydw i'n ymddangos nawr, nid yn safle'r mewnwr!

Profiad pleserus yn ystod y flwyddyn o'dd ca'l bod yn ŵr gwadd ar y rhaglen *Dechrau Canu, Dechrau Canmol* gyda Huw Llywelyn Davies yn cyflwyno. Canodd Jon Meirion Jones, y bardd a dreuliai wylie plentyndod yn gyd-grwt gyda mi yng Nghwmtwrch, y penillion canlynol 'rôl iddo weld y rhaglen.

I Clive (D.C.T.) Rowlands

'Rôl canu, dechrau canmol
Am raglen mor urddasol
A gair ac emyn i'w mawrhau
Trwy enau un o'i phobol.

Hen Gwm a'i erwau duon
Y gaib a'r sgidiau hoelion
Ac aberth chwys y gweithwyr glo
Yn curo yn 'i chalon.

Er caled o'dd y talcen,
Un rhadlon o'dd mewn angen,
A gwerthoedd gorau dyn a'i fro
Yn llifo drwy'r wythïen.

Ni wisgaist rwysg tywysog,
Y werin yw dy riniog
A'th wŷdd naturiol, crwt o'r wlad,
Wnaeth gennad sy'n fyd-enwog.

Daeth storom a'i grymuster
A chuddiodd Mam 'i phryder
Ond trwy ymroddiad hael, ddi-dâl,
Ce'st ofal yn 'i phrinder.

'Rôl derbyn braint arbennig
Dros Walia yn Ne Affrig,
O'r Cwm, a'i falchder ynot, ddath
Cefnogaeth mor garedig.

Gwefr imi ydyw trosgais
Ond un yn fwy a gefais,
Eosiaid gwyrdd o Fois Bro Gwys
O Sardis yng nghôr Gyrlais.

'Rhen Clive! Pwy'n wir sy'n ddewrach?
'Rôl brwydro'r 'gelyn' mwyach,
Fel Michael Jones a'i gadarn ffydd
Ei grefydd o'dd yn gryfach.

Yng nghrochan Parc yr Arfau
Rhagorach ydyw'r geiriau,
A thrigain mil a'u cân yn wledd
Trwy rinwedd yr emynau.

Rwy'n gweld y dydd o hirbell,
Medd Watcyn o Gwmllynfell,
A'th weledigaeth di – Amen,
Wnaeth raglen i'w hargymell.

Y Twrch sydd yn dy dywys,
Rwyt fwy na thip Brynhenllys,
A'th gyff o wreiddiau'r werin wâr
Sy'n lliwgar fel yr enfys.

Diddordeb cynyddol ers fy salwch hefyd yw'r ymgyrch i godi arian tuag at ymchwil i ganser gan gefnogi'r apêl ar ran yr Uned a sefydlwyd yn Ysbyty Singleton er lles cleifion sy'n diodde o'r aflwydd yng ngorllewin Cymru. Bu Margaret a minne'n ddigon ffodus i elwa ar allu aruthrol ac ymroddiad diflino aelode'r holl uned. Llawenydd o'r radd flaenaf o'dd clywed gan Gadeirydd Undeb Rygbi Cymru, Glanmor Griffiths, fod y casgliad yn ystod y gêm yn erbyn Ffrainc ar 28 Awst eleni i'w gyflwyno i'r achos, a gwefr oedd gweld cymaint o arian a godwyd – bron £10,000.

1999 – mae Marged a finne 'Yma o hyd'!

Ar waethaf tostrwydd a phoen plentyndod rwy'n 'cyfrif fy mendithion' yn ddyddiol! A gyda llaw, rhag ofan eich bod yn tybio ichi glywed y gair olaf gan Daniel Clive Thomas Rowlands, teg eich atgoffa fy mod yn parhau'n llywydd ar glwb rygbi Cwmtwrch, ac ar dîm Sir Frycheiniog ac Ysgolion Cymru, gan obeithio nad yw fy nghyfraniad wedi cwpla! Cefais fywyd cyflawn na fuaswn wedi cyffwrdd â'i wyneb oni bai am fy nghysylltiade â rygbi a pha le bynnag yr af rwy i, fel pob Cymro arall, yn parhau i fod yn ddewiswr! Y cais arferol yw dewis fy nhîm gore. Af dri cham ymhellach gan ganolbwyntio gynta i gyd ar y gwŷr o'dd yn ddigon da ond nad enillodd gapie dros Gymru, tîm gore Cymru, tîm gore'r Llewod a thîm gore'r byd. Copi o'r llyfr hwn yn rhad ac am ddim i unrhyw un fydd yn cytuno, a'i law ar 'i galon, â'm dewis ymhob safle!

RYGBI FFANTASI CLIVE

CEFNWR: Yr ymgeiswyr:
Robin Williams: Cefnwr Pont-y-pŵl yn ystod y saithdege. Ciciwr penigamp â'i ddwy droed. Dwylo diogel.
Wyn Davies: Castell-nedd. Cyn-faswr, rhedwr arbennig o dda.

ASGELLWR DE: Y dewis:
Andy Hill: Llanelli. Rhedwr chwim. Ciciwr medrus.

ASGELLWYR CHWITH: Yr ymgeiswyr:
Viv Jenkins: Pen-y-bont. Deallus, cyflym.
P. Lyn Jones: Caerdydd. Tanc dur, plesiwr torf.
Kevin James: Aberafan. Ymdebygu i John Bevan, gŵr a brofodd yn llwyddiannus dros ben gyda rygbi'r cynghrair, sgoriwr cais dros Hull yn rownd derfynol y cwpan her yn Wembley.

CANOLWYR: Yr ymgeiswyr:
Alan Tovey: Glynebwy 70au. Cryf. Dwylo diogel.
Phil Phillips: Maesteg 70au. Cadarn. Deallus.
Cyril Jones: Aberafan 60au. Haeddu gwell.

MASWYR: Yr ymgeiswyr:
Benny Jones: Pont-y-pŵl. Deallus. Creadigol. Taclwr. Dwy droed.
Geraint John: Caerdydd. Taclus.

MEWNWYR: Yr ymgeiswyr:
Dennis Thomas: Llanelli. Cryf. Rhedwr da. Ciciwr campus.
Alan Price: Maesteg. Yr un nodweddion â Dennis.
Dai Parker: Castell-nedd. Rhif 9 a 10 campus. Cymeriad.

PROP: Y ddau ddewis:
Byron Gale: (Llanelli) Cryf, caled. Medrai drin a thrafod y bêl.
Gareth Howls: (Glynebwy) Yn gwbl ddibynadwy.

BACHWYR: Yr ymgeiswyr:
Roy Thomas: Abertawe/Llanelli. Record o ran eilyddio ar y fainc. Yn eithriadol o anffodus i beidio ennill cap 'rôl eistedd mewn dros 20 gêm.
Morlais Williams: Castell-nedd. Rhoi o'i ore ar bob achlysur.

CLO: Yr ymgeiswyr:
Barry Davies: Castell-nedd. Mawr, cryf. Neidiwr tan gamp.
Jim Clifford: Abertawe. Neidiwr arbennig. Athletwr.
Bob Pemberthy: Pont-y-pridd. Problem i bob gwrthwynebydd.

BLAENASGELL AGORED: Yr ymgeiswyr:
Peter Jones: Aberafan. Cyflym. Weithie'n cyrraedd y maswr yn rhy gynnar. Taclwr dienaid!
Omri Jones: Aberafan. 'Run fath â Peter ond heb fod cyn gyflymed.

BLAENASGELL DYWYLL: Yr ymgeiswyr:
John Hickey: Caerdydd. Dim gobeth i'r mewnwr fynd heibio.
Randall Davies: Castell-nedd. Taclwr ffyrnig. Dwylo taclus.

WYTHWR: Yr ymgeiswyr:
Hefin Jenkins: Llanelli. Amryddawn tu hwnt.
Morrie Evans: Abertawe. Fe'm gwarchododd mor ofalus yn ystod fy nyddie gyda'r clwb.

DYMA YW FY NEWIS I:

Robin Williams

Andy Hill   Alan Tovey   Phil Phillips   Kevin James

Benny Jones (Capten)

Dennis Thomas

Byron Gale   Roy Thomas   Gareth Howls

Jim Clifford   Bob Pemberthy

Peter Jones   Hefin Jenkins   Randall Davies

Ymlaen at dîm gore Cymru yn fy nhyb i, gan obeithio y llwyddaf i gadw cyfeillgarwch!

CEFNWR: Yr ymgeiswyr:
Terry Davies: Cryf. Dwy droed. Cicie hir, uchel, twyllodrus. Troswr. Dewr. Taclwr digyfaddawd. Dwylo diogel.
Terry Price: Ciciwr dwy droed. Taclwr cadarn. Gallu chwarae mewn unrhyw safle y tu ôl i'r sgrym. Chwaraewr 7 bob ochr arbennig.
J.P.R.Williams: Y dewraf. Taclwr ffyrnig. Yn gwbl ddiogel. Gwrthymosodwr. Dwylo diogel.

ASGELLWYR DE: Yr ymgeiswyr:
Gerald Davies: Ardderchog ymhob agwedd o'r gêm. Cyflym. Dwylo diogel. Ochrgamwr hudolus. Taclwr sicr. Gweledigaeth.
Ieuan Evans: Yr un rhinweddau a chryfderau â Gerald.

ASGELLWYR CHWITH: Yr ymgeiswyr:
Dewi Bebb: Cyflym, o'dd yn meddu ar y gallu i newid gêr. Taclwr diogel. Chwaraewr deallus.
Maurice Richards: Mawr, cryf, ochrgamwr y ddwy ffordd. Medrai chwarae'n ganolwr.
John Bevan: Yr asgellwr cryfaf a weles erio'd. 'God help' unrhyw wrthwynebydd rhyngddo fe a'r llinell gais!
J.J. Williams: Chwim. Cyn-faswr. Cadarn a diogel. Asgell dde neu chwith.

CANOLWYR: Yr ymgeiswyr:
John Dawes: Gŵr o weledigaeth a gyflawnodd yr holl elfenne mewn ffordd effeithiol, syml. Symbylwr. Capten tan gamp.
Cyril Davies: Eithriadol o anffodus i beidio ennill mwy o gapie. Canolwr o flaen 'i amser efalle!
Arthur Lewis: Cryf. Awdurdodol. Nerthol. Penderfynol.
Steve Fenwick: Fel uchod. Ciciwr a enillai geme.
Ray Gravel: Mawr, cyflym; problem i bob gwrthwynebydd. Troed chwith effeithiol dros ben.

MASWYR (Byddwn yn fodlon gydag un o'r pedwar): Yr ymgeiswyr:
Barry John: Ardderchog. Dwylo diogel. Cyflym, dewr.
Gweledigaeth arbennig. Taclwr diogel. Ciciwr effeithiol.
Dai Watkins: Ardderchog eto. Chwim. Y gallu i redeg yn agos at y
ddaear. Taclwr dewr. Ciciwr effeithiol, gosod ac o'r llaw.
Phil Bennett: Mor amryddawn. Ochrgamwr perffaith.
Gweledigaeth. Ciciwr arbennig o effeithiol.
Jonathan Davies: Disgleiriodd mewn cyfnod llwm. Athrylith a
ddylanwadodd ar 'i gyd-chwaraewyr. Dewr, cyflym, galluog tu hwnt.

MEWNWYR: Yr ymgeiswyr:
Gareth Edwards: Dewr, cyflym, cryf. Y chwaraewr gore a weles
erio'd. Hoffai'r llinell gais, a'i chroesi. Partneriaethe ffrwythlon
gyda Dai, Barry a Phil. Gallai ymddangos mewn unrhyw safle y tu
ôl i'r sgrym.
Terry Holmes: Cryf. Dewr. Pasiwr da. Ciciwr deallus. Gwarchod 'i
faswr. Partneriaeth effeithiol gyda Gareth Davies.
Robert Jones: Y pasiwr perffaith o'r ddwy ochr. Dwy droed
gampus. Byr 'i gorff ond taclwr diogel. Partneriaeth ffrwythlon
gyda Jonathan.

PROPIE: Yr ymgeiswyr:
Barry Llewelyn: Sgrymiwr cadarn. Rhedwr ardderchog a'r bêl yn
'i law.
Tony (Charlie) Faulkner: Garw. effeithiol. Anrhydedde'n henwr.
Mwynhau'r sgrym!
John Lloyd: Cryf. Rhedwr penigamp. Cyffyrddus a'r bêl yn 'i
ddwylo.
Denzil Williams: Mawr. Cryf. Twyllodrus o gyflym. Neidiwr yn
ogystal.
Graham Price: Cyhyrog. Prop i'r oes fodern. Cadarn. Hoff o redeg
â'r bêl.

BACHWR: Yr ymgeiswyr:
Bobby Windsor: Cyn-faswr. Campus yn y chware agored. Caled.
Dewr.
Norman Gale: Un o'm hoff chwaraewyr dros y blynyddoedd.
Bachwr ardderchog. Ciciwr hefyd.

CLO: Yr ymgeiswyr:

Brian Price: Neidiwr arbennig o alluog. Hoffi sgrymio ac o redeg a'r bêl yn 'i law. Capten llwyddiannus dros 'i glwb a'i wlad.

Delme Thomas: Neidiwr fel samwn. Athletaidd. Sgrymiwr cadarn. Chwaraewr arbennig o lân. Capten llwyddiannus dros 'i glwb.

Brian Thomas: Arbenigwr yn y sgrym, ac effeithiol yn y llinell. Dylanwadol ymhob gêm.

Keith Rowlands: Dewr. Hoffi'r sgrym a'r llinelle. Llew llwyddiannus a chapten poblogaidd ar 'i glwb.

Bob Norster: Arbennig o effeithiol yn y lein. Gŵr athletig. Effeithiol gyda'r bêl yn 'i law. Fodlon gwneud gwaith caib a rhaw'n ogystal.

Geoff Wheel: Gweithiwr eithriadol o galed a arbenigodd ar chwipio'r bêl o'r ysgarmesoedd yn ogystal â chyfrannu'n sylweddol yn y sgrymie a'r leinie.

Y RHENG ÔL: Yr ymgeiswyr:

Dai Morris: Chwaraewr glân, gonest, cryf a chyflym a gysgodai'r chwaraewr â'r bêl (Gareth yn aml). Taclwr digyfaddawd a sicr. Pleser o'dd 'i hyfforddi a bod yn gapten arno mewn un gêm.

John Taylor: Sgilie canolwr wrth chware yn safle'r blaenasgellwr. Gweledigaeth. Taclwr ffyrnig a chiciwr llwyddiannus ar adege pwysig!

Haydn Morgan: Y taclwr ffyrnig na roddai lonydd i unrhyw faswr. Llwyddodd i'w dal ran amlaf.

Dai Hayward: Eto blaenasgellwr â sgilie canolwr. Ni weles unrhyw chwaraewr o'dd â'r bêl yn amlach yn 'i ddwylo na Dai.

Terry Cobner: Capten o'r iawn ryw o'dd yn pontio'n wych rhwng y blaenwyr a'r olwyr.

WYTHWR: Yr ymgeiswyr:

Mervyn Davies: Wythwr mwya dylanwadol y ganrif o ran gwledydd Pryden. Ro'dd ganddo sgilie arbennig yn y sgrym a'r lein. Sgilie'r chwaraewr pêl-fasged. Cyfraniad gwych o ran taclo ac amddiffyn. Capten llwyddiannus.

Alun Pask: Wythwr â steil o'dd i raddau helaeth iawn o flaen 'i amser. Cafwyd cyfraniad arbennig ganddo yn y llinell ac ar hyd y cae.

211

EILYDD: Un dewis:
Derek Quinnell, sy'n meddu ar y record unigryw o fod wedi cynrychioli tri thîm gwahanol, llwyddiannus yn erbyn Seland Newydd. Dros Lanelli bu'n glo; yn wythwr i'r Barbariaid ac yn flaenasgellwr tywyll i Lewod Carwyn.

Fy nhîm gore i gynrychioli Cymru, felly, gan obeithio y caf faddeuant gan aelode o fy nheulu fy hun, a dwy i ddim yn cyfeirio at Robert!

Terry Price
Gerald Davies   John Dawes   Ray Gravel   Maurice Richards
Barry John
Gareth Edwards
Barry Llewelyn   Bobby Windsor   Denzil Williams
Delme Thomas   Brian Price
Dai Morris   Mervyn Davies   John Taylor

Ac rwy i'n mynnu bod yn hyfforddwr!

A thîm gore'r Llewod yn ystod fy nghyfnod? Beth am y canlynol:

J.P.R. Williams ('71,'74)
Gerald Davies ('68,'72); David Duckham('71)
Mike Gibson ('62,'66,'68, '71,'74); Jeremy Guscott ('89,'93,'97)
Barry John ('68,'71)
Gareth Edwards ('68,'71,'74)
David Sole ('89); Bobby Windsor ('74,'77); Fran Cotton ('74)
W.J. McBride ('62,'66,'68,'71,'74);   Paul Ackford ('89)
Mike Teague   Mervyn Davies   Fergus Slattery
('89)   ('71,'74)   ('71,'74)

Yr hyfforddwr? Pwy ond Carwyn, fyddai wedi bod wrth 'i fodd yn cydweithio gyda chwaraewyr o'r safon hyn, ac rwy'n sicr y byddent yn profi'n uned gyfoethocach 'rôl treulio cyfnod o dan 'i hyfforddiant! A'r capten? Willie John.

Y mae un tîm ar ôl, a gorchwyl amhosibl yw darbwyllo pawb taw'r uned ganlynol fyddai fy newis cynta ac mae'n rhaid cydnabod imi newid fy meddwl fwy nag unwaith am fwy nag un safle. Beth am y canlynol?

Serge Blanco (Ffrainc)

David Campese (Awstralia)   John Kirwan (Seland Newydd)

John Gainsford (De Affrica); Philip Sella (Ffrainc)

Mark Ella (Awstralia)

Dave Loveridge (Seland Newydd)

Wilson Whineray (Capten)   Ken Gray

(Seland Newydd)   (Seland Newydd)

Sean Fitzpatrick (Seland Newydd)

John Eales (Awstralia)   Frik du Preez (De Affrica)

Waka Nathan (Seland Newydd)   Dai Morris (Cymru)

Buck Shelford (Seland Newydd)

Yr hyfforddwr y tro hwn fyddai Ian McGeechan.

Bu'r dewis yn anodd a dweud y lleiaf. Da'th sawl chwaraewr arall mor agos at ga'l 'i ddewis. Er enghraifft bu bron i Keith Oxlee (De Affrica) a Ken Catchpole (Awstralia) gael 'u cynnwys yn safle'r haneri a rhoddais enw Colin Meads mewn pensil – ond defnyddiwyd y rwber pan gofiais am ambell drosedd! A pham dewis Dai Morris? Am y rheswm syml 'i fod yn haeddu tamed bach o lwc! Gŵr tawel, mwyn, ffyrnig a sicr 'i daclo; 'i holl ymroddiad a'i ymarweddiad yn ymgnawdoliad o Gymro glân, pur. Ei ffugenw o'dd *the shadow* gan 'i fod yn meddu ar y gallu i gadw mor glòs at y bêl â'i symudiade. Petai pob Cymro, gan fy nghynnwys fy hun, yn gallu bod yn gysgod o bersonoliaeth Dai byddai'n gyfraniad clodwiw i'r genedl. Y bwriad o'dd dewis tramorwyr i gyd ond ar ôl y pedwar enw ar ddeg cynta gwrthododd fy nghalon ganiatáu dewis uned heb Gymro, a Dai gafodd fy mhleidlais. (Erbyn hyn, wrth gwrs, rhaid wrth ddau chwaraewr ar hugen allweddol yn y garfan, yn hytrach na phymtheg dyn y gorffennol, ac yn hynny o beth bydde Gareth, Barry, Gerald, J.P.R., Merv a Bobby Windsor yn ddewis cyntaf ymhob uned 'da fi.)

Does dim clem gyda fi beth fyddai canlyniade geme unrhyw un o'r pedwar tîm a ddewiswyd gen i wedi bod yn ystod Cwpan y Byd eleni pe bai'r cyfle'n dod i'w rhan, ond rwy'n argyhoeddedig y byddem oll wedi ca'l ein diddanu a'n gwefreiddio.

1963.